復興馬

Revival Maya

△4～ ∩∞<

作者：Yuan「孤鷹」

△⊙∩：4∪△∩「•⊙△」

美商EHGBooks微出版公司
www.EHGBooks.com

EHG Books 公司出版
Amazon.com 總經銷
2022 年版權美國登記
未經授權不許翻印全文或部分
及翻譯為其他語言或文字
2022 年 EHGBooks 第一版

ISBN-13：978-1-64784-161-4

目錄

「緣起」

第一次聽說電腦立體動畫繪圖程式的時候，是在我就讀高職時期的西元1992年磁碟作業系統(Disk Operating System「DOS」)文字作業模式(Textmode)的時代，當時的我正在研究學習使用電話線路撥接網路通訊技術，開設電話撥號 BBS 站台做著站長。

那時候台灣資訊網路界所流行接觸的3D 繪圖軟體，是Autodesk 公司出品 AutoCAD 及3D Studio 這兩套軟體程式，而且我聽說 AutoCAD 是偏向做機械及建築工作的人，才比較會使用的一套3D 繪圖軟體，所以我因此就記住了這兩個名字。

當時的我雖然知道有這些套裝3D 繪圖軟體的應用軟體程式，但是實在沒什麼特別的機緣與資源和時間，去接觸到這類的應用軟體程式，而且那時候台灣資訊界，還在流行著使用16前景色與8背景色的 ANSI 編碼彩色文字模式的文字符號畫，及不高解析度的2D 平面繪圖程式，電腦圖形顯示模式螢幕解析度還停留在1024×768像素點(Pixel)以下居多。

那時32位元真實色彩顯示卡才剛剛面世，賣價5千台幣左右，而且市面上最先進流行的電腦螢幕裝備，也才是剛剛普遍起來的 CRT15吋非交錯式螢幕，所以我的電腦作業範圍也用不到那麼先進吃硬體資源的3D 繪圖軟體，因此與這門專業技藝行當擦肩而過，並沒有特別強求自己去修練與學習。

在那個資訊技術剛剛起飛時期下的平價化裝備，用來做3D立體繪圖軟體作業也不方便友善，動不動就要花好幾個小時來演算渲染輸出3D 繪圖結果。當時我雖然沒有親自去試驗過3D 繪圖軟體，但是因為有個站長網友告訴我說電影侏羅記公園(Jurassic Park)的電影動畫特效，是使用類似3D Studio 這類

3D 立體繪圖程式製作而成。

　　所以我曾經在他家裡看到過這套軟體的演算運行，但當時那種恐怖而緩慢渲染輸出的動畫演算結果（32MB 記憶體環境運作下），搞得我當場看得興趣缺缺。別說我沒有那麼多錢去修習這門技藝，而且我也不可能有那個時間去等緩慢的動畫渲染輸出演算，因此導致我當時並沒花任何時間去研究這門吃飯的技藝。（當時市面上流行的個人電腦硬體裝備並不足夠先進）

　　那個時代的3D 繪圖動畫程式的使用，是需要先花費大量的金錢購買昂貴的硬體機器設備來支撐運行軟體程式，反正這類3D 立體繪圖軟體程式，跟我們這些普通平民水準化的電腦玩家並不是一路貨色的水準，所以並沒有什麼機緣去接觸使用及熟練它，直到後來硬體水準平價化追上軟體程式的需求之後，身為我們現代人才比較有機會接觸到這類應用軟體的使用。

　　3D 繪圖軟體的使用對將來的電腦作業顯示應用環境來說，相當具有其前瞻性前途可行，所以精通一套3D 繪圖軟體的作業功能對一個專業的電腦玩家來說，可以說是一門可以用來混飯吃的高級技藝，因為3D 立體圖形儲存檔案的顯示應用功能，可以覆蓋所有需要顯示動畫影像功能的作品創造，讓使用者可以「具現化(Materialize)」自己所有的幻想景像場景的實現，甚至用來作為一個純粹觀賞用的電腦動畫影像呈現作業程式。

　　說起**馬雅**「Maya」這個名字，大家或許會聯想到原生於「中南美洲」地區的遠古瑪雅文明，但是很遺憾的是，我指的不是那個東西，因為老孤也沒有深入研究過美洲的瑪雅文明，我只是很單純的喜歡上了這個3D 立體動畫影片圖形繪圖製作軟體的「命名」而已，再加上它本身強大先進的高階3D 專業繪圖及動畫的製作水準功能，所以我才會選擇使用這套得過「奧斯

卡（Oscar）」科學技術貢獻獎的3D繪圖動畫軟體程式，來做為我個人涉入3D立體動畫影像製作的初啼之聲，並且準備專門精通這個可以混飯吃一輩子的技藝能力的學習。

「復興馬雅」一書就是一本Maya2023入門教學指南，把沒有任何經驗的電腦玩家，快速教會使用「Maya」這套3D立體動畫影片繪圖程式，來實做電影、電視、廣告、電腦遊戲和電視遊戲…等的數位編碼影像及功能特效創作，我也順便藉著寫作這本書籍的時間，研究一下3D繪圖軟體的實做應用功能，再學一門傍身混飯吃的技藝，了卻自己電腦技藝多年追求的沉睡宿願，化解我多年來一直嚮往卻沒有什麼機會去接觸的夢想。

所以「復興馬雅」這本書籍不但是一本教學使用Maya2023軟體程式的書籍，同時也是我的學習心得筆記及報告，本書寫作完成之時，我想我也該熟練上手了這套軟體的基本應用及功能，而且可以順便教學提攜後進電腦玩家們，順便出本書紀念一下這個技藝的學習里程碑，也可以為將來我所需要的程式設計顯示功能的需求，而提前準備熟練這門技藝，以利自己的前路遂行，完成一直懸而未行的個人夢想。

像Maya這類3D繪圖動畫電影製作軟體的應用，我個人也算接觸過相關類似性質的應用軟體，所以也有一點這方面的相關技藝知識涉獵，從1992年早期DOS系統作業時代環境下的16前景色8色背景色文字模式ANSI繪畫，到後來圖形顯示模式的時代2D繪圖軟體Adobe公司出品的Photoshop使用，個人都有一些小小的涉獵，因此也不算是全無經驗的初學者。

當初學習Adobe Photoshop的時候，是因年少輕狂跟網友賭氣之後才花了我一整個下午的時間學成（年少氣盛時期），雖然我算學會了2D繪圖基礎技藝的使用，但是我還是必需老實

說，即使我已經學會使用 Photoshop 這套軟體的大部份操作，而且已經超出20年以上的時間及歷史經驗，可是我並不覺得自己已經完全學會使用 Adobe 公司出品的 Photoshop 這套軟體上的所有功能。

因此面對比 Photoshop 還要複雜很多的 Maya 3D 繪圖應用軟體程式的學習，可能要花的學習時間也會是比較漫長而艱辛的路途邁進，才有可能上手基礎功能的相關操作，因此在此為各位讀者打個預防針，請你不要覺得 Maya 很複雜很難學習的樣子而放棄，一切以平常心去對待即可，因為我相信即使那些專業的從事這方面工作的人士，在持續練習下想要完全學會使用這套3D 繪圖軟體的運用，也並不容易完全掌握 Maya 這套軟體。

因為我幾乎可以斷定 Maya 所有功能的掌握，可能連 Audodesk 公司中 Maya 這套3D 創作繪圖應用軟體的程式設計者群本身都可能掌握不全，更何況是我們這些剛入門的菜鳥玩家，而且你也可能用不上 Maya 的所有功能，只需要少部份 Maya 功能的熟練操作，就可以完成你日常的工作環境所需，因此你也不需要抱持著「完全探索」的完美主義精神情結來學習它。

以下就是我目前所認知的 Maya 軟體工作的流程順序，可能有點粗糙或遺漏，但是目前我大致上的理解就是這個樣子：

其實 Maya 它是可以使用類似程式設計(Programing)的方式，來製作3D 立體繪圖及電影動畫的方式來操作使用，只不過 Maya 這套應用軟體，它所使用的程式設計語言是 MEL 語言，你在這套圖形應用軟體內的各種操作動作，理論上應該都可以使用 MEL 語言程式設計來實現 Maya 應用軟體的所有功能。

只不過 Maya 將 MEL 語言的每一項功能設計都圖形化成圖示

Icon 功能工具來操作使用，目前它的設計理念是整體劇場攝影棚場景(Scenes)概念組成元素的一套幕後製作軟體，所以它的製作專案(Project)整合檔案名稱都叫「場景(Scenes)」。

而每一台攝影機所截取的場景畫面叫1個影格、1幕或1幀(Frame)，使用者可以利用 Maya 的工作畫面時間軸及場景中的各位置角度攝影機，所拍攝擷取的攝影範圍場景畫面，一幕幕的按照軟體內時間工作軸的先後順序，及各式各樣的程式工具及功能的輔助，穿插編輯組合而成，最後渲染輸出成你所需要的畫面元件或影像檔案甚至是一部完整的動畫影片。

Maya 影片動畫作品的場景檔案儲存格式印象中目前只有兩種，副檔名分別是 MA(Maya ASCII「純文字檔」)及 MB(Maya Binrary「二進位檔」)，而這些儲存格式檔案所佔用的磁碟空間都很小(印象中只有幾百 K 起跳)，我想其實它們的檔案儲存內容，應該都是 MEL 語言的文字敘述記載，或 MEL 語言2進制(Binrary)程式編碼(Encode)應用的儲存檔案。

所以安裝使用 Maya 應用軟體，其實你是安裝了一整個 Maya 動畫特效製作編輯環境模擬系統「MEL 語言的一種圖形化(GUI Graphical User Interface)編輯程式」，儲存檔案內容需要 Maya 程式專門來解譯展現 MEL 語言來模擬顯示。

因此 MA 與 MB 內容應該都是在使用 MEL 語言命令 Maya 軟體函式庫工作的記載，並不是完全記錄你所有動畫成品的渲染輸出結果。因此所有影像資料成品檔案的輸出，應該並非直接儲存展現，而是另循作業管道儲存或匯出影像檔案，所以除非別的應用軟體或使用者也有 Maya 的各種原始創造或輔助資料及函式庫，不然拿到 MA 或 MB 的「場景(Scenes)」格式儲存的檔案也很難完全通讀解譯展現出來。

所以你所儲存的「場景畫面」內含的各種參數，最後模擬輸出的影像成品檔案，因為你電腦裡面可能沒有那麼多的素材原資料檔案來展現結果，因此安裝 Maya 其實你就是在裝一整套的 Maya 影像模擬系統資料庫，而不是單純複製「專案場景檔」的 MA 或 MB 格式檔案，就能完全展現你設計而成的各種相關作品，你還需要 Maya 環境套件軟體函式庫來解譯模擬執行。

而使用 Maya 畫動畫圖可能需要以下幾個工作步驟：

1. 建構表皮模型：使用各種 Maya 軟體程式提供的功能工具進行 3D 外膜表皮「輪廓」的模型建立作業，3D 立體建構模型作業只是物件或人物外型造形的3D 立體物件表皮建構繪圖工作，其實說穿了就是在「畫皮(輪廓)」而已。3D 立體物件所包含的物件內部空間都是中空的物件模型，由無數的「點(Vertex)」、「線(Edge)」、「面(Face)」來組成一個完整的模型物件，所以「建模者」需要的是各種繪畫及幻想能力和超級耐心，並且對各種 Maya 提供的繪圖功能工具的上手。我個人保證你的建構模型工作會有八九成以上的建構模型時間都花在調整各個模型影像的「點(Vertex)」、「線(Edge)」、「面(Face)」創作與校調，除了要有很好的時空觀念及耐心沉得住氣的做建模工作，並且需要沒有「密集恐懼症」才可以擁有一個不錯的「建模師」能力。而且如果我沒有搞錯的話，目前 Maya 至少提供了3大種3D 繪圖建模的工具架程式，分別是「曲線成型建模(NURBS)」、「多邊形建模(Ploygon)」及「雕刻建模(Sculpting)」三種工作方式，及相關的操作功能的工具來實踐這些建模方式完成你的建模工作。想要成為一個合格的3D 繪圖「建模師」，你所需要做的工作，就是利用 Maya 所提供的各種3D 建構模型的相關繪畫工具，完整的具現化表現你的幻想影像成為實際擬真的3D 模型物件，並且可能還需要考慮到後續的模型「骨架綁定」相關工作

的延續展開，使你建構出來的模型物件不但擬真好看而且還很容易在後續的動畫製作工作當中運行綁定使用。

2. 指定物件零件材質及顏色紋理或叫貼膜：指定各個零件物件的組成「材質（木質、鐵質…之類的各種材質屬性的顯示選定設定）」，並且拆解3D立體模型物件的UV拆解工作，將設計好的3D模型物件輪廓給拆解壓平分割成2D平面零件組成圖，（應該是用來使用相關2D繪圖軟體上色貼圖之用，你可以理解成給立體模型噴漆或貼表皮紋理色彩圖案，這種類似的動作），就像車田正美畫的聖鬥士星矢的拆解聖鬥士聖衣圖一樣。

3. 綁定作業：分別建立模型物件的「運動中樞」或「活動控制骨架」的關係，也就是各種「骨骼關節」之類的Maya物件運動中樞設計功能，並且與建構出來的模型表皮產生各種連結變化的關係，模組化處理「綁定」作業，也就是確立某些骨架物件元件之間的各種活動關係及蒙皮工作（讓你創造而出的骨架與建模出來的皮膚輪廓產生各種連結變化的關係），從屬與平行時空的連結以符合，活動工學原理甚至可以出現不合常理的運動動態設計，來驅使畫面所有的物件工具應用形成動畫動作，從事這些相關模型的「綁定」作業及MEL語言相關功能設計工作的人，就是所謂的「綁定師」，聽說「綁定師」是一門很賺錢的3D動畫作業中的專業職業工作。

4. 設定使用「各種燈光照明效果」、「環境因素的參數」及擺放「攝影機遠近」位置，用來渲染、擷取與處理你所需要的各種螢幕場景畫面影像格（「幕」、「幀」或叫Frame），最後由各攝影機所擷取而出的一幕幕時間影像影格畫面圖片， 加上時間軸參數差輪流撥放各幕景像而組成一部渲染輸出的動畫影片。

5. 利用 Maya 程式提供的上述工具，動畫功能及時間軸來改變畫面物件分佈產生動態效果，調整動畫場景畫面時間軸顯示處理的影像變化，利用高速度顯示造成人類「視覺殘留」的功能，來畫好每一格或一幕的動畫畫面，及各種空間擺設環境的改變，1秒內至少要顯示撥放10～12個畫面Frames才能真正形成動畫感。(影格率FPS「Frame Per Second」：10～12以上)

6. 特效加持：加上 Maya 或外部掛載的軟體，提供的各種特效功能元件，來達到魔幻般特殊效果的加持，例如：火燒、水流、土淹、風動、毛髮、粒子、音樂音效…等。

7. 渲染展現輸出：調整各種動畫畫面最後依據 Maya 提供的渲染程式輸出檔案格式的功能，組合出影片及種種設計的效果物件檔案，調整各種物件或環境參數，形成各類效果螢幕顯示或利用攝影機擺放角度及位置，合成物件格式檔案畫面輸出功能成「場景檔案」或純粹的 Maya 模擬程式合併結果的「影像檔」。

8. 反覆執行上述所有步驟動作合成一個個你滿意的物件成品檔案，或一片影片及影像物件格式輸出檔案，以利3D 立體動畫檔案的各種運用及相關電腦顯示的作業功能。

所以一套 Maya 軟體可以說是一整個電影動畫影片工廠後製系統，可以產生很多職業及工作需求名額，也因此有「建構模型」、「製作表皮」、「綁定骨架」、「燈光照射」、「攝影繾取」、「動畫製作」、「音樂音效」、「特效加持」、「渲染製片」，最後就是你這個使用者的「編劇導演」角色。(以上就是我目前對 Maya 這套應用軟體功能先後學習的路線粗略理解)

或許大家會以為我將 Maya 的學習步驟給分類成8個步驟好像不算太複雜，但是其實裡面每個步驟包涵了很多細致的工作

內容，都跟你的電腦技術功力沒有甚麼太大的相關技術原因，反而是「幻想能力」及軟體提供相關「工具熟練」使用度有關，及沒有「密集恐懼症」或「無限耐心」的良好品性加持之下，一個人是不容易獨自搞定以上8個步驟的工作範圍。

就算你可以一個人搞定以上所有作業的相關執行內容，那也會沒有什麼產品出產效率，而且也不會太過專精於某一項個別的作業步驟，因此才會有各種不同分工合作的作業內容團體的形成，最後「整合製片」成一個讓消費者滿意的成品檔案。

因此別太期待的以為自己可以完全專精使用 Maya，就可以在視覺影像界混的風生水起，畢竟你同一時間也只能完成一項工作而已，斜槓到其他領域方面的工作都需要一小段時間的適應期，並不會因為你完全熟習 Maya 就可以自由穿梭各項專業工作範圍的內容，因為磨練每一項相關工作都要不少的從業時間與實作經驗，才會累積出專業的工作效率展現。

最後由於 Maya 這套軟體已經由昂貴售價的買斷型應用軟體類型，轉換成了網路線上使用及租賃的買賣制度，所以使用者已經不太需要花個5位數的台幣金額，來買斷這套3D 立體動畫影片繪圖軟體來自己學習使用，它也有提供免費安裝體驗程式及跟原價天差地遠的租用各種時間制度租用價格來使用這套軟體，使得沒有什麼資本來源的普通民眾，也可以透過線上租用的方式來取得 Maya 軟體的使用授權功能，請自行參閱 Autodesk(歐特克)公司的網路公司公開網頁的內容。

大家或許會覺得學習這套3D 立體繪圖軟體的成本很高，但是其實這已經比我開始學電腦的那個時代便宜合理多了，至少你還付得起租用金額，搞得到合法的軟體使用相關的授權，至少還有門路可走，不像早期學習 Maya 都要去各種電腦公司技藝

補習班花個5位數台幣的專業補習費用，甚至花個6位數的台幣購買相關繪圖的各種專業輔助器材來從事 Maya 軟體相關產生的數位影像軟體開發作業。

畢竟這一類的應用軟體本來就不是什麼小團體可以支付的起的一套工具創作程式費用，而且它已經算是很便宜了，但是最經濟實惠的學習圖徑，就是直接自己搞試用軟體來摸索及熟練使用，因此購買本書加以閱讀練習使用的話，可能是更加省費用的一個選擇路徑，這方面請使用者自己琢磨琢磨各種利弊得失，最後做出一個符合自己荷包負荷能力的決定。

老孤只能在這裡祝大家好運，而且這一項技藝的學會及精通運用所能取得的經濟效益比起付出會相當划算，至少性價比 CP 值會相當的高，因為將來各項電腦顯示功能都可能會用上這類型的後製工作軟體功能，而如果你剛好有花時間及精力去精通這一項相關技藝，至少不會那麼難以混飯吃。

目前影音顯示編輯業界的二個大龍頭分別是 Autodesk 及 Adobe 公司，Autodesk 正在統一獨霸3D 立體動畫影像繪圖界，而 Adobe 則在2D 平面顯示繪圖上面紮得根深蒂固的搖撼不動，至於將來這兩個公司誰能稱王稱霸於影音編輯工具程式界，對我們這些局外人來說都跟我們沒有什麼關係，所以看看就好。

當然這兩個著名的大型商業公司，也出了不少相關影音編輯製作類型而不同工作著重點的應用程式，所以並不是你完全學會 Maya 就可以不需要其他應用程式的輔助，而可以一個人完全完成一部動畫影片的所有相關製作工作。

如果你是資深的3D 繪圖軟體操作者的話，本書對你有用的部份大概就是 Maya 提供的各種功能工具的解說部份，而且這些

內容，其實出產 Maya 的公司及網路上都有相關資料說明可以查詢閱讀，其他的相關從業經驗及技能對你來說或許也沒有什麼太多吸引力，因此本書是寫給那些完全沒有3D 相關立體繪圖的初學者閱讀入門操作學習的指南書籍，而且最終也只會示範一個作品的粗糙展現而已。

畢竟最後看懂了本書之後，讀者們如果不自己動作實驗實習一下各種操作控制技藝，老孤教學的內容跟說明的話，可能也只能停留在能知而不行的紙上談兵境界之中，沒有得到什麼實質技藝的太大幫助，這就不是我寫這本應用軟體控制操作書的著作意義了，而流於故事資料書之流。

最後我要告訴大家的是，所謂的電腦繪圖觀念，其實並沒有表面上看起來那麼複雜紊亂，總而言之一句話就能概括，那就是「把目標顏色的像素點(Pixel)粒子物件，擺在正確的時空位置之中」，因此目標的緣故，所以電腦繪圖軟體最重要的工具就是物件的「選擇及定位」作用工具，再來才是正確顏色的用色工具，所有的擬真繪圖作業，其實都只是在實踐這個中心思想而已，希寄各位讀者可以用心體會這個經驗之說的奧義。

正所謂「師父領進門，修行在個人」，老孤所寫的各種書籍內容，大多是啟蒙式的教學方法為主，告訴書籍的閱讀者該知識學問技藝的「中心思想」及「觀念釐清」，並不會講解說明的具細糜遺應有盡有，達到一本書就能完全教學的目地。

所以請不要期待一本書就能完全學會老孤所教學的各種知識學問及技藝，因為那是不太可能發生的事情，畢竟一種知識學問技藝的流域脈絡涵蓋範圍，並不是一本薄薄的靜態展示書籍就能夠全部展現記載登錄，況且知識學問技藝的磨練精深，並不是光靠嘴皮子就能夠達到登峰造極的程度。

因此老孤所寫的各種書籍，都比較偏向一種「入門導引指南手冊」，頂多只能幫助讀者快速融入入門熟悉該知識學問技藝的意識環境而已，至於往後你在該技藝領域之中能夠達到什麼境界程度，完全需要視你個人的勤奮努力研習熟練而定，這些實際上生理事務的操練，並不是任何書籍可以幫你達到的熟練目標，正所謂「坐而言不如起而行」，老孤所著的各種知識學問技藝，都需要你不斷去實做操練自己的技藝達到個人資質所能追求的最高境界。

　　畢竟「天道酬勤」，所有知識技藝學問的精益求精，都是依靠一點一滴身心靈載體的親自體驗實踐力行，才能夠達成最真實修習歷練的目地，所以我通常都只會做些「引領入門」的思想觀念意識的指導動作而已。

　　完全手把手教學之類的事情，並不是我所會採取的教學方法，因為我更想培化挫練各位讀者的「主動性」、「好奇心」及「幻想力」，讓大家都能自發性的自我要求去決定，修習什麼！修習到什麼程度？完全自我決定，既符合我不干涉他人意識的原則，也不會勉強到別人的自由意志，完全就是雙方一種互相尊重你情我願的選擇與決定。

　　最後我想請各位讀者清楚了解一件事，本書所教學的各種 Maya 軟體的使用方法，並不是唯一的工作方式，所以我也不可能應有盡有的展示各式各樣的操作使用方式，我所能提供的只是其中的一兩種操作方法。畢竟書籍示範頁數有限，如果全部用來寫作成一部類似「Maya 功能說明大全」的字典式書籍，並不是我最擅長書寫的風格，所以本書是寫給那些對3D 電影動畫繪圖觀念都很陌生的讀者看的。

　　因此我建議本書最佳的閱讀方式，是根據書籍內容導引的

閱讀順序，逐字逐句一項項傻傻的跟隨著閱讀並且實際上機使用 Maya2023 並且操作實做各項作業，雖然並沒有辦法教你完全學會應用全 Maya 的功能，但是至少可以幫助你快速的進入你所需要的熟悉環境及功能實做的目地，讓你快速吸收學會操作。

本書完全閱讀實做了解之後的各項專精工作的深入研究及創新，就需要各位讀者自己上網使用類似 Youtube 之類的影片網站去查閱其他使用者教學示範影片的內容，慢慢一點一滴的吸收漸漸培養精深出自己 Maya 的專業操作能力，達到你想要成為的專業工作領域的高深程度及應用發展。

最後祝各位讀者都能夠真正學會使用 Maya2023，並且以此書為學習 Maya 入門大綱指南基礎書籍，因為 Maya 這套軟體有設計一套特殊的更新功能，凡是後續新版加入的功能應用，它一律會用「高亮度綠色框」給框示出來，以利使用者快速了解新版本的 Maya 軟體，增加了什麼樣子的特殊功能。

所以使用者無論從哪一個版本的 Maya 入門學習使用 Maya，都是可以不用太在意的一件事，但是不變的是新版 Maya 的功能肯定都會比舊版本的 Maya 功能更加改進及完善，而且 Maya 軟體也會不斷的整合融入一些其他公司出品的外掛應用工具軟體功能，使 Maya 這套軟體愈來愈強悍好用。

如果各位讀者的經濟條件允許的話，個人是建議各位 Maya 使用者不斷的追新求變，不斷的更新 Update 自己對 Maya 這套 3D 電影影音動畫製作後製軟體的掌握，而不被潮流歷史所淹沒，時時刻刻都能讓自己處於電腦動畫影音視訊後製工作的巔峰狀態，不會跟不上科技潮流的變化而落伍。

本書並沒有 Maya 專用的 MEL 語言的各種教學內容，因為我

自己都沒學過 MEL 語言，何來能力傳授與教導心得，至於如何使用其他各種程式語言，來利用 Maya 軟體程式製作出來的各種多媒體影音成品檔案，這是屬於電腦「程式語言」的寫作范圍，或許可以期待老孤的下一部著作書籍「靈碼(Souls Code) 9∫⊙」裡面會有所涉獵。

畢竟我自己也需要精深一套電腦程式設計語言的精通，才能應用創造出我所需要的應用程式或網站網頁功能，那些東西都已經超越了本書寫作的範疇，不過目前好像 Python 這套程式語言，可以跟 Maya 完美的融合配對使用。

(理論上所有電腦程式語言都應該要發展出相對應的函式庫來應用 Maya 所製作出來的東西，只是目前我有印象的好像只看到 Python 這套語言有支援 Maya 的檔案應用功能，或許大家需要自己去找找或自己寫作程式語言來開發函式庫之類的外部支援庫檔案文件)

全部通讀完本書並且加以傻傻實踐操作精通之後，你或許有機會成為一個全方位的3D 通才(3D Generalist)，讓你雖然通盤了解3D 動畫相關表面製作技藝，卻無法使你成為一個精通任何一項3D 電影動畫的工作者，你還必需去不斷實踐操作，從事各種3D 繪圖工作的磨練，了解各式各樣專業的3D 製作工作。

至於最後你想成為一個專業的「建模師」、「綁定師」、「動畫師」、「攝影燈光」、「渲染製作」、「編劇導演」…等職業人員，這些工作都是你自己可能要去精研磨練的專業從事項目，幾乎沒有任何捷徑可走，最好專門專精從事其中一項專業工作職銜就好。

畢竟樣樣通等於樣樣鬆，聽說業界所需要的也是各式各樣

比較專精於某項3D繪圖技藝工作的從業人員，而不是一個什麼都了解，卻沒有任何一項專業項目可以完全精通了解達到「精益求精」地步的人，畢竟「3D通才」通常都是屬於管理或總監層級的主管人員而不是基礎工作從事者。

最後希寄各位讀者能從「復興馬雅(Revival Maya) △4～∩∞＜」這本3D動畫影像繪圖「入門指南」書籍的有限篇幅當中，學習習慣Maya2023這套重量級的動畫繪圖軟體作業環境的使用，並且得到你所需要了解的相關從業知識與基礎工作技藝，然後借由不斷的從事各項實際的動畫繪畫專業製作工作的實作磨練，越來越精通使用Maya這套軟體來完成各式各樣你所需要的3D動畫影像檔案。

如果你已經完全熟練Maya這套軟體的相關運作環境工具及作業模式之後，而你又沒有什麼可以追求的學習目標！個人建議你或許可以花時間去精通並了解學習MEL語言，因為它才是創造出整個Maya軟體圖形化工具的基因工具，而且MEL語言的精通與使用可以幫助你更加的深入了解Maya這套軟體，並且可以開發出更多的Maya軟體相關作業功能工具，開拓發展出Maya軟體的其他延伸展現功能，使你可以加入開發並完善Maya這套大型軟體程式的發展工作之中，真真正正與Maya這套軟體融合為一，成為一個Maya軟體的贊助開發作者，甚至隨著你的精通熟練及精益求精之下，漸漸完善整套Maya軟體的開發研究與應用。

2022/06/04 Yuan「孤鷹」

「輕鬆一下」

打個廣告放送一下

「索引者(Indexer)∞＝／(ISBN: 9781647841263)」是一本「混蒼生(Chaos Life)」思想系列的哲學思想書籍，它的內容主要是說明「混沌悟」這篇99字的「邏輯哲學」論文的內容及運用詳細解說，以供「混蒼生」的忠實讀者，可以詳細了解到「混沌悟」的精髓及其相關的各種運轉使用方法。

不再像「混蒼生」一書之中只是大略的解說一下而已，而是解釋的明明白白的給喜歡聽故事而不喜歡自己動腦思考的讀者們。它同時也是老孤自創的「索引學」這門知識學問技藝的「首發」初鳴的書籍。

「索引學」就是一門需要思考到「得道無惑」的人，才能夠真正掌握及精通的學問，所以老孤在這裡祝福並歡迎各位「混蒼生」的忠實讀者，能搞懂「索引學」這門知識學問的圍籬，早日達到「得道無惑」的人生境界，清楚的了解自己的真心、真意及真情，並鼓起勇氣去追求真實的自我以渡過漫漫的人生道路，完成「無憾人生」的真諦。

精通「索引學」的人本身就是一個知識學問的漩渦暴風，只需要給你詳細而精確的科學數據資料，你自己本身就可以總結出各式各樣的條條框框，甚至透過聯想索引幻想具現能力的加持之下，自行拓荒開闢種種的技藝修行之道。

它本身就是一種「第八感生滅境界(混蒼生中的「十感論」)」的知識學問書籍，如果你曾經看過老孤所寫的「混蒼生(Chaos Life)」一書，那麼本書就是「混蒼生」一書中所提的邏輯哲學論文「混沌悟」的詳細說明。

精通思考及「混沌悟」精髓的人，可以很容易由一點點蛛絲馬跡之中，窺探出整件事物的全貌，甚至如果你的自我獨立思考能力操練的夠高深的話，那麼隨隨便便的一字一句一物，都能夠讓你有所領悟，甚至可以開宗立派創造出一門學問體系的條條道道，成為一個類似「資詢顧問」的老經驗人士。

　　當然如果你還有去總結出自己人生經歷的話，或許甚至有機會成為一個「思想家」，「索引學」就是一門給世界萬物給連結索引記憶的一門學問，屬於無中生有幻想具現的一門學問，就看你自己在得到這個竅門總訣之後，有沒有努力去思考總結自己人生經驗的消化吸收，從而沉澱思考達到「得道無惑」的境界，看清你自己的自我本性及這個世界的林林總總，而不再容易被世俗套路給迷惑，存活出自己的人生之道。

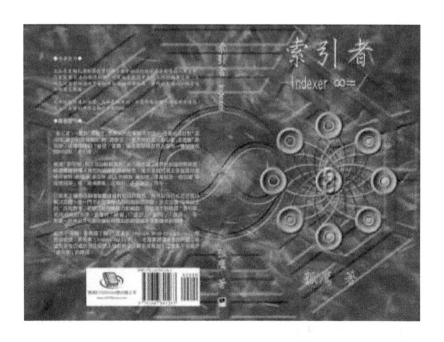

「學習使用 Maya 前的需求以及提醒」

　　雖然3D 立體電影動畫繪圖程式對電腦硬體的資源需求，已經漸漸從一般人負擔不起的硬體資源水準，降到了大部份使用者都能玩得起的水準。但是基本上是沒有什麼人會去嫌棄自己的硬體資源太多的，所以各位讀者為了 Maya 應用軟體使用流暢度的體驗感，電腦硬體也是會有些一定水準的要求。

　　目前 Maya2022支援的電腦作業系統 OS 有 Windows、MacOS 及 Linux 的某些發行版，應用軟體各有各的支援面向物件，所以在安裝的時候要去 Autodesk 的官方網站查詢一下，自己目前所使用的作業系統是不是有支援 Maya 這套應用軟體。

　　當然也有一定水準以上的硬體資源支持，否則運作起來可能會產生異常使用上的相容問題，首先官方建議環境資源軟硬體要求水準如下所示：(多媒體相關編輯作業所需的硬體條件，是電腦各種相關作業之中最吃資源的一種作業環境)

「執行使用 Maya2023軟硬體資源需求」

硬體資源：
CPU 晶片：2 GHz 64 位 Intel® 或 AMD® 多核處理器

顯示卡：目前顯示卡分為「遊戲顯示效率功用」及「繪圖正確加速計算」顯示卡2種種類的特殊設計晶片。個人是比較建議使用者使用 Maya 測試過支援度的晶片顯示卡系列，不過最好也偏向使用專門繪圖用的晶片卡，因為這兩種晶片顯示卡的使用設計偏向不同，一般遊戲卡雖然也可以使用來玩3D 繪圖，但是還是會偏向顯示效率的設計思想，而繪圖卡會比較偏向「正確」計算輸出影片的設計方向，所以如果你想專精於3D 立體繪圖作業的使用，最好還是選繪圖晶片顯示卡。以下這個網頁位址有

各個版本的 Maya 測試過能夠支援的各種顯示卡列表 PDF，請自行參閱選用。

https://knowledge.autodesk.com/support/maya/troubleshooting/caas/simplecontent/content/maya-certified-hardware.html

Alias General：受支持的 NVIDIA® 或 AMD 顯卡，至少有 256 MB 專用紋理記憶體，兼容 DirectX 11 並支持 OpenGL 4.3。

Alias VR：任何經過 VR Ready 認證的 NVIDIA 或 AMD 顯卡。

記憶體(RAM)：8GB RAM(建議使用16GB 或更大的記憶體來跑 Maya)

硬碟空間：安裝所需的可用硬碟空間
Autodesk 別名 AutoStudio：10 GB
Autodesk Alias Surface：5 GB
Autodesk Alias 概念：7 GB
Autodesk Alias 設計：5 GB

操作設備：三鍵滑鼠、用於素描的 Wacom® 繪圖板（可選）

可選硬體：
HTC Vive、HTC Vive Cosmos、Oculus Rift、Windows 混合現實設備。有關詳細信息，請參閱：創建 VR 硬件要求和控制器地圖和關於 VR 中的視圖，用於創建 VR 的 Oculus Rift S

作業系統：微軟® Windows® 11、微軟視窗 10、微軟視窗 8.1

.NET 框架：適用於 Windows 的 .NET Framework 4.8 版

瀏覽器：Autodesk 建議使用以下 Web 瀏覽器的最新版本來訪
問在線補充內容
Apple Safari® 網路瀏覽器
Google® Chrome 網路瀏覽器
Microsoft Edge 網路瀏覽器
Mozilla® Firefox® 網路瀏覽器

以上的種種列出的軟硬體資源條件就是目前 Maya2023建議
使用者，所需要正常執行 Maya2023基本軟硬體需求，如果您有
更加富裕的軟硬體要求資源的環境條件，那就更好了至少跑起
來會比最低要求的資源快速有餘許多。

（※提醒 Maya 使用者，老孤曾經因為使用了不符合規格的
顯示卡，結果操作沒什麼問題，但是一個正常操作卻產生錯誤
的顯示效果，活生生毀了我畫了2天的人物3D 物件圖，而且也救
不回來原本的儲存設定，應該是顯示卡負荷不了這種繪圖作業
正確計算，所以才會造成這種結果，資料正確無誤但是顯示不
出正確的效果，所以使用 Maya 來做3D 繪圖工作，軟硬體最好照
著它的要求測試過的型號來選用。）

至於如何安裝 Maya2023應用軟體的教學內容，請使用者自
行上網去搜尋，或者自己完成安裝程序，畢竟如果連軟體安裝
程序都教是不太可能出現在我這本教學使用的書籍之內，以下
畫面就是載入安裝在系統裡的 Maya2023的讀取載入畫面。

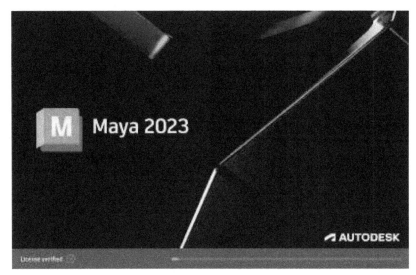

　　讀取載入執行 Maya2023就算你的電腦相當不錯也不可能短時間內開啟畫面，不過比早期的 Maya 好多了，至少不會再跳出 CMD 的指令執行視窗，比較統一顯示了，不過開啟 Maya2023依然需要不少的讀取時間，及高負載的情況，畢竟我的電腦也有7～8年的使用歷史了，硬體水準資源追不上最新的軟體設計水準，也是再正常不過的現象。

　　以下就是正常載入 Maya2023之後會進入的使用畫面，如下貼圖所示，請各位讀者自己參閱比較。

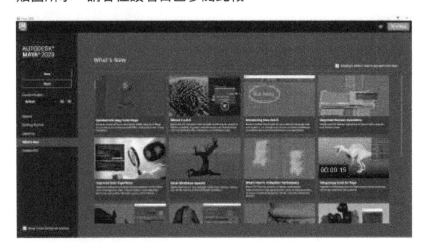

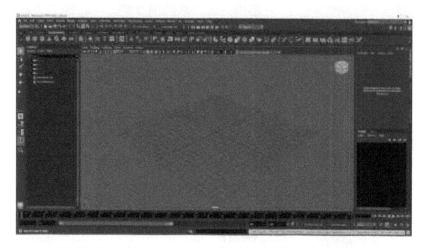

上圖就是正常載入 Maya2023會出現的畫面，看起來功能挺複雜難搞的，不過其實已經改善過了，早期畫面顯示更多的功能工具欄，更加雜亂晃花使用者的雙眼，感覺到茫然不知道怎麼開始使用這套巨型軟體來作3D 繪圖設計作業，其實不用想太多，你通常不是去熟悉融入了解環境，就是自我開始製作再去尋找相關符合您使用意圖功能的，設計選單裡面的相應功能。

上圖就是舊版 Maya2022之前的系統進入之後，給你顯示的預設訊息提示畫面，它上面寫的內容提醒使用者說，凡是「綠色高亮度並且使用 [ ] 符號框選顯示的東西」，就是這版 Maya 與前版本不同或改善功能的「新版功能顯示」，所以這個畫面的內容只是在告訴你這個訊息而已。

　　因此各位讀者如果在 Maya 軟體功能選單裡面看到「綠色框框」框選起來的功能，就知道它是屬於新改善或增加功能的選單功能，直接去研究「綠色框」框選起來的功能就好，不用去翻其他軟體系統部份改善的地方，因為它們都會有標示出來。

　　因此使用者只需要安裝新版 Maya 之後就專門去研究「綠色框」框選起來的功能特色，就會很快融入新功能設計而完成你的追新 Maya 軟體的學習作用，這就是這個提示功能能帶給使用者的好處，迅速了解新版 Maya 所增加修改的特色，完成你的軟體發展使用資訊的更新，儘快融入新版軟體的投入使用環境。

　　其實使用 Maya 最需要的不是你對應用軟體工具程式的了解程度，而是你的耐心及幻想呈現能力，畢竟 Maya 提供再新再完整的3D 繪圖工具，如果你的腦袋不清醒甚至毫無幻想頭緒的話，依然只能盲目的盯著軟體畫面呆看，不知道看起來這麼複雜的軟體操作介面要由哪裡開始入手。

　　如果你是一個很有技術藝術想法的人，使用 Maya 來畫3D 立體模型及各種物件對你來說並不是什麼很難的事，你只需要適應新作業環境及程式工具而已，所以重點是你有沒有什麼相關創作上的靈感需要渲洩，而不是照表操課一個個功能工具去熟悉了解每一個功能的使用方法，這樣有點捨本逐末。

（所以有幻想能力及相關想法要表達出來對讀者們來說，相對的比較重要，而並不是 Maya 軟體工具程式的操作，想熟悉 Maya2023的所有操作介面說明，請先參考本書最後的「**附錄 A：Maya2023功能操作介面說明**」部份及之後的部分。）

實不相瞞，想完全解說所有 Maya2023提供的選單功能及詳實設定操作的說明書並不容易，而且幾乎沒有什麼寫作的必要性，因為目前生產 Maya 軟體的 Autodesk（歐特克公司），本身就有提供線上的 Maya 軟體使用說明書，如果讀者自己有網路可以連線上網的話，就可以自行前往該公司網站網頁查詢學習觀看相關說明文件來學習使用。

不一定要觀看本書末端所有老孤整理過的相關說明，雖然我覺得官方網站提供的說明文件網頁有點雜亂，但不可諱言的是，官方記載的說明文件比較詳細實際而且省錢省事，本書最後的 Maya2023相關說明只是比較簡略的個人教學思想整理概述功能索引，其目地就是讓使用者不用花太多時間去了解熟悉 Maya2023的工作環境，繼而可以快速進入創作電影動畫影片的實際上機作業，而不會裹足不前，面對著滿畫面的功能選單，茫然無緒不知從何著手。

進而可以快速進入創作作業狀態，這才是本書實際收錄，那些功能說明混篇幅頁數的原因所在，老孤我個人有所期待各位讀者及 Maya 軟體的使用者，可以由本書的教學內容之中，快速找到自己進入生產各種電影動畫的技藝環境融入之道，這才是本書寫作的真實目地。

「使用 Maya 這類軟體應有的基本觀念」

　　基本上如果你不算太過愚魯不可教化的話，這一個章節的內容或許不用特意來看，而如果你一直是老孤的忠實讀者，也有一定的「時空維度」的觀念了解想法的話，這一章節的內容你也可以不用太過在意，這一個章節基本上純粹就是寫給那些完全沒有「時空維度」觀念的人看，以方便他的操作創作。

　　正如我前面的章節講過，Maya 這類應用軟體的使用上重點並不是它提供了什麼特殊的工具，而是使用者「幻想呈現」的具現化本事，至於使用哪一套3D 立體動畫影片製作工具，其實都不是挺重要的一回事，只要那套軟體應用程式可以完全落實你的「幻想呈現」的作業就可以了，而不是你的「幻想實際操作能力」去牽就某些功能不夠完整的繪圖軟體應用程式。

　　所以使不使用 Maya 來製作3D 立體動畫影片程式，其實也不一定是要特別注重，正如「緣起」章節內容所提，我個人只是特別喜歡 Maya 這個名字而已，再加上它又得過獎項及不錯的功能展現，才造成我會出版它的學習操作書籍來教學製作3D 立體動畫影片的選用軟體。

　　其實你想使用 Autodesk 其他軟體如3D Studio Max 也是你的選擇，最重要的是搞清楚各種軟體提供的工具及使用方式，用來完整呈現「你的想法」落實作業的工具程式，因此才會有這一章節內容的廢話產生。

　　至於「時空維度」的相關關念，我在出道書「混蒼生 (Chaos Life)」一書之中早就有所提及著作論文「時空論」，而我寫的其他書籍可能也有所提及，例如：「索引者(Indexer)∞＝／」一書，如果讀者有必要充實自己其他方面的思考及吸收

知識的能力，個人建議你最好全盤通讀老孤所寫的所有書籍，至少可以完全理解老孤在講什麼東東，不會鴨子聽雷。

　　Maya 這套應用軟體分別使用光學三原色紅綠藍 RGB「Red(紅=X 軸)、Green(綠=Y 軸)、Blue(藍=Z 軸)」這三種順序來表示畫面圖示的 X 軸(長度)、Y 軸(寬度)、Z 軸(深度)的3度空間概念，再加上時間軸(T)形成的四度空間法，如下圖所示：

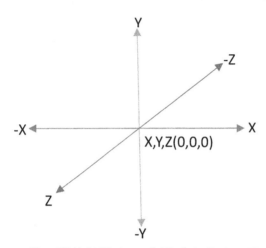

　　由於 Maya 是一種物件導向3D 立體「向量式」圖形應用軟體，所以輸出產生的影像檔案像素點、解析度…等的一切數據，都是由數學公式計算比例產生的輸出合成映像檔案，至於成品檔案的解析度像素點，這些2D 平面繪圖軟體的相關設定問題，我想對向量物件導向3D 立體繪圖來說，只要你的各種輸出設定是正確無誤，Maya 使用者只是需要更改一些影像幕(幀「Frame」)的輸出設定，就可以完整達成渲染詮釋輸出。

　　很久以前我就對我的網友寫文章論過，對繪圖軟體來說「擬真」才是它們最需要注重的繪圖功能，因為你能100%擬真畫出來的圖就跟真的實體物件的感覺一樣的話，那麼你才可以完整的表達使用者想表達的真實圖形，進而可擬真你才可以輕鬆「造假」，因為「造假」也是一種「擬真」的功夫展現。

相反如果繪圖軟體無法達到100%擬真的程度，那麼它就失去一套繪圖軟體的發展根基，無法完整正確表達使用者的想法，因此就失去它是一套「繪圖軟體」的本質，不用也罷，反正它遲早會被時間及發展歷史的洪流給沖刷消失，這麼多年來一直存在市場使用度的「繪圖軟體」，應該都能完整擬真。

所以老孤我選用繪圖軟體一定會注重這套繪圖軟體可以達到的擬真程度為基礎，剩下的才是注重它的其他功能選項，反正沒辦法100%擬真的繪圖軟體，我一定不會去學習使用，因為它無法完整的表達出我的「想法」，因此學了也是浪費時間去學習一套無法完整詮釋想法的應用軟體。

而向量式繪圖軟體的好處是它一切影像像素點(Pixel)，都是由數學公式按照你所繪畫出來的比例演算產生，不像平面2D繪圖軟體你總是需要定義它的版面及每英吋的像素點數 DPI (Dot Per Inch)，可以說沒什麼活動製作的空間，必需100%完全量身設定訂做才可以達成你真實想法的效果。

不過近年來2D 平面繪圖軟體 Adobe 的 Photoshop 也漸漸可以將圖形給向量物件化轉譯使用繪圖相關功能作業，因此正在漸漸瀰補「點距陣」繪圖軟體的劣勢部份，朝向完美無瑕的2D平面繪圖軟體的發展目標前進，因此 Adobe 及 Autodesk 只能說它們目前佔據了市場優勢，其他公司軟體很難超越。

「認識環境及基礎控制與操作」

　　如果你是資深的 Maya2023 的使用者，你或許不需要按照本書的章節撰寫順序看下去，直接閱讀你所需要知道的章節內容就好，至於初學者想要認識完整的 Maya2023 的工作環境解說，請讀者直接跳到書籍最後的**附錄 A：「Maya2023功能操作介面說明」**內容去了解全 Maya2023 環境的介紹解說。

　　左邊線側建構模型主要選單截圖就是 Maya2023 的預設畫面基本功能選單圖，Maya2023 總共有9項選單功能屬於 Maya2023 各種類別作業預定的基本涵有功能選單，這9項選單名稱分別是 File「檔案」、Edit「編輯」、Create「創建」、Select「選擇」、Modify「修訂」、Display「顯示」、Windows「視窗」、Cache「快取」、Help「求助」，排在主要選單選項前面7個功能選單 File、Edit、Create、Select、Modify、Display、Windows 等，加上倒數2個 Cache、Help，這9項選單內容功能都是 Maya2023 各種作業一定會涵有的基本功能選單。

　　而在這一前一後中間夾雜的功能選單是屬於專門功能「建構模型」作業所專屬使用的選項選單，例如上圖的 Mesh(網格)、Edit Mesh(編輯網格)、Mesh Tools(網格工具)、Mesh Display(網格顯示)、Curves(曲線)、Surfaces(曲面)、Deform(變形)、UV(UV 選單)、Generate(生成選單)，這幾項功能選項選單都是建構模型(Modeling)專屬選項功能的選項選單功能，用來操作控制實踐使用者的「建構模型

（Modeling）」相關作業內容，可能會有所需要使用的相關功能工具指令功能。

專項功能選單預設如左圖下拉選擇選單之下共有6個功能選項來切換上方的總功能選單的顯示功能選單選項來選擇使用，這6個專項功能選單切換功能分別是建構模型（Modeling）F2鍵、綁定作業（Rigging）F3鍵、動畫製作（Animation）F4鍵、特效功能（FX）F5鍵、渲染展現（Rendering）F6鍵、自訂選單功能（Customize）。

　　Maya2023的使用者可以依據自己的需要來選擇想要做什麼製作作業使用的專屬功能選擇來切換選擇選單功能，以呼叫Maya 功能指令來使用完成你的作業內容。

　　當然這些只是最基本的作業環境切換選單功能而已，事實上 Maya 全熱鍵功能是很多及複雜的，但是你不一定要每個熱鍵功能都去記憶實作，因為不是每個人都會使用上 Maya 的全功能選單指令的相關功能，只需看你從事的專門工作來學習使用就好，所有電影動畫後製工作都全部實踐過一遍，您才可能完全摸索探究完整 Maya2023的功能實作，不必刻意去專門記憶那些不屬於你目前工作業務範圍的選單功能操作。

「建構模型(Modeling)」

　　「建構模型(Modeling)」可以說是3D立體動畫繪圖最基本的工作功能(所謂「建模師」就是這類工作使用者們,最基礎應精通而且都會有市場需要的職業功能),目前就我所知Maya2023似乎提供了3種工作方式的相關功能來實踐這方面的工作。

　　第一種就是「NURBS基本體(NURBS Primitives)」,也就是曲面成型的建模方式、第二種是「多邊形基本體(Polygon Primitives)」、第三種是「體積基本體(Volume Primitives)」,至於選用哪一種來完成你所需要的「建構模型」作業並不是什麼需要正確執著的重點,主要就是看使用者自己養成的作業習慣上的不同來選用建模方式。

　　「建構模型(Modeling)」其實不管Maya總共提供多少種方法,萬變不離其宗,最基本的方式是在工作畫面其中「四視圖攝影機」視窗中,「相對視圖空間」佈好基礎「點」進而連接成「線」,或畫好各種「線(直線、曲線)」,然後使用相關選單的功能選項使用,直接形成「面」或「體」(曲線成型之類的方式),來完成基本的「建構模型」作業,完整的呈現你所需要的「表皮模型中空實體」,表現整個自我「幻想呈像」的具現化相關工作,達成各式各樣的建構模型的基礎步驟。

　　再來進入下一階段的作業,不管你是要對完成的中空實體模型「拆UV」零件圖好「貼圖紋理」或「上色」,還是要做活動骨架之類的「綁定作業」,或直接使用「特效功能」來產生變化,甚至直接使用工作區下方的「時間軸」做成動畫。

　　或者直接最後步驟的「渲染展現」實際輸出的相關運用格式的影像功能,以利其他作業的支援顯示工作,這些選擇都是

需要視你的工作內容來制定實施，所以並沒有一定的正確順序
作業流程，完全視你個人的工作業務負責範圍來施行，底下是
老孤一些個人心得分享，使用者在「建構模型」作業中要稍微
注意的兩個作業方面的習慣。

「佈線切割區域心得」

原則上來說我們「建構模型」的時候，都會由簡單的各種
基本形體「點(Vertex)、線(Edge)、面(Face)」建立之後，建
構方式漸漸由簡單線條走向複雜細緻化佈線的作業局面，不斷
的切割分劃或增加元件排列組合著各個模型部位的組成，而一
個圓球型體至少需要8個點才能成型，這是 Maya 的設計使用方
式，使我們從粗糙大略線條組成的完成圖形，漸漸不斷加各種
分割切線線條來分割各種區域面積的使用上。

不管你是二分化或三分化某面而「佈線」，盡量平均分配所
有切割佈線所佔用的區域面積，例如二分化中間佈線，你就盡
量佈線平均切割兩邊的面積，而把插入這個面的佈線給「畫」
在中間的習慣，以平均化線兩邊的佔用「面積」，將來輸出粗糙
一點的動畫時，也不會看起來零零落落不怎麼整齊好看。

還有就是你在建構模型工作的描繪時候，盡量減少使用不
必要的多餘動作及細緻化端點(Vertex)、邊線(Edge)、表面
(Face)，整個「建構模型」的作業應該著重在表現「物件模
型」的各種特色描繪工作就好，至於細緻化切割分格作業的功
能，Maya 有提供相關自動化完成的選單功能圖示，不需要使用
者一條條一道道的去手動描繪均分模型。

因此使用者在建構模型之時，只需要專門遵守表現出「物
件模型」的模型特色描繪畫圖，而不需要多做出一些冗餘的劃

分模型表面積的相關描繪動作，只需要著重在表現出模型特色風格的點、線、面的展現就好，至於後續的模型細緻化網格劃分動作，自有選單功能可以自動完成，不需要使用者自己做。

「三角面(單數邊)與四方面(雙數邊)的差別」

再來就是注意切割佈線的「單數邊(3角面)」及「雙數邊(四方面)」的切割佈線差異要小心，如果你所畫出來的物體某一面呈「單數邊(3, 5, 7…邊形)」之類的「面」，那麼那一個「面」一定會不好運算平均上色，因為「單數邊面」總是不能整除漸層平均上色運算，因此這種佈線面只適合「凸起面」或「凹落面」上色，例如：尖角尖處會呈現一圈「三角面」分割組成的物體現象。

所以我們在「建構模型」及切割佈線的時候，請盡量將你的成品都呈現「雙數邊面(四邊形)」的分割狀態，因為「單數邊面」不容易平均均衡「演算上色」計算，總是會形成一個「凹凸」不能整除運算的多餘點，如果你是要平面圓滑上色的話，最好一定佈線切割成「雙數邊面」，除非是「尖角」或「凹陷」處面的上色才適合切割成「單數邊面」，這一點請在「建構模型」的作業時候小心在意你的各種佈線切割面(Face)方式。

以上這兩點就是我個人實作過的一點小小「建構模型」的心得感想，而要成為一個專業的「建構模型師」，可不是紙上談兵可以完成的，需要不斷的發揮你的創意及刻苦耐勞的實際控制操作繪製，才可能有一點點的所得，所以多餘的廢話不多說，我們就快速進入 Maya「建構模型」的實作範例作業之中。

請初學 Maya 來從事「建構模型」的讀者們，照著老孤以下的各種作業順序範例，先建構出一個基礎模型來實際演練控制

操作 Maya 的各種作業功能，達到學習使用 Maya 來實做3D 動畫電影的相關建構模型工作業務，完全熟練「建構模型」能力之後，再操練其他後製工作。例如：紋理上色、燈光照明、動畫製作及特效加持技藝漸漸成為一個全方位使用 Maya 來做各種後製工作的專業人士。

而本書教學內容如果你都有聽話的照著做，並且最後總結出自己的一套作業方式，能獨力完成 Maya 的各種功能基本操作之後，我建議你去查看官方 Maya 說明書，慢慢熟練精通化所有 Maya 的種種作業功能的運用，最後才是不斷的追新 Maya 這套軟體的改進升級功能，成為一個專業的 Maya 使用者。

老孤在這裡提醒所有讀者，本書所示範表現的各種工作習慣及方法，都可能只是其中的一、二種，並不表示每個人一定要完全照著這個步驟實際作業，使用者在了解了本書教學所使用的方法之後，或許應該有空就去了解 Maya 軟體程式提供的所有功能，進而思考總結出自己的一套作業方式，沒有一定的硬性規則限制你不能用其他方式來表現出你的特色作業方式。

總而言之「建構模型」作業所需要的使用者品質，就是細心、耐心、恆心及幻想具現化能力的展現，而且使用者最好有著很良好的「時空維度」觀念想像力，並且沒有任何的「密集恐懼症」的生理條件，至於其他需求的品質只有在一次次的實踐作業當中，期待使用者自行去發掘而出。

「開始實作 Maya 作業功能」

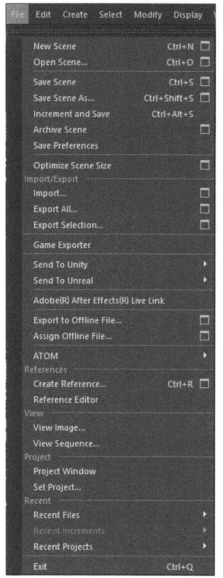

前面內容掰了那麼多，接下來我們就要正式進入 Maya 創作作品的章節了，如果你是第一次使用 Maya 這種類型的大型專案複合元件軟體來做工作上的作業需要，可能會不太習慣 Maya 這種大型套裝軟體專案成立設定的處理模式。

首先讀者如果是首次使用 Maya 這種大型複合套裝專案軟體，應該要知道這種大型套裝專案軟體，它特別的作業執行方式，那就是「設定專案」的各種元素元件的相關設定，如左圖所示，請先點擊「設定專案 (Set Project)」功能，就會進入下頁圖的設定視窗，它是設定你的各種專案文件 (Project) 的磁碟儲存目錄資料夾的路徑位置。

點擊之後就會進入下列這張圖的設定視窗之內，使用者可以自行設定決定要不要使用 Maya 套裝軟體預設的磁碟儲存位置，或者像老孤專門建立一個目錄資料夾叫 Maya 來專門儲存

Maya 的各種專案文件檔案儲放目錄資料夾，如下圖所示的儲存
視窗位置。

　　如上圖所示在「路徑(Directory)」這個欄位輸入你想儲存
存放的磁碟目錄資料夾位置之後(或瀏覽選擇已存在目錄資料
夾)，按 Set 按鍵完成設定專案儲放目錄資料夾儲存位置的工
作。

　　接下來請選擇「檔案標籤功能下的專案視窗(File >
Project Window)」，設定相關的元素元件存放磁碟位置的路
徑，以方便作業及管理儲存與執行。

　　點擊進「專案視窗」之後就是顯示出下圖顯示的浮動視
窗，讓使用者自行定義各種元素元件所要存放的磁碟路徑位
置，如下頁截圖所示一個 Maya 專案檔案文件含有很多元素元件
的各種磁碟路徑的設定，所以，「現在專案(Current

Projdct)」預設專案名稱叫 default(預設設定)，儲存磁碟路徑位置是在圖上所示的使用者個人文件 Windows 系統存放位置，至於底下相關專案含有的文件檔案路徑，基本上是不用做什麼改變修改，會自動在你的專案目錄中展開它的樹枝狀磁碟目錄資料夾路徑位置與結構。

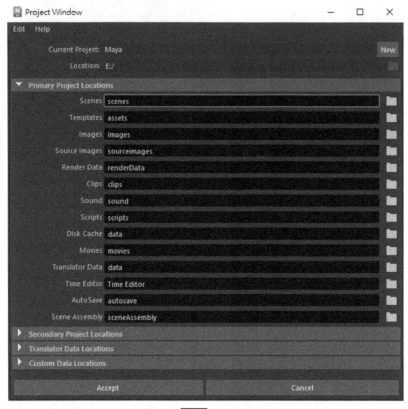

　　使用者可以按上圖旁邊 New 的按鈕，更改你想存放 Maya 各種專案的整理資料夾磁碟路徑儲存位置，如下圖所示內容，不過其它相關附件元素元件，如果你沒有特別整理出一個專門儲放各種不同資料檔案的地方，就沒有必要做什麼修改內容，直接引用 Maya 軟體預設的磁碟名稱目錄資料夾路徑位置就好，然後按下下方的 Accept(接受) 按鈕來更改預設設定儲放路徑，如下圖所示：

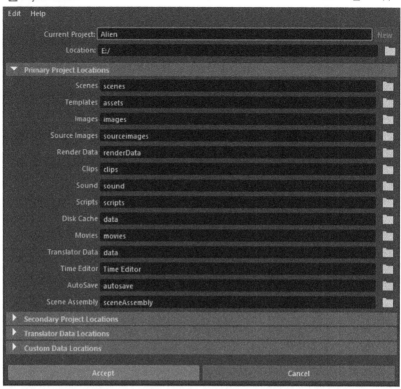

　　如上圖視窗所示，我把 Maya 專案儲存在 E:/Maya 之下，而且專案名稱改成 Alien（外星人），用來作為以後教學建構模型的範例白藍外星人的專案儲存位置，至於其他附件的目錄我也沒變動直接就按 Accept（接受）按鈕完成設定磁碟儲存位置作業。

　　以後我所有使用 Maya 創作出來的各種專案文件檔案，都會儲存在 E:/Maya 磁碟目錄資料夾路徑之下總集合，不會散亂的整個磁碟位置儲放，長久的使用 Maya 軟體從事創作之後，就會自然產生自己的一個專業的 Maya 相關檔案資料文件總集合目錄資料夾資料了，如果你是專門從事這類藝術創作的軟體使用者，我想大家平時上網都會蒐集一些相關的「影音素材」檔案文件儲放起來，好作為將來創作上的運用添加資料來使用。

「NURBS 建模方式（曲線成型）」

這種建模的方式，總共包含4個作業步驟，「1.創造曲線」、「2.編輯曲線」、「3.曲線成型」、「4.編輯曲面」四個步驟順序幾乎都是固定不變的，所以想要學會使用這種方式來建構模型，請使用者牢記這4個作業順序，以免盲然毫無頭緒，以下我就示範一下這總建模作業方式，讀者有 NURBS 建模的基本認識就好，不一定要吊死在一棵樹上，基本上我對這種建模方式也不甚了了，不過以下就示範 NURBS 其中的一種建模方式。

請使用者先將「工作面板」切換到「正面視圖」，然後在「正面視圖」使用左圖那個工具架上畫曲線的工具，在「正視圖」先點出二個點（如左下圖所示），然後按下「滑鼠右鍵」呼叫出工作功能選單（如右下圖所示），選擇正上方的「曲線點(Curve Point)」的功能。

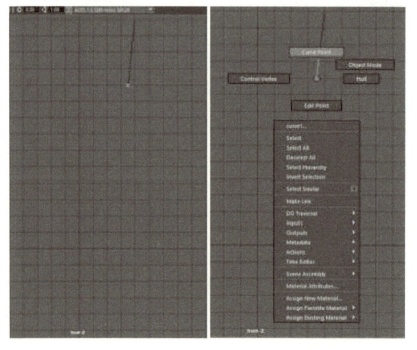

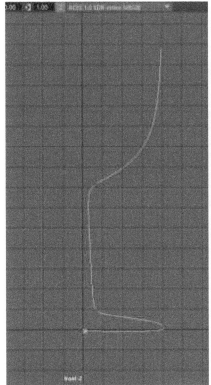 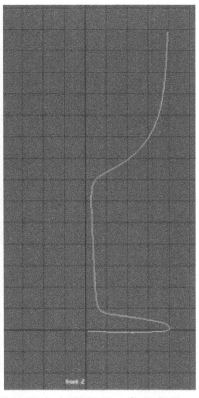

然後按照左上圖所示，參考背景格子為標準，依序在工作面板的「正視圖」中，由上往下點出左上圖中的各個點，形成一條杯子的曲線，然後按下 Enter 鍵，就會形成右上圖中的完整定型曲線。

最後如左方圖示之中所示，在 Maya 視窗最頂端的建模選單選項之中，選擇「表面(Surfaces) > 圍繞(Revolve)」的功能，當然你也可以選擇 Revolve 後方的□框，仔細研究

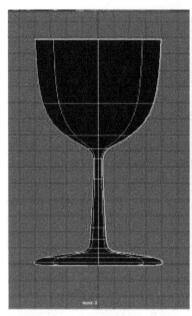 

這個功能的細緻設定,利用這條曲線,畫出不同的效果。

　　左上圖正視圖模型,就是使用「圍繞(Revolve)功能之後形成的模型,切換回透視圖之後(如右上所示),就可以看到一個杯子模型建構完成,但是圖形是正反面相反的構圖,所以使用者必須執行一項下左圖的選單功能「表面 > 反向(Surfaces > Reverse Direction)」,最後就能形成下右圖的最終模型。

Reverse Direction

　　這就是 NURBS 建模的其中一個功能方法,是不是很快速又簡單,某些理性可計算均衡對稱幾何圖型類的建構模型的工作,其實都可以使用 NURBS 的建模方式來建構模型,例如:機械元件之類的東西。

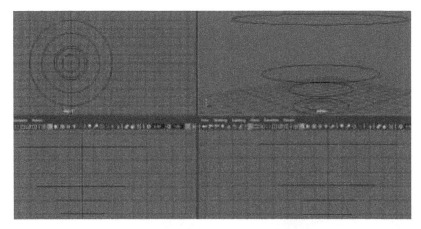

　另一種叫 Loft 的方法就是另外一種 NURBS 的建模方式之一，如上圖所示：使用「曲線/曲面(Curves/Surfaces)」工具架上的畫圖工具，在上面四視圖中不斷的縮放圓圈並且將它們的高低、上下、前後位置小移動好，然後呈現下面四視圖中的外觀樣子，最後依次從上到下、由外而內順序依次選擇所有的圓圈曲線，然後使用選單功能「曲面/閣樓(Surfaces/Loft)」的功能之後，就會形成下面這個模型碗的建構方式。

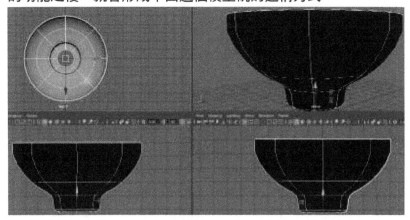

　再來使用者 只需要在頂視圖中，選擇最內圍的圓圈，然後使用「縮放工具(R 鍵)」將最內圍的圈圈給收緊，然後選擇選單功能「表面 > 反向(Surfaces > Reverse Direction)」，最後就會如同下頁那張圖一樣，我們就很輕鬆容易的建構了一個模型碗了。

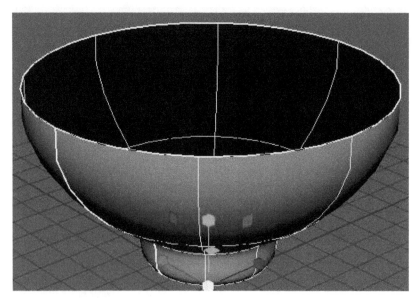

　　當然 NURBS 不止這二種功能方法，只不過我個人是不太習慣這一類的建構模型物件方式，而且 NURBS 建模也不是沒有缺點，聽說在模型邊緣的連接之時會不好處理，所以 NURBS 建模方法的運用並不是那麼廣用，至於其他 NURBS 方法功能選單選項的運用，就要請使用者自己去慢慢挖掘精深，我就不再深入講解這方面的其他功能延伸了。

　　一般來說現在建模方式都是使用下個章節「多邊形 (Polygon)」的建模方式，比較直觀易入門，當然這也不是絕對的真理，每個人都有其習慣的個人建模作業方式，因此也沒有一個真正的統一學習標準，個人建議使用者學習之時只要能夠快速簡單繪製完成自己的模型建構方式就好，不必講究流不流行的問題，而且也是有些使用者，習慣使用雕刻作業工具的方法或「雕刻工具架」上的功能工具來做建模工作的人及3D 建模軟體，這一方面的情形族繁不及備載，請恕我沒有辦法在一本入門指南書籍之中一一列舉，請讀者們將就看看就好。

「多邊型建構模型範例：白藍外星人」

　　「建構物件模型」是 Maya 這類3D立體繪圖程式最基本及應該注重學會的技藝功能，不少專業的藝術創作從業人員都在提醒初學者們，應該要努力去培養出個人的幻想夢想具現化想像能力，也就是思想呈現靈感突觸的各種能力展現，來完成自己的藝術創作，而不推薦各種抄襲描寫的創作方式。

　　不過身為一個3D繪圖界菜鳥的老孤，個人雖然是非常同意那些專業人士的意見，可惜畢竟目前3D立體繪畫建構模型的功力還沒強到那個地步的實作經驗累積出來的能力，所以雖然知道最高境界是個什麼樣子的操作作業方式，可惜目前的自己還達不到那個程度的能力，因此基於「學習起於模仿」的本質因素下，暫時還是只能不斷的照貓畫虎的描繪圖檔稿紙的創作方式來「建構物件模型」。

　　如果讀者有事先看過書末「附錄 A：Maya2023功能操作介面說明」，這個時候應該已經相當的理解 Maya 軟體的各種視窗環境標籤的相對工作功能，因此往後的相關軟體操作作業，老孤就不再說明各種功能的細部解說，如果本書附錄部分沒有詳細到你能理解的地步，老孤建議你去翻翻 Autodesk (歐特克) 公司的官方網站「Maya 使用說明書」，那裡的解說會更加的詳細，而且本書之中也不便截取用來解說照抄一遍說明書。

　　正巧剛好 Maya 也有提供相關的引入圖檔及影片的功能，用來抄襲描繪比對建構物件模型作業，讓初學的使用者們可以更快上手 Maya 的各種「建構物件模型」作業的基本功能，如下圖所示就是工作視窗可以引入圖檔的功能選擇：

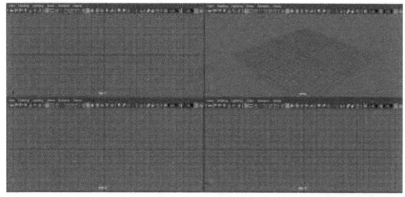

在進入 Maya 預設的基本工作視窗之中按下空白鍵然後迅速放開之後，就會出現上方的「四視圖」視窗功能，我個人建議使用者將滑鼠游標移到左下角的「前視圖」分隔視窗之後，再快速的按一次空白鍵，就會切換進入「前視圖」工作視窗之中，然後如下圖所示使用工作視窗選單功能引入圖片檔案。

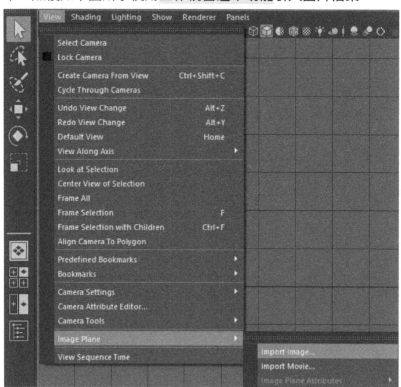

上圖就是在工作視窗內引入磁碟內存的各種範例圖形檔案，用來顯示於工作視窗中照抄模仿各種「建構物件模型」之用途的功能。由於我們用來講解「建構模型」工作的圖檔是「白藍外星人」的3D 立體物件模型建構，會形成如下所示的畫面

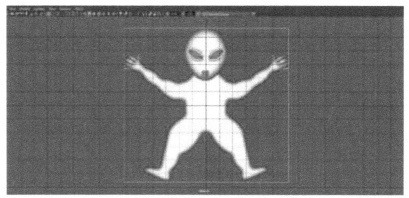

　　在「前視圖」的工作視窗攝影機中的引入「白藍外星人」圖檔畫面，就是如上圖所示的這個樣子，以利我們未來描繪的「建構物件模型」，再迅速按一次 空白鍵 就是進入下方的「四視圖」攝影機工作螢幕環境示顯功能，如下方圖型螢幕所示。

　　上方這個螢幕顯示畫面，就是引入「白藍外星人」圖形檔案的「四視圖」工作視窗攝影機，個人建議使用者使用右上角的「透視視窗圖」，來作為我們「建構模型」的操作是制功能工作視窗環境，不過使用者必需清楚一件事及熟練這一個各個工作視窗切換顯示的操作方式，因為將來「建構模型」的作業功

能展開之後，會經常需要在「四視圖」中各個工作視窗之內切換顯示畫面來操作控制「建構模型」的相關工作，所以各位讀者最後還是要習慣這一個技藝功能的熟練程度。

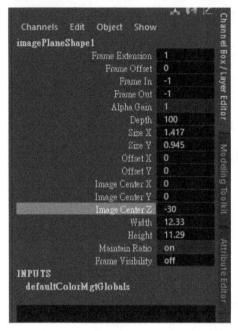

由於我們將來各種「建構模型」的功能會產生各種新增形狀的3D建模物件顯示，而且新增工作都會在「工作視窗」的中央部份冒出，所以用來作為描繪的「白藍外星人」圖形檔案，並不適合顯示放置在螢幕「工作畫面」的中央部份佔位置影響妨礙各種操作工作，所以個人建議使用者最好如左圖所示方式，改變設定螢幕右方的「頻道資訊盒」中圖形物件顯示位置的 Z 軸參數，如右上圖所示將圖檔物件的 Z 軸參數改變-30，讓他改變描繪圖物件的顯示位置，如下圖所示的「四視圖」一樣，不佔用工作視窗的參考繪製網格位置，好方便我們的各種3D立體物件描繪製作「建構模型」的工作。

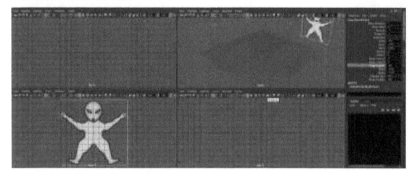

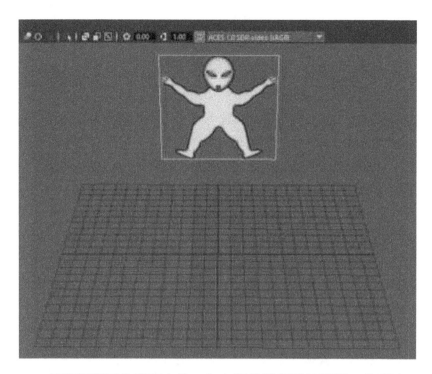

　　然後回到工作視窗之後，如上圖截圖所示的那個工作環境
樣子，以利我們接下來的各種描繪對照比對的樣子來開始我們
的白藍外星人的「建構模型」工作，將2D 圖形給3D 立體化呈現
作業，當然如果你擁有描繪對象的「三視圖（俯視圖、正視圖、
側視圖）」的話，會更加容易完成3D 模型建構立體描繪的工作。

　　萬變不離其宗首先我們要來開始製作白藍外星人的「頭
像」部份，這方面的描繪工作並沒有什麼叫做「固定方式」描
繪套路，完全就是個人美工使用 Maya 的習慣方式而不一定一樣
的描繪方式，有些人喜歡一開始就布局規劃好一切，減少將來
完成建模再畫線切割各個形成「面」的分格線佈局圖像，直接
選用最接近頭部的「多邊形建模(Polygon)」方式的球型體
(Sphere)來做，有些人喜歡使用一個簡單方塊(Cube)來漸漸複
雜化切割線描繪建構模型的方式來做，有些人習慣先畫曲線然
後使用「曲線呈形(NURBS)」的描繪方式來做，也有些人習慣使

用雕塑工具（Sculpting）方式來實做描繪3D 立體模型建構工作。（這些描繪3D 物件模型的方式見人見智，並沒有一個統一的標準作業模式，完全依照個人的愛好習慣來處理作業）

　　總之不管你是習慣使用什麼方式來做「建構模型（Modeling）」的工作，其實都沒有什麼關係，只要你習慣順手能完成工作就好，這方面我也不是每一種建構模型模式的工具通通使用過，因此也不可能面面俱到的每一種方式都實做一遍來教學講解，所以只能教學我個人比較習慣及喜歡的建構模型作業方式的展現，至於各位讀者能不能習慣及喜歡，那就不是我能左右及干涉的範圍，不過請記住只要能方便讓你輕鬆快速完成建模工作的方式，就是一個很好的作業方式。

　　一般對於一個專業的「建模師」來說，花個一整個工作天時數來完成「建構模型（Modeling）」的作業，是一件很平常而普通的事，如果有相關2D 三視圖可以參考描繪抄襲，那麼半天時數功夫完成一個模型表皮的建構工作也是稀鬆平常的事。

　　但是對於一個3D 繪圖作業功夫的初學者來說，多花個幾天工作時數功夫，來習慣3D 繪圖建模相關作業的操作熟練，是一件很正常的練功磨練過程，所以各位初學者也不用太過急切的心態想完美完成一個完整的建構模型（Modeling）的作業，耐心與細膩的建構模型佈線完成完整的「點（Vertex）、線（Edge）、面（Face）」的劃分規劃，是一件很基礎而且必須仔細細膩完成的工作，因此「建模師」的工作是一件很枯躁但是不可或缺的一項基本功夫，而且這項功夫也不可能封冠，因為每個人的技藝品味的美感要求標準並不一致，唯有多看多畫多學多操練你的各種建模方式功夫才是邁向巔峰的捷徑，這些滴水穿石的美感技藝硬功夫的磨練是不可能跳過的磨練過程，唯有一步一腳印才能到達目的地。

「先畫頭部輪廓」

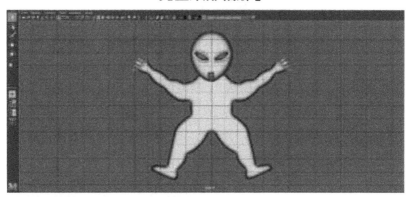

　　請先切換顧示成「前視圖」視窗畫面如上所示，再來從工具圖示架上選擇建立一個方塊(Cube)的功能，就會如同下圖所示一樣在外星人前視圖的正中央位置產生一個方塊模型。

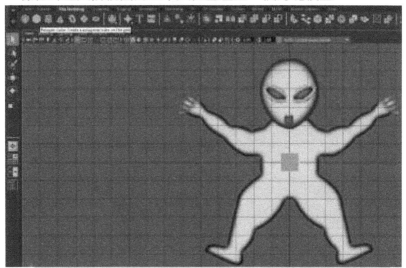

　　繪圖時的顯示操作：一般來說顯示粗糙與圓滑繪圖畫面，Maya 目前共有3個顯示等級層次的顯示切換，分別由 1 (粗糙)、2 (平均)、3 (圓滑)三個按鍵來切換顯示等級，由於愈圓滑顯示愈需要顯示晶片及龐大記憶體的支援因素，所以我們通常習慣使用 1 顯示模式來作3D 繪圖工作，完成一部份完整作業之後我們才會切換到 3 顯示模式來檢視一下繪圖工作成果，仔細看看有沒有什麼地方及細節需要改進的地方，因此我們通常

會很經常頻繁的在切換 1 、 3 兩個鍵顯示模式的渲染展現，這一點繪圖作業心得請使用者務必了解，並且依照自己的實際需求，而來完成自己的3D 建構模型的相關描繪操作工作。

請使用者點選在「工作視窗」上方的這個圖示功能（XRay），它的功用是在將使用者描繪出來的影像物件體給半透明化顯示，以方便使用者穿透物件看到背景及精準描繪背景圖像之用的顯示模式。

點選之後之前產生的方塊就會如同右圖所示的那樣呈現半透明顯示的狀態以利使用者描繪背景圖示的相關工作。

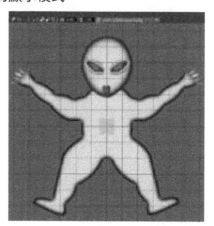

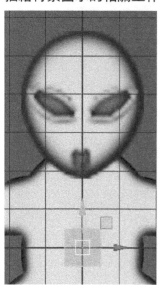

再來就是按下 W 鍵使用移動功能（如左圖所示），移動方塊物件的操作功能，將我們創造產生的方塊使用滑鼠拖曳物件提供的方向箭移動功能到頭面的中央位置（如右圖所示）。

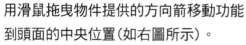

再來就是按下切換使用 R 鍵擴大縮小物件功能（如右圖所示），將這個方塊的大小方向及位置調整至完全覆蓋描準外星人的頭部臉頰外型輪廓（如下左圖

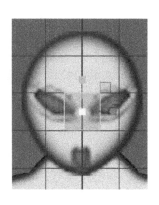

所示），這樣我們就基本上完成頭部輪廓的描繪定位相關工作。

接下來我們在方塊物件上按住滑鼠右鍵叫出功能選單，移動滑鼠選擇「邊線 (Edge)」功能模式（如右圖所示）。（註：Vertex（頂點模式）、Edge（邊線模式）、Face（面積模式）及 Object Mode（全體物件模式）是我們在做3D 繪圖工作經常會切換的操作作業模式，因此各位使用者可要清楚地了解這幾種模式的操作功能）

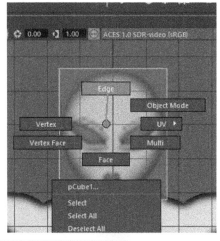

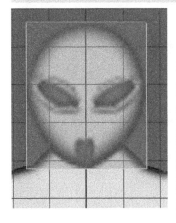

我們將要定位出一個可以環切平均分割左右半面功能的頂邊（如左圖所示），我們點選了環切平均線的頂邊線。平均切割面頰左右部份這個工作的目地，是要使用對照映射的方式來建構面部物件模型，所以這種方式只適用於左右面頰對稱的模型建構工作，可以幫我們省略一半的建構模型

的功夫(只需要做好其中半面的建構模型工作),如果你的模型並不是左右半面對稱平均的物件,那麼用這種方式完成建模之後,可能需要做細微部份的調整建模修正,才能達到真正100%的模仿建模。

選擇好頂邊之後按下W鍵功能,並且將滑鼠游標移動至右圖中上方所示的方框中間,然後按下Ctrl鍵並再按下滑鼠右鍵叫出如下圖的功能選單,並且將游標移到選單左下角的邊線環工具選項(Edge Ring Utilities)上。

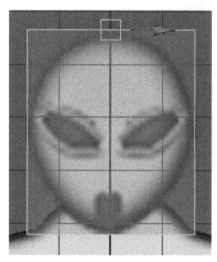

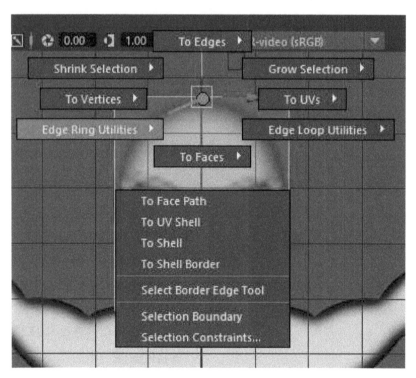

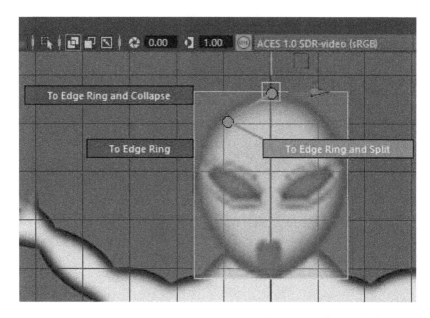

它就會自動叫出次級選單，請將游標移右下角環邊切割(To Edge Ring and Spilt 功能(如上圖所示)。它就會自動分割出臉面部長方塊左右正中切割線(如右圖所示)，這一連串的操作之下，我們就完成了對臉部方塊物件的對稱分割佈局了(如下圖所示)。(以上所

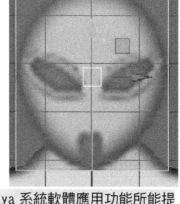

言只是 Maya 系統軟體應用功能所能提供的其中一種作業方法，並不是唯一的操作方法，Maya 功能選單裡面還是有其它功能工具，可以完成這類功能的相關工作，請使用者不要死腦筋的認為只有這一種方法可以完成作業)

接下來我們重覆執行上一個作業方式，再在建構中模型的右半面加一條中間線（如右圖所示），然後我們開始拉出三條

橫線，由上到下分別著眉弓上眼瞼線、鼻根人中上緣線、嘴巴縫隙線（如右下貼圖所示）。

（※：拉直線及橫線之間的

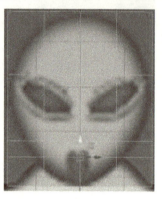

作業操作本質上並沒有什麼不同的操作，只是一開始的定位線有所不同，請自行變通運用來完成範例圖示）

上面就是完成正視圖輪廓定位線區域劃分，接下來我們需要對模型側邊視圖

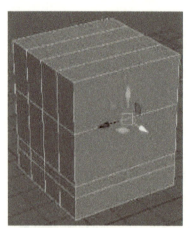

增加劃分線，建議增加2條線劃形成3個平均區塊。首先，先選取模型側面的其中一條橫線（如左圖所示），再來就是按住 Shift ＋ 滑鼠左鍵 雙擊其它其中一條未選取的橫線，形成圈選所有橫線的選取工作（如右圖所示）。

接下來就是按住 Shift
＋滑鼠右鍵開啟功能選單，
選擇連線工具(Connect
Tool)功能(如右圖所示)，進
入連線工具功能的操作畫面
(如下圖所示)

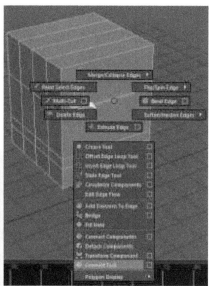

再來按住滑鼠中鍵(或滾
輪)，左右拖曳出我們要的兩
條分割線形成垂直三分化模
型側面區域劃分(如右圖所
示)，按下 Enter 鍵完成模型
側面劃分區域線的建構工作

作業，形成左方圖示的畫面，完成
初步的模型劃分建構。

　　目前為止我們終於完成頭臉部
模型建構的初步劃分區域定位工
作，使用者可以分別使用切換 1
鍵、3 鍵兩種顯示模式來觀察其中

的差別，個人建議使用 1 鍵的顯示模式，來做建構模型的相關工作，而使用 3 鍵的顯示，來觀察模型建構的成品畫面檢視，以下3圖分別就是 1 、 2 、 3 鍵 3 種不同精細程度的顯示模式。

　　接下來我們就要開始頭部輪廓的細部調整，由於我們有外星人正視參照圖可以抄襲描繪，所以這方面的工作並不是很難完成。一般來說很多建模師都不建議建模創造者使用參照圖描繪的創作方式，因為這種方式會減少使用者藝術創作的幻想成型技藝磨練空間，所以大多不鼓勵此創作行為的發揮，不過「學習起於模仿、技藝由擬真出發」，因此這種抄襲參照圖的磨練技藝階段很難跳過，因此使用者也不用刻意如此創作。

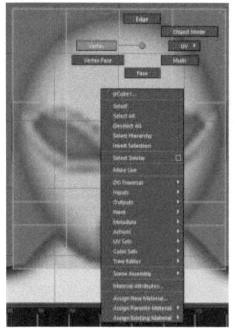

　　再來就是切換回「正視圖」，並且在您創作的物件模型上面按下 滑鼠右鍵 的功能，呼叫出功能選單來選擇頂點（Vertex）作業模式，來調整模型的頭頂輪廓模型造型。（如左圖所示的一樣選出頂點「Vertex」作業模式）

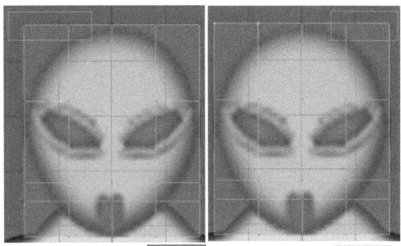

　上面兩圖就是按住滑鼠左鍵拖曳圈選選擇要使用移動作業功能的頂點，先圈選左上角兩個頂點，再來按住 Shift ＋滑鼠左鍵圈選右上角兩個頂點，一共完成4個頂點的圈選。

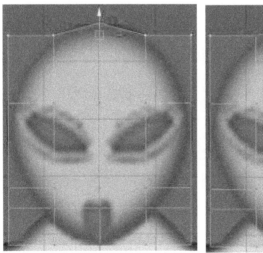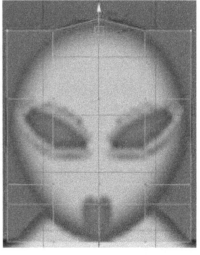

　再來就是按W鍵選擇移動模型物件頂點的功能，將圈選的4個頂點向下移動到內兩點的抄襲參考圖的頭頂輪廓後停止（如左上圖所示）。依照上面曾經執行過的步驟重新圈選外側兩邊的頭頂頂點，以利之後的移動調整模型輪廓的作業功能（如右上圖所示）。

選擇好即將使用來執行移
動作業的頂點之後，按下 W 鍵
執行模型移動作業功能，向下
移動到接近頭部輪廓外型的像
素點之後停止。（小心不要重
覆太貼近其它頂點，以免造成
兩頂點過於接近而不利於滑鼠
拖曳圈選動作的實行）

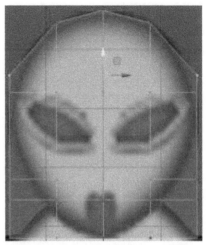

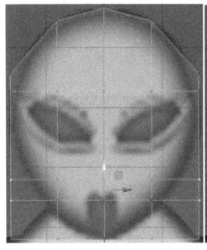
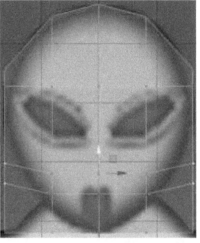

　　再來就是按照上面那些步驟教學的相關辦法圈選兩頰邊邊
的4個頂點(Vertex)「如左上圖所示」，並且使用 W 鍵的移動功
能向上稍微傾斜一個不算太大的斜角角度，建構模型完成兩頰
邊的輪廓(如右上圖所示)。

　　目前這邊所做的這些3D 繪圖動作的展現，可以說是沒有參
照圖片的建構模型需要幻想呈象的建構標準工作，所以可以說
將來所有的人物頭像模型的建構都需要執行這些相關動作，算
是做得越多就對你的經驗值越有利的一項技藝。

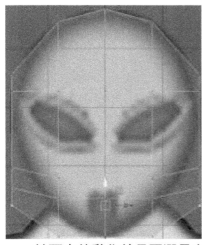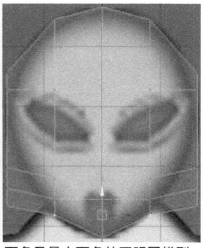

接下來的動作就是圈選最左下角及最右下角的正視圖模型的邊緣輪廓，執行 W 鍵的向上移動功能來做模型輪廓修正（如左上圖形所示），達到一種無違和感的輪廓線距確修正。再來就是重新圈選下頜內側輪廓兩個頂點，並且也是使用 W 鍵向上移動提高下頜模型輪廓，以貼近正透視圖後方的白藍外星人的圖片像素邊緣，完成正視圖視窗的所有模型建構工作。

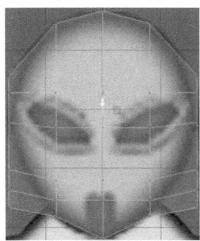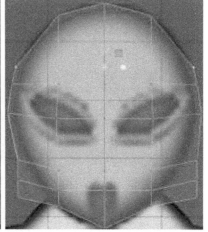

以上兩圖是按照先前教學使用過的辦法增加一點描線以標定眼睛的焦點，並且調整該線以達描繪頭部輪廓最寬廣的位置點，最後再執行圈選一些頂點使用 R 鍵擴縮功能的調整正面透視圖模型的各個線及端點，完成正面透視圖的模型建構作業。

如以上所有教學的功能依照正面透視圖去符合背圖參考圖檔的正面輪廓，而右圖就是調整完正視圖內的各輪廓端點之後，目前模型物件的頭部形成的模型輪廓截圖，可以說到此為止我們正視圖方面的調整可說告一個段落。

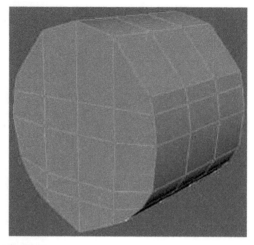

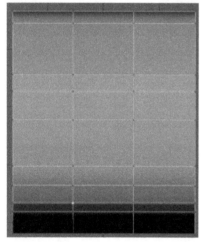

接下來我們可能切換到側（旁）視圖去繼續調整各頂點以符合頭部輪廓，更加的去建構並擬真我們的白藍外星人頭像輪廓參照圖，左圖就是目前切換到側（旁）邊視圖，可以看到的目前建構中的物件模型截圖，接下來開始我們的側視圖輪廓模型調整作業。

　　其實接下來的操作作業內容都是一些側視圖頭部輪廓的大略調整動作，所用的功能都是 W 鍵移動、E 鍵旋轉相關功能調整出一個頭部輪廓的大似外型就好，並不需要多麼細部擬真，因為在３Ｄ建構模型的作業中，你幾乎有八、九成作業時間都是花在，無時無刻的在調整各個點(Vertex)、線(Edge)、面(Face)定位的作業上，因此我也不再詳細的解說每個圖的詳細工作內容，只張貼各個動作的連環貼圖，重要的是使用者對人物頭部骨骼特徵的描繪動作，並不是什麼電腦作業相關技藝的支援，純屬美術模仿作業的發揮，而且也不用不斷解說每一個

小小的調整定位動作，不然就是純粹在混寫作篇幅沒有任何寫作意義，畢竟相關的動作幾手從頭到尾一直在做，如果一個小小的動作調整都需要截圖來說明的話，簡直就是暴殄天物浪費時間而沒有任何意義。

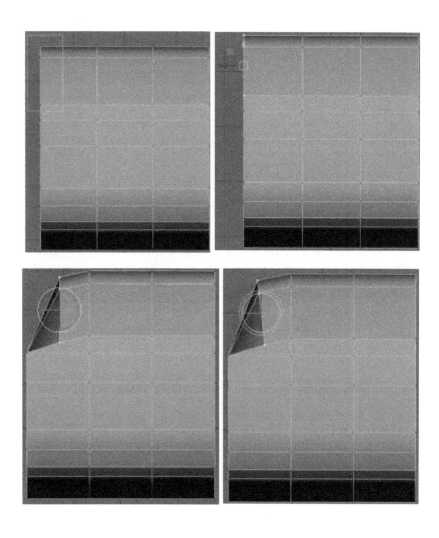

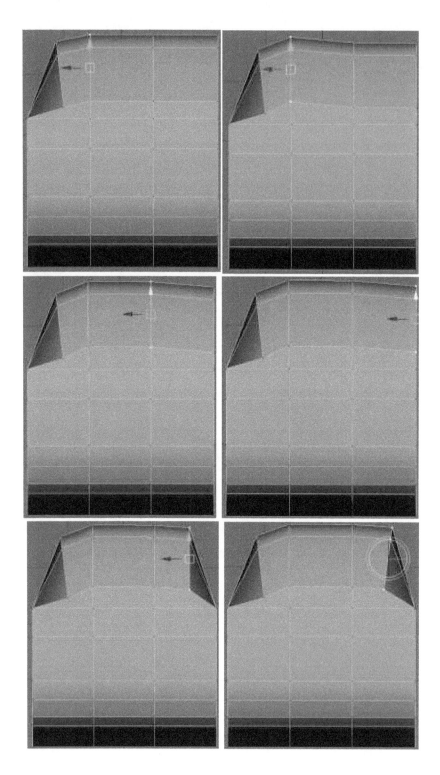

復興馬雅 Revival Maya △ 4 ～ ∩ ∞ <

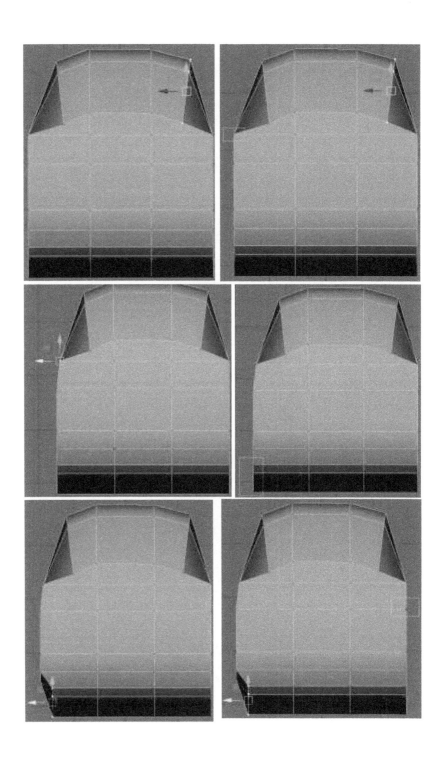

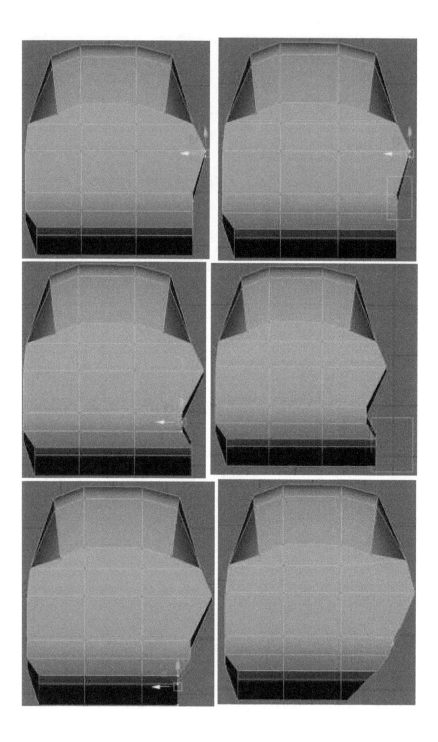

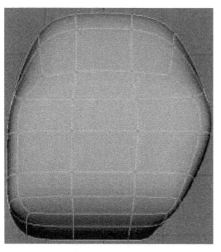

左圖就是一連串點（Vertex）、線（Edge）、面（Face）調整動作之後模型側視圖 3 鍵的平滑顯示模型，只有一個大略的側面輪廓模型，目前大概做到標示出頭部大約特色輪廓就好，沒必要做得太精細擬真，當然如果你很龜毛求疵也可以，但是目前在這裡全力擬真建構模型，並不是很值得讚揚的一件事，因為等一下我們還得回到正視圖中，選擇使用「面作業模式」，圈選刪除一半的頭部模型，改用鏡射對映的建構模型作業方式，用來節省頭部模型的建構，另需要建構半面另外半面直接鏡射對照製作，可以說相當的省作業功夫。

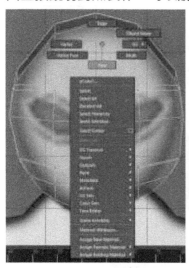
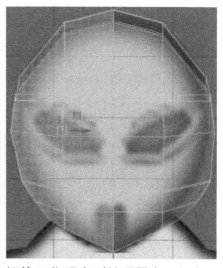

　　接下來如上兩圖所示，先切換工作視窗到前視圖上，如左上圖所示操作，在模型上按下 滑鼠右鍵 選擇面（Face）作業模式，進入面作業模式之後在工作視窗左上角空白位置上，按下 滑鼠左鍵 拖曳圈選模型左半面部份所有面（如右上圖所示），然

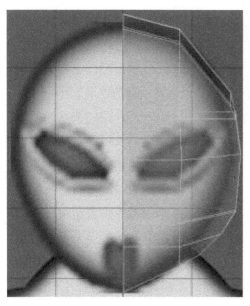
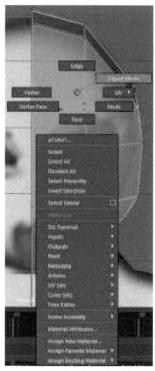

後按下 刪除鍵(Delete) 刪掉左半面的
模型，因為我們想使用鏡射對應的方
式，來完成接下來白藍外星人頭部建
構模型工作。(如左上圖所示)。

　然後我們在模型上重新按下 滑鼠右鍵 ，選擇物件作業模式
(Object Mode)如右上圖所示。

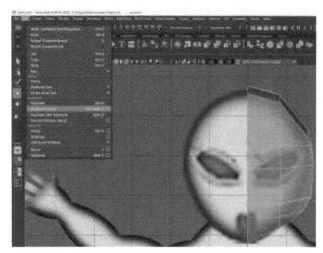

再來我
們就要利用
選單功能裡
的「編輯
(Edit)>特殊
複製
(Duplicate
Special)>選

項後方的□符號」設定，使用詳細的選單功能選項。

　　首先
請先使用功能
選項選單裡面
的「編輯
(Edit)>重設設
定(Reset
Settings)」的
功能來清除之
前使用的所有
數據將選項功
能重置回預設
值。再來將設
定值改為下圖
所示的那樣，

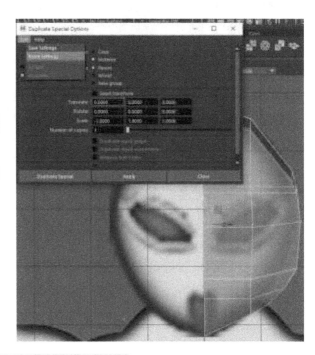

按下特殊複製(Duplicate Special)功能即完成鏡射對應工作。

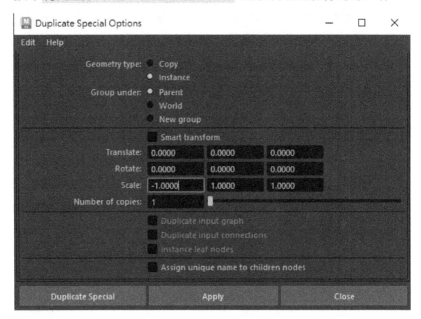

接下來就是一連串的調整右半面模型的各個點(Vertex)、線(Edge)、面(Face)的位置(只需調整右半邊的建模工作，因為左半面的部份會自動鏡射完成)，做各種建構模型的擬真動作，所以這方面是關於各位使用者的美術工作能力的展現，因此不

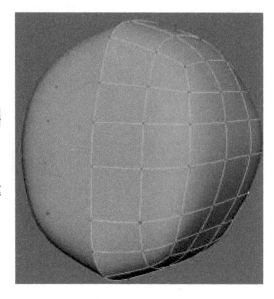

便截圖一一說明來浪費篇幅，因此請使用者參考網路上一些頭部建模師的教學影片，或者調整正視圖及側視圖的不斷修正各點(Vertex)、線(Edge)、面(Face)的位置，完成上方的截圖。

調整點(Vertex)、線(Edge)、面(Face)時的工作原則是盡量造成四邊形區域描繪線來表現建構的模型，同時也盡量平均分配各個劃分區域形成的面積，就像右上圖顯示一樣，模型並沒有太大的區域網格線的差別，看起來愈平均大小愈好，方便日後不斷加上各個分隔線產生更加細膩精緻的模型。

在執行描繪調整這些建模接線的作業工作期間，使用者也很可能需要以下這二個 Maya 工具架上的工具支援你的建模工作，左圖是切割線工具，屬於多邊形建模工具架上的功能圖示，這個功能可以化解延長某些接線，盡量使其從三角形區域，通通變成四邊形區域以方便建模後續上色之類動作的演算功能，一般來說盡量形成

雙數邊形區域，比較容易演算上色，單邊形切割區只適合表現有「凹凸」的演算上色，比較有方向感不容易平衡上色。

右圖為「雕刻(Sculpting)」工具架上的功能工具，照我不成熟的使用了解上，這一個工具的作用是在圓滑區域分割線用的工具，很適合用來平均分配建模分割線之間產生的太大差異分割線，使建構的模型很多區域面積的大小分割比較均勻有圓滑感。

接下來我們開始做正視圖的眉弓至鼻子、嘴巴到下巴之間的線條輪廓，這方面的調整操作是牽一髮而動全身的作業，因此雖然表面上我們只是調整一條輪廓線，但實際上還牽扯上整個頭部輪廓的點(Vertex)、線(Edge)、面(Face)的調整操作，下列就是一連串動作的截圖，請自行體會操作，畢竟調整動作太多，無法一一截圖說明，請自行意會並且執行相關操作，恕我不能一一講解說明，因此只能貼一些連環操作說明圖示。

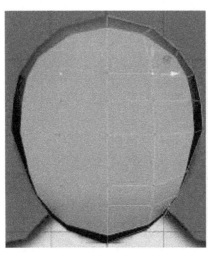
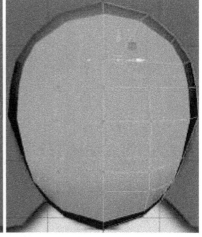

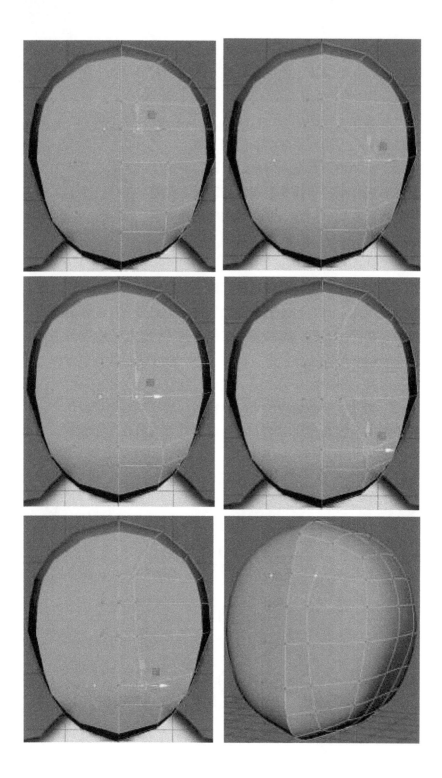

接下來我們來做脖子部位的
模型建構，首先如右圖所示選擇
面(Face)圈選模式，然後如下圖
所示，用滑鼠左鍵＋Shift點擊

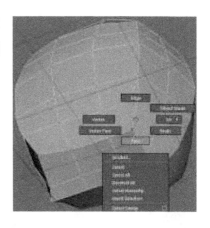

圈選仰視模型
這3個部份方塊
面，然後點擊
使用工具架工
具如左圖的圖

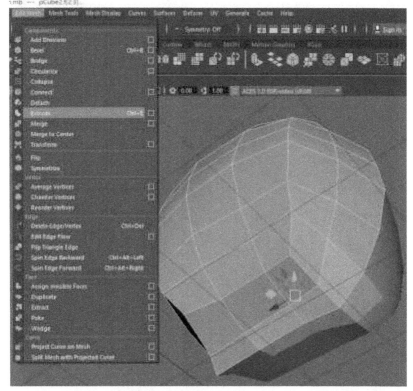

示功能，或像上圖選取選單上的 Extrude 功能，或者直接使用
Ctrl＋E鍵的熱鍵功能來使用W鍵移動延伸建構出脖子的部
份，創造出頭像的脖子部份器官。

最終使用移動功能建構出如右
圖的模型外觀。

　接下來請使用者按下 4 鍵
的功能，進入無表皮的線條結
構顯示模式，如下圖所示。

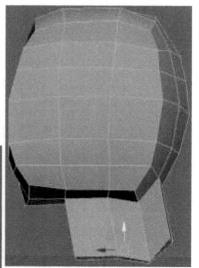

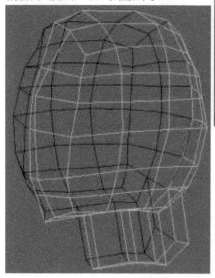

　然後將作業視角轉至頭
像正面，如左下圖使用 滑鼠
左鍵 拖曳出，如右下圖所示
的選取出將要用來作業功能
部份，以利將來選取作業功
能的增刪選擇。

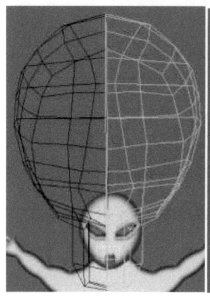

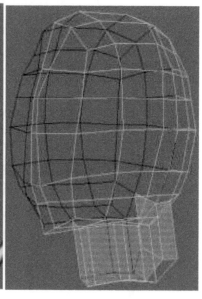

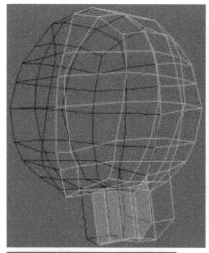 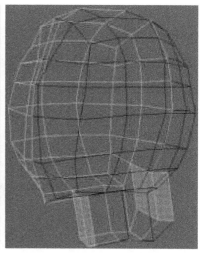

按下 Ctrl 刪除選擇模型的前後面脖子表皮的選取部份，形成左上圖的剩餘選擇脖子結構中間的模型隔間面，然後按下 Delete 鍵功能刪除這些用不到，模型表面也作用不到的地方。

再來就是調整視角如上圖所示，並且使用 滑鼠 左鍵 + Shift 鍵選取如上圖所示的三個面的選擇，然後按下 Delete 功能鍵的功能使用，刪除這些不需要的模型表面的「面」，完成這些所有動作之後就會形成如右圖所示的目前模型的造型樣式。

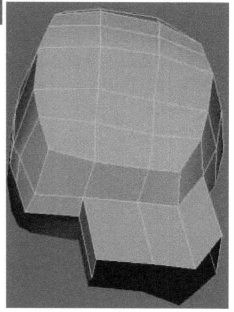

接下來就是選擇使用建模功能選單中的網格工具(Mesh Tools)中的插入環形邊線迴圈(Insert Edge Loop)的功能，替脖子底座增加一圈環形線分割出一圈網格，如下圖所示脖子上直線按住滑鼠左鍵上下移動到

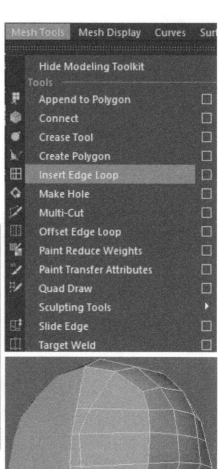

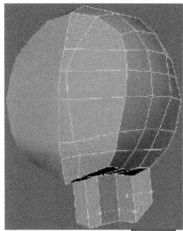

適當的位置之後放開滑鼠左鍵，Maya 繪圖程式就會在你放開的相對環形至置上，增加一環線圈。(如右圖所示)

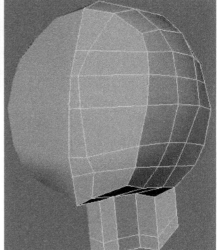

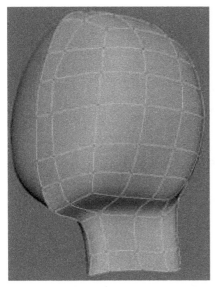

接下來使用者應該選擇開啟使用點(Vertex)作業模式，以適當調整脖子上的各個節點的位置，以盡量達成完全擬真建模的各節點調整，最後就在 3 鍵的平滑顯示模式上，形成左圖之完成作業模型。（※注意：這類增加描線動作之後的模型各方面視角的修修補補動作，幾乎無時無刻的在執行著，所以以後老孤也就不再另外說明提醒，請使用者自行養成這類建構模型的標準工作行為，方便自己達到完全擬真想像能力具現化建構模型的專業操作能力。）

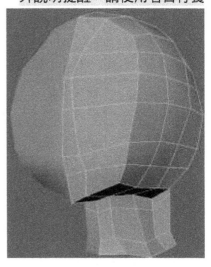

再來又重覆上述的相關內容，又在脖子上下頜底下增加一圈線，以增進我們對脖子部位的各種詳細結構的細密極緻的模擬描寫擬真工作，使我們白藍外星人的建模工作更加精密細緻。如果你的模型沒有什麼特殊需要修正的地方，也就是你對目前的建構模型工作成果相當滿意的話，那麼或許你應該使用 Alt + Shift + D 組合功能鍵，用來清除歷史動作減少電腦作業記憶體的支出，減少 Maya 程式佔用的記憶體資源增加使用效率。

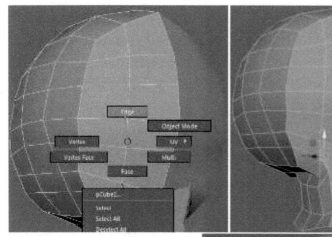

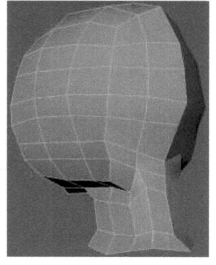

　　我在調整模型時發現頭部模型的後頸部位有一個面是呈三角形的，所以如左上圖所示按滑鼠右鍵選擇邊線(Edge)編輯模式，然後點選該線條按 [Delete] 鍵刪除之

後，使用左圖這個切割線的工具，另外拉出一條線條連接至頸後中央線，形成右上圖所示呈現所有面(Face)都是四邊形的最後建模結果。

「再來畫臉部各器官定位線」

　　繼上一章節完成臉部輪廓之後，我們開始建構臉部各個五官的模型，在這裡老孤個人建議先畫物件的「眼睛」，因為「眼睛」如果畫得不相像，其餘各部位畫得再像看起來的感覺都會覺得怪怪的，少了一分相似的「神韻」。

畫完眼睛之後，再以「眼睛」位置為中心，「相對」取好距離位置來模仿建構繪畫出其他各個臉部器官，這樣來做是一個不錯的建模順序。

　　（如果你有過畫「素描」畫的經驗，應該可以理解這樣一個繪圖人物臉部器官的順序），如果你不相信眼睛擬真的重要性，你可以試試在模仿畫作或寫真時，比較覆蓋著眼睛的繪畫部份及不覆蓋眼睛部份的感覺差別，你就有機會比較這兩種感覺之間的差距，然後讚嘆眼睛真不愧是「靈魂之窗」，眼睛如果畫得不像，其他臉面各器官再像都有一種怪怪的感覺。

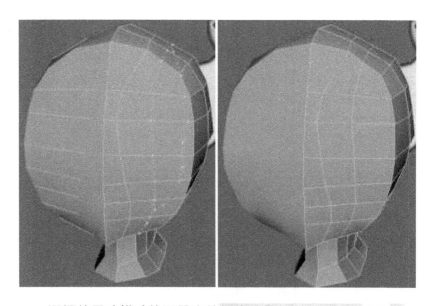

　　選擇使用建模功能選單中的網格工具(Mesh Tools)中的插入環形邊線迴圈(Insert Edge Loop)的功能，替臉部正視圖右臉頰增加一條穿過眼睛中心點的描線，如上兩圖所示一樣，接下來又是一連串的調整各點(Vertex)、線(Edge)、面(Face)的工作，讓整顆頭顱看起來更加的自然沒有違和感的擬真參照圖片上的白藍外星人，完成各種調整之後，我們就要執行眼睛部位的模型製作。

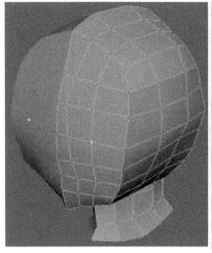
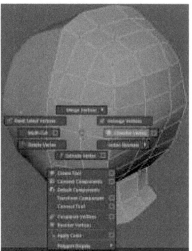

使用滑鼠右鍵點選模型選擇點(Vertex)作業模式,並且如左上圖所示的那樣點選想要製做「眼睛」的部位點,然後如同右上圖的那樣按 Shift +

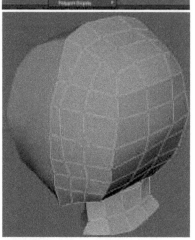

滑鼠右鍵選擇右邊 Chamfer Vertex 的功能,就會形成右邊圖示的那個樣子,替我們框線出眼睛的部位,期間有一個浮動設定值視窗,使用者可以輸入相關數據決定這個框選出的方格位置的一些數值呈像。

再來如左圖所示按滑鼠右鍵選擇出面(Face)作業編輯工作模式,用來作為接下來構建模型頭部的鼻子器官的部位,所需使用的相關功能。

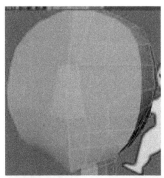

使用 Shift ＋ 滑鼠左鍵如左圖一樣選擇那二個面(Face)，然後如同之前使用相同的延伸(Extrude)的功能，使用移動工具延伸出適當長度的鼻子部位的器官，如同下兩圖所

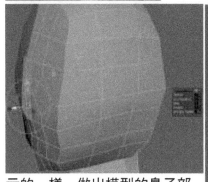
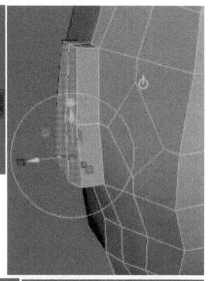

示的一樣，做出模型的鼻子部位，如右圖所示的一樣取個適當的鼻子厚度。

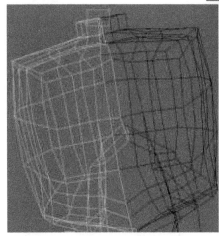
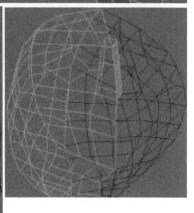

再來如同左上圖一樣操控模型移至仰視視角的位置，圈選整個鼻子的部位面(Face)功

能，然後使用 Ctrl 鍵刪除所有必須保留的模型表面，最後形成如同右上圖一樣的留下鼻子器官需要刪除的中間分隔面，然後使用 Delete 鍵刪除這二個分隔面，完成鼻子的粗略模型。

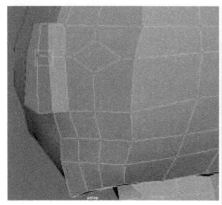

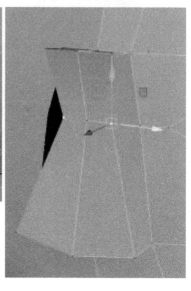

如前兩圖所示的一樣，選用點(Vertex)編輯作業模式修正調整整個鼻子的造型，以完成更加擬真具現化的鼻子部位，這方面只能依賴自己的美術功力了。

接下來使用者或許需要使用左圖這個 Maya 提供的焊接工具(Target Weld)，來修整鼻根部位的點，連接到印堂的位置形成自然相似的鼻子造型，以完成完整的鼻子模型建構工作，使用 滑鼠左鍵 及點編輯模式，按照如下三連圖所示的步驟，完成這一項操作功能。

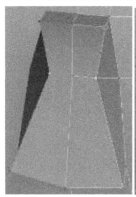

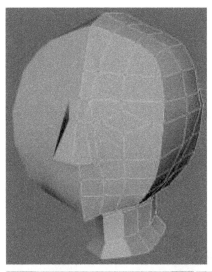

上述三個焊點聯接連環圖完成之後，模型就會如同左圖所示的一樣，接下來老孤就要全部重新調整臉部模型的各個部位點(Vertex)、線(Edge)、面(Face)的細緻完成定位，讓 1 鍵顯示模式下的模型輪廓看起來不會太有突兀的違和感，最後讓整體模型看起來比較自然順眼並且符合白藍外星人的參照圖。

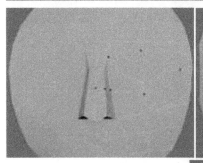

以上兩圖是述說描畫眼部外圍框線的動作，產生一條新的臉部眼圈外圍描線，增加可移動控制製做的肖像連接線。

右圖是選擇邊線(Edge)編輯模式，圈選圖上那一條多餘出來的輪廓線，然後使

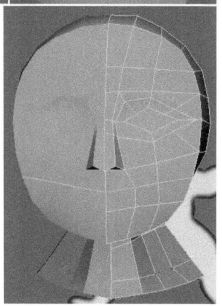

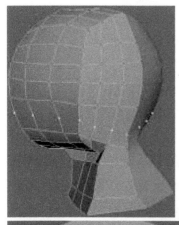

用 Delete 鍵刪除這條多餘的輪廓
線，方便日後的繪製工作的遂行。

　　左圖是上圖刪除邊線之後留下
在模型上的頂點(Vertex)，圈選之
後同樣使用 Detele 鍵刪除，徹底
完成繪圖模型上該線條的各種殘留
作業痕跡及不留後續的各種作業問
題的產生。

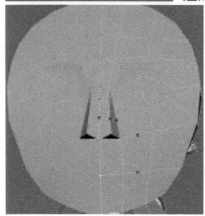 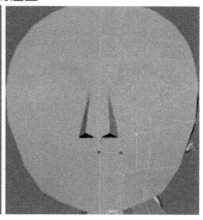

　　上兩圖是從鼻子中線上接出兩條作業連結線，並且刪除造
成三角面的鼻翼連結線，製做出四邊面的網格以利後續作業。

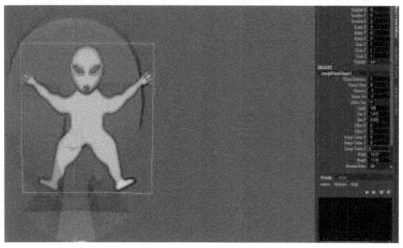

上圖將我們當初用來參考描畫的白藍外星人的參考圖移回到工作視窗的中間，鑲嵌在模型的中間以利後續的臉部及眼睛建模的描畫，主要是如上圖所示修改頻道資訊窗裡面白藍外星人物件的圖片顯示位置（Image Certer Z），由「-30」改成「0」後，該參考圖片就會自己出現在我們模型的正中位置。

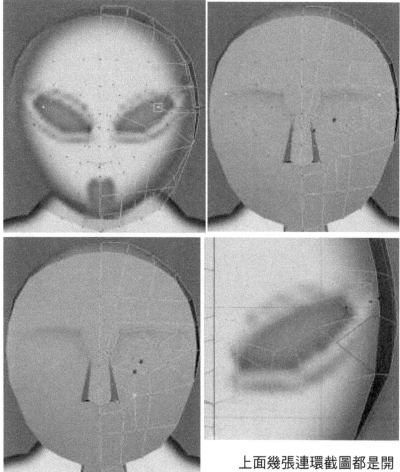

上面幾張連環截圖都是開啟 XRay（半透明模型）顯示模式之後的各種眼部描繪的動作，甚至為了拉出適當的圖案線框，還多拉創造出了幾條描圖線，方便我們描繪參考圖的眼睛輪廓，完成模型的眼部描繪作業，基本上就是有需要就拉出我們需要的描繪線，只是需要注意整

個圖型的網格線點所形成的網格佈線區域格局，盡量避免畫出形成三角形的網格線，而是多多形成四邊形的網格，以方便後續程式演算上色之類的作業工作，完成專業的建模網格佈局。

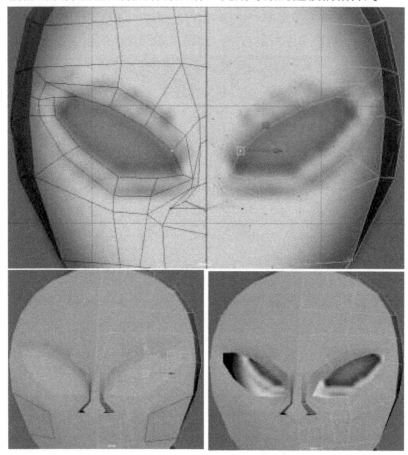

　　上面3張圖示內容都是在半透明(XRay)模型顯示模式下，移動各種網格頂點符合白藍外星人的眼睛輪廓的描繪，並且切換回面(Face)編輯作業選擇模式，選取上述各個描繪頂點(Vertex)所定位選取的眼睛輪廓線點所形成的眼框區域，按下 Detele 鍵刪除所選取的眼睛輪廓區域面後，所形成的模型最後呈像，視使用者自己的需要來決定是不是要創造出更多的描繪建模線條來方便描繪工作，原則上目前的建模工作就是一個重點特色描線佈點的工作，因此形成各式各樣的描線佈局。

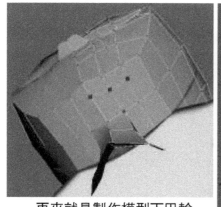
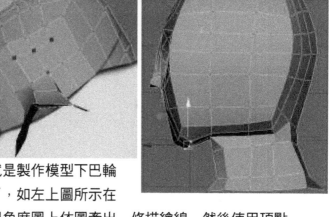

　　再來就是製作模型下巴輪廓的作業了，如左上圖所示在模型的仰視角度圖上依圖牽出一條描繪線，然後使用頂點(Vertex)作業編輯模式選取描繪線形成的3個頂點，依右上圖所示的向下移動並且調整適當的左右移動位置，形成一個厚實的下巴輪廓的感覺，而不是像之前的下巴部位一樣的尖銳的違和感及難看不夠寫實的模樣。

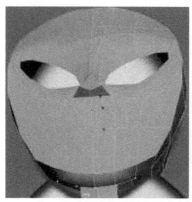
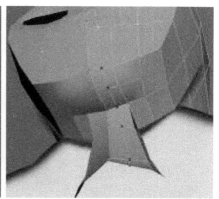

　　上二圖就是從鼻子下方拉出一條佈線直達模型頸部的位置，以方便我們後續的嘴巴及其他部位的建構模型描繪動作，一直以來本書所說明的3D 建模作業模式，是一個佈線由少到多由簡單到複雜的一個工作流程方法，並不是唯一的建構模型方式，完全依照使用者自我個性習慣的發揮，不一定完全跟我一

樣也行，只要你能建構出相當擬真的模型，用什麼樣的方式都
是見人見智，沒有統一的標準模式，視個人喜好而定。

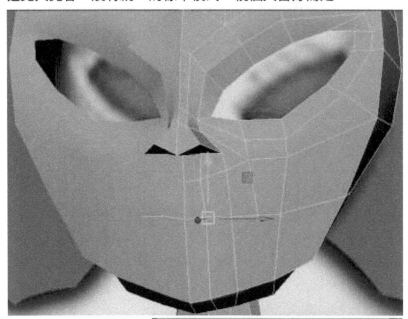

上圖是選擇要製
做嘴巴部位的邊線
（Edge），使用者選取
模型上想要切出嘴巴
部位的邊線。

然後使用 Shift
＋滑鼠右鍵叫出功能
選單（如右圖所示），
選擇 Bevel Edge 的
功能，就能在選擇的
線條上切出嘴巴的線
條。

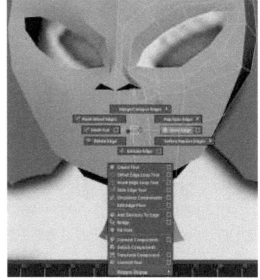

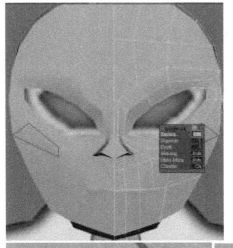

如左圖所示，上述功能使用了之後，就會出現一個浮動視窗的選擇，請在浮動視窗的 Fraction 選項中，填寫你所要切出的嘴巴寬度，我個人是選 0.03這個比較小的數值。

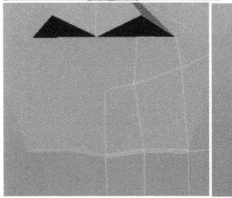
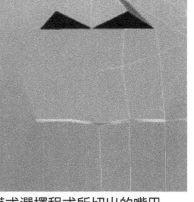

　　左上圖是使用面(Face)編輯模式選擇程式所切出的嘴巴面，然後按下 Detele 鍵就是切出右上圖的嘴巴位置。

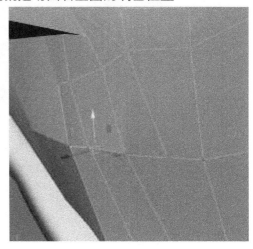

　　右圖是使用頂點(Vertex)編輯模式選擇形成下嘴唇的各個頂點，並使用 W 鍵移動功能將下唇給的位置給內推並且提高一點位置，形成下嘴唇被上嘴唇微微給含蓋住的位置調整

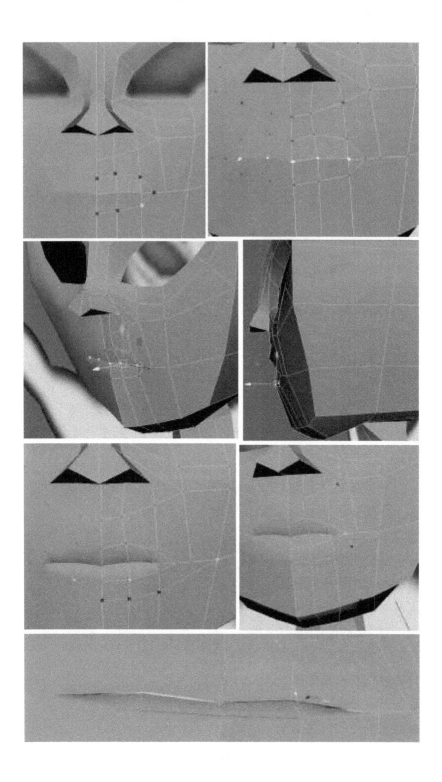

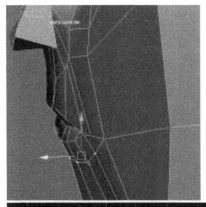

上面幾張連環圖都是製做模型的嘴巴部位，牽拉出嘴巴附近的所有線條去做嘴唇外形模擬，這方面的作業功能我們一直都在執行，所以在這裡我也不再多說什麼，就是依照自己的喜好及作品的需要，來決定自己怎麼製做模型的嘴巴。

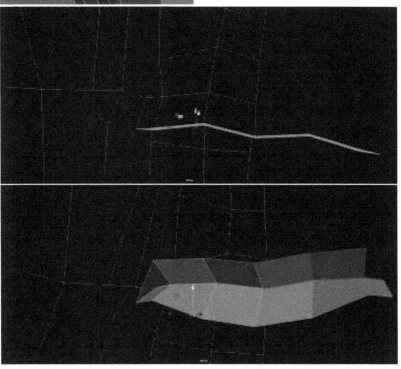

　　上面兩張黑暗背景的工作圖就是使用者的工作操作視角在模型內部視角向外看嘴巴的情形，我們從模型內部來製造模型的嘴巴部位，並且輪流選擇上下嘴唇的邊(Edge)，使用 Ctrl + E 鍵的 Extrude 延伸功能，並且移動掰開上下嘴唇的口腔內部，預留給將來我們需要製造模型的嘴巴內容之用，這些功能我們之前都使用過所以不再講解，使用者到後來就知道其實所

謂的建模工作，大多數使用情形都是使用重覆的各種功能來建
構模型，並不是所有功能你都一定會用到，完全視個人的建模
習慣需要來定，可以說你有九成以上的時間都是在做各種點
(Vertex)、線(Edge)、面(Face)的相關定位作業，並沒有什麼
太出奇的地方，而且也不是每一項 Maya 軟體功能你都有需要會
用到。

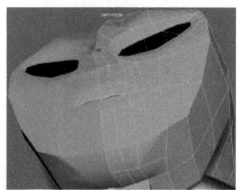

　　右圖所示就是為做
出模型的鼻孔，而在相
對位置拉出一條描線的
功能，以備將來工作需
要來做預先準備的動
作。

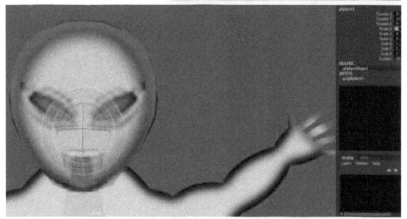

　　接下來我們開始製做模型的眼球部位，這方面並不是相當
的困難，只需要如上圖在工具架上選取產生一個球狀模型就
好，並且將它的物件資訊欄中的旋轉 X 軸(Rotate X)設定成90
度，讓整個眼球物件 X 軸旋轉90度，形成將來可以做成眼珠子
的瞳孔形像，並且如同下列兩圖的各種操作方法(移動、旋轉、
縮放)，將眼球物件給安置在適當的位置之上，完成我們模型眼
睛部位的製做。

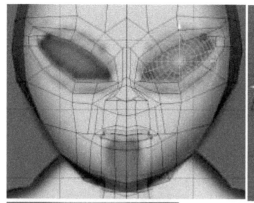
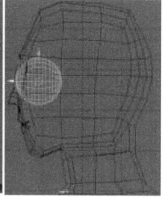

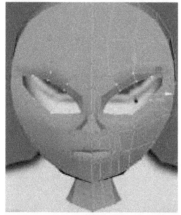

左圖是為了方便製作上下眼皮眼瞼的各項功能操作(移動、旋轉、縮放)，所以暫時將眼球給隱藏起來，請使用者參考 Maya 軟體的顯示功能選單(Display)裡面的隱藏(Hide)/展現(Show)功能活學活用，以方便後續上下眼皮弧度的調整以符合包覆著眼球的作業。

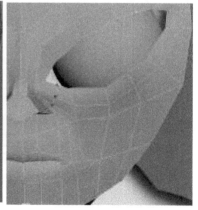

上面兩張圖及下頁的兩張圖都是為了完成上下眼皮眼瞼的點、線、面相關調整作業，以利眼皮完全包覆眼球的作業，調整符合眼球物件的各種弧度需要，甚至增加牽線連線劃分網格區域的建構模型工作，以符合我們的擬真模型需要。

如果你是剛開始玩3D 建模繪圖的使用者，個人建議你不需要顧慮太多，該加線就加線，沒必要想到太深遠的未來，因為這些工作等你將來熟悉 Maya 建模作業之後，就會自動漸入佳境，真的沒必要想太多自由發揮就好。

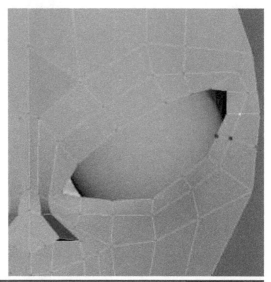

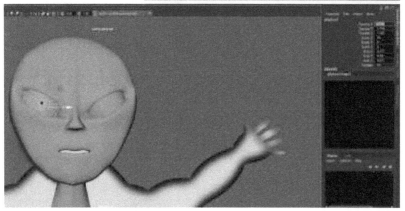

完成眼框佈線及定點位置調整之後，請你圈選出眼眶附近的邊線(Edge)，然後使用 Ctrl + E 的延展功能 Extrude 向顱內方向使用 W 鍵移動深進一個不太厚的厚度，然後使用 R 鍵功能調整縮小一點眼眶的大小之後，再次使用 Extrude 延展功能及 W 鍵移動功能繼續向顱內延展一個深度（向頭部顱內做收束眼眶的動作），然後再切換 R 鍵，以上連續套路動作做幾套之後（直到眼球週圍沒有模型破洞），然後使用 R 鍵直接收束到最小完成眼眶的製作。

完成之後直接點選眼球使用 Ctrl + D 鍵原地複製另外一顆眼球給另一邊使用，如上頁圖所示直接看眼球物件頻道盒裡資訊欄的位置資訊 Translate X 這一欄，看看目前眼球的 X 軸位置是多少，直接抄襲 X 軸數據並在前面加個-(負號)的給新眼球的 X 軸位置資訊數據，這樣兩邊眼球的位置就會一致相同對稱了。

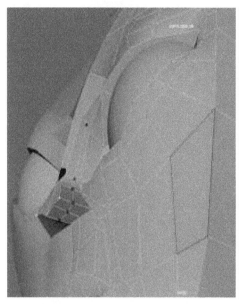 

　　　　　　　　　上面兩圖就是為鼻子側面多拉一條連接線和之前預先製作的直線交叉相交出十字位置，然後切換成頂點(Vertex)編輯模式選中鼻孔中心點後，點選左圖所示的挖孔工具功能，就能直接在交叉點上挖出鼻孔位置了，使用者只需要調整適當的大小之後，再選擇面(Face)編輯模式，如上圖點選形成鼻孔的面，然後刪除該面就可以形成鼻孔了，目前我們大概大略完成頭像模型的製作，只剩下耳朵部位的製作連接，就能完成整個頭像的模型。

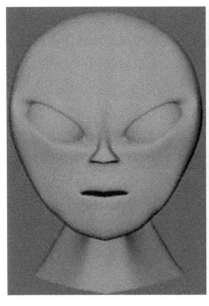 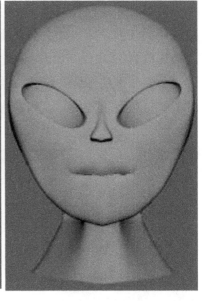

　　左圖就是目前 ③ 鍵顯示模式下的模型截圖，看起來仍然有點粗糙而且不夠符合擬真的神韻，所以接下來的各種模型的頂點（Vertex）、邊線(Edge)、展面(Face)的調整作業工作，我就不一一解說了，因為之前都說明過了，由於是調整整個頭像的定位造型工作，因此作業內容相當複雜細膩，所以不便一一重覆解說，右圖就是我經過一連串的調整作業之後完成的頭像圖，是不是比較符合參照圖的感覺與神韻。

　　由於我們對照原描圖之後發現，之前製做的脖子有一點太細不太擬真，因此重新選擇

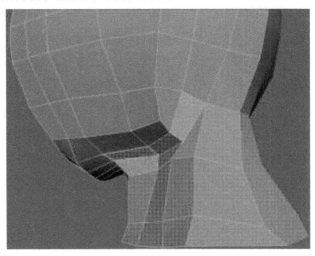

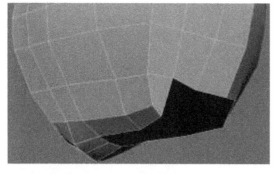

刪除頭像脖子部位的面(Face)，左圖就是刪除完脖子部位的頭像截圖，然後選擇邊線(Edge)編輯模式將新脖子範圍的邊線點選出來待下個動作來編輯使用。

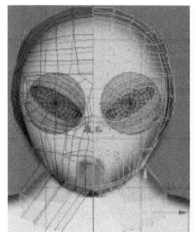
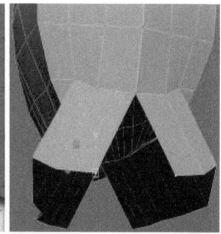

右上3圖是使用 Maya 的延展功能(Extrude)之後再切換 W 鍵移動功能延伸出來的新脖子部位的建模描繪動作，並且利用移動功能來合併建伸出來的裂口，完成整個頭像部份的模型建構功能。

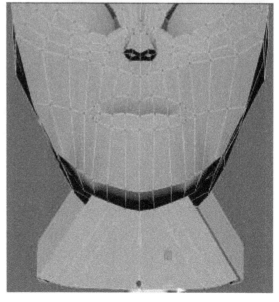

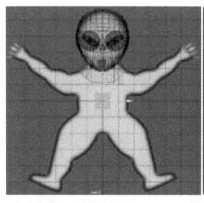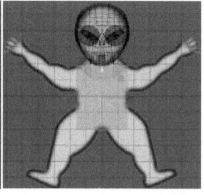

　　再來就是重新創建一個方塊模型來實做「白藍外星人」身體部份的建模工作（如左圖所示），而右圖就是如同之前頭部模型的建模工作一樣步驟，對方塊體執行移動（W鍵）及擴縮（R鍵）等相關功能，最後符合後方的描繪模型。

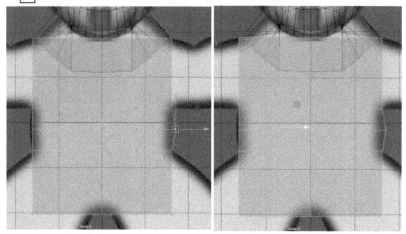

　　上左圖就是如同之前臉部建模一樣的步驟插入三條橫線，並且對齊後方描圖腰部的輪廓線。而上右圖就是如同之前臉部建模一樣，使用面(Face)編輯模式選擇身體的左半邊所有面(Face)，然後使用Delete鍵執行刪除掉選擇模型的左半面模型，最後再使用如同臉部建模一樣的「特殊複製」功能，讓身體建模的工作如同之前頭像建模動作一樣可以完全複製映射右半邊的身體功能，達到我在右半邊身體的所有建模功能，都能夠一起修改左半邊身體的映射對照處理工作。

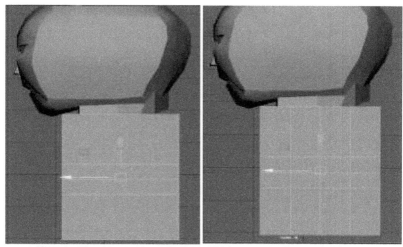

　　然後切換到側面使用之前建模相仿的功能，在模型的側面拉出三條平分區域面積的線條，將身體側面的面積切割成為四個相同大小的面積。（使用邊線（Edge）編輯模式，選擇要切割的邊線然後按下 Shift ＋ 滑鼠右鍵 選擇使用連線工具（Connect Tool）的功能，然後按住 滑鼠中鍵 或滾輪左右拖曳現出分割線）

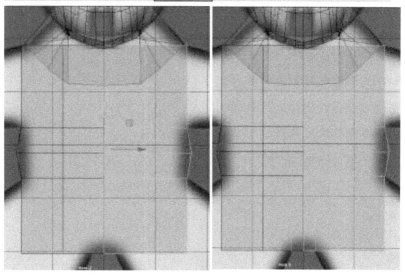

　　上面二圖是說明製作出模型跨下線條的截圖，至於畫線條的工具及方法也不止我教學的這些方法，使用者請自行選擇習慣使用的畫線相關辦法來實現。

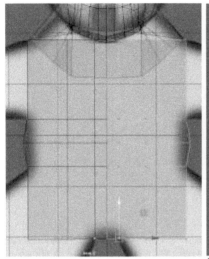

上兩圖就是增加身體軀幹的下腹部二條線的動作，可以用來展現跨下部位的線條，及從模型的側視圖中，描繪出臂部屁股曲線及相關下半身腿部的輪廓線條。右圖就是切換到工作視窗的側視圖中，去調整整個身體軀幹部位的側面輪廓線條，請自行參照人體結構的線條來調節出你需要展現的模

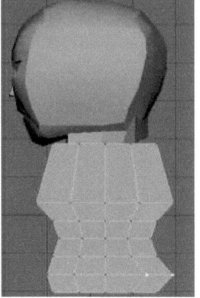

型側面。

左圖就是隱藏頭部 Ctrl + H 的功能「Display 選單裡的隱藏(Hide)與展現(Show)功能」之後，使用面(Face)

編輯模式，比較容易編輯及選擇用於刪除身體軀幹模型頂端所有接觸面功能的編輯畫面，選擇好了之後按 Delete 鍵刪除身體模型的頂面，以備將來連接頭部模型之用途。

　　下面連續多個展出範例示圖，都是在做著二個分別不隸屬物件之間彼此的模型連結工作，以及兩物件各種頂點的相盼連接動作，並且順便利用 Maya2023 提供的功能調整，整體模型的3D 立體繪圖動作，這方面的工作複雜而細膩，請秉持的「恆心」與「耐心」，仔細檢查完成下列的相關各類詳細教學說明。

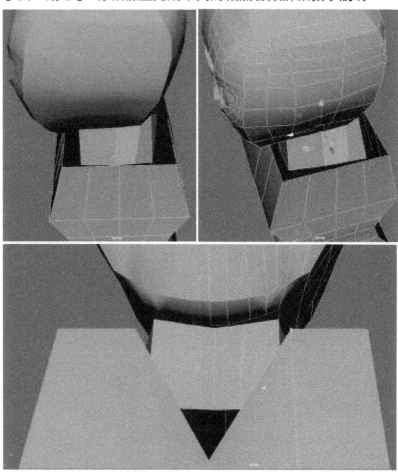

　　連接二個不同物件的操作方法首先就是在物件模型上按下

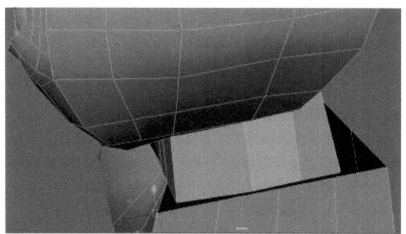

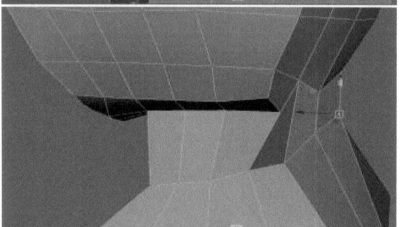

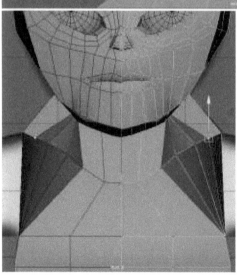

滑鼠右鍵選擇物件編
輯模式(Object Mode)，
然後用滑鼠左鍵點選物
件，接下來再按 Shift
＋滑鼠左鍵選擇下一個
物件產生一起作業的物
件連結，然後分別在二
個物件上按下滑鼠右鍵
選擇頂點(Vertex)編輯
模式，開始選擇兩個物

件的其中一個連結
點，然後按W鍵選
擇移動功能然後按
住V鍵吸附頂點的
功能來使用滑鼠移
動頂點，讓兩個物
件上的不同兩點結
合在一起之後，使
用編輯網格（Edit

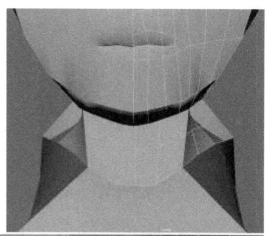

Mesh）選單裡的功能合併(Merge)
功能來讓這兩個點真正的合併為
一。

　　然後不斷的連結兩物件之間
每一個相對應的頂點(Vertex)，
使兩個物件所有的頂點都貼合在
一起，完成兩物件模型的結合工
作，期間該重合就重合，該增加
模型描繪線條就增加，該刪除就
刪除，反正該怎麼做能讓兩個物

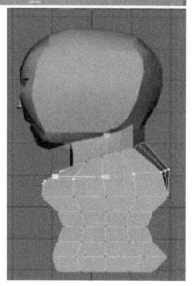

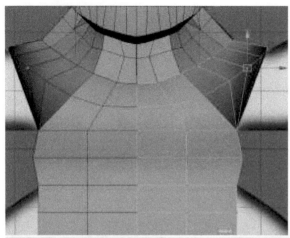

件成功合併
(Merge)的功能
就那麼做，最後
完成上述諸圖之
間展示的頭部及
身體軀幹部位模
型的相對應連結
功能，形成二個
物件合而為一的

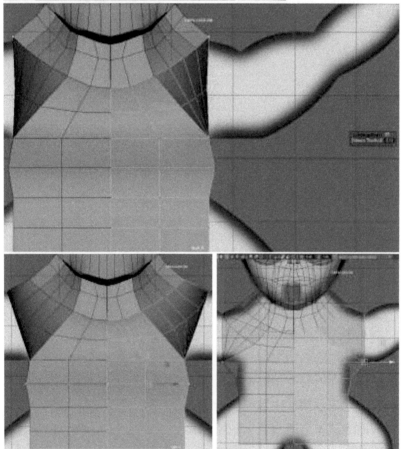

目標，最後形成上列諸圖之間展示的模型建構成果，讓我們的

下一步建模工作能夠繼續無礙的遂行下去。

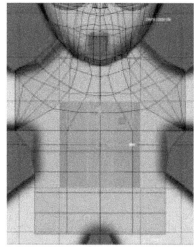
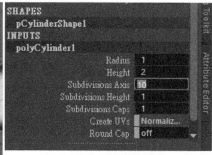

如左及上的兩圖所示，接下來我們繼續新增一個圓柱 (Cylinder)模型，並且如上圖在頻道盒子裡面修改他的邊數呈現10邊形的圓柱體，以做為製做白藍外星人的手臂模型。

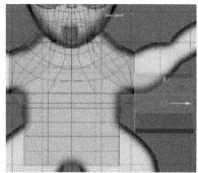
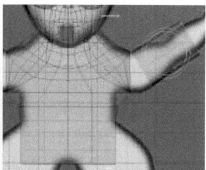

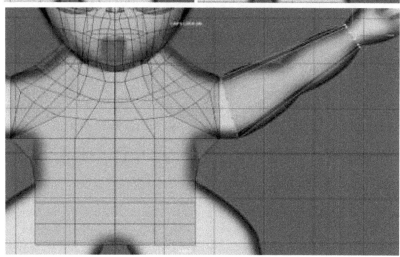

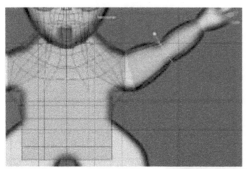

首先請選擇面
(Face)編輯模式然後圈
選整個物件模型的表
面，再使用 Ctrl 鍵圈
選減掉圓柱體的中間體
部位，讓整個圓柱體只

剩下兩側的頂面被你選
取，然後按下 Delete
鍵刪除二端頂面，形成
整個管狀中空的圓柱體
模型，然後開始使用基
本工具的 W 移動 E 旋轉
R 縮放相關功能將模型
在前視圖上調整描繪完

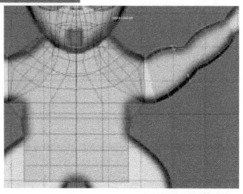

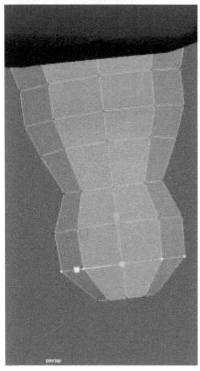

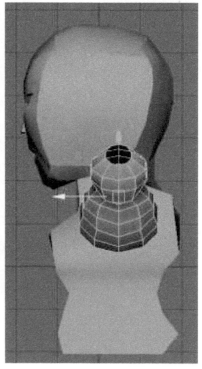

整之後，再在側視圖及頂視圖上不斷調整他的大小及位置，並且完全模擬完成整條手臂的描繪動作，這方面 Maya 使用者作業上需要的是恆心細心耐心，一點一滴的去實踐模型擬真工作。完成了上述所有的3D 建模工作之後，再來就是連接白藍外星人的手臂與身體軀幹部位兩個物件的連結合併(Merge)工作，跟之前的頭部與身體部位的連結工作一模一樣展開就能完成了。

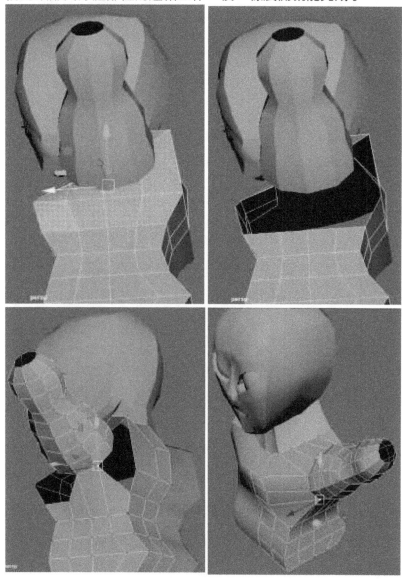

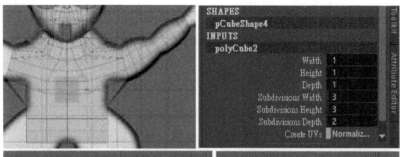

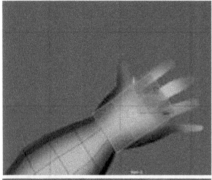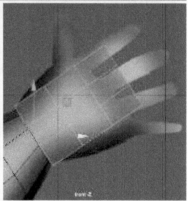

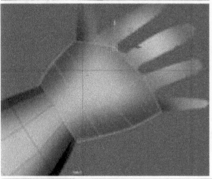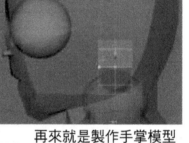

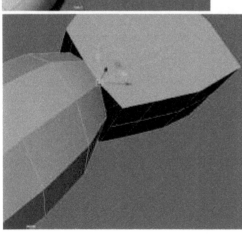

再來就是製作手掌模型
的部份了,上列諸圖所
列的過程,跟之前製作
白藍外星人的其他部位
的工作,幾乎都講解說
過,先創造一個方塊,
並且在它的資訊欄如右
上圖一樣,填入一模一
樣的資訊設定欄,再來
就是在前視圖,側視圖

及頂視圖的工作上，一絲不苟的完全完成調整製作，資訊欄的
網格資訊設定填寫，請依照個人習慣或手臂模型的網格資訊填
寫，這方面很講究豐富的製作經驗及思考才能劃分好方塊的網
格劃分製作，如果你不知道該怎麼分，就照我設定的網格資訊
來填寫，模型製作多了久了你自己就會變通改進。

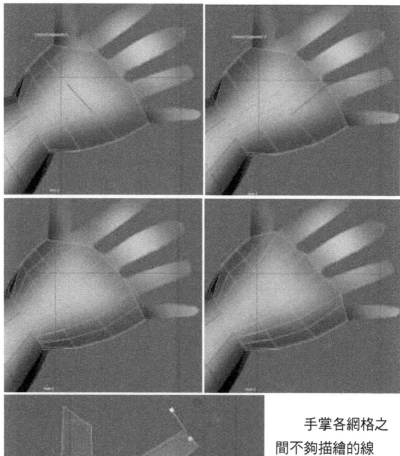

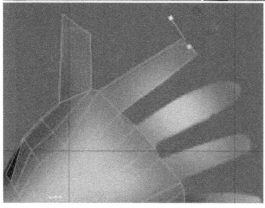

手掌各網格之
間不夠描繪的線
條，請切換工作視
窗成邊線(Edge)編
輯模式，然後選擇
在各個網格要細分
網格描繪線的邊線

上，使用
Shift + 滑鼠
右鍵 叫出功能
選單，選擇連
線工具
(Connect
Tool) 的功
能，將網格描

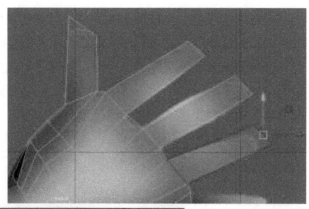

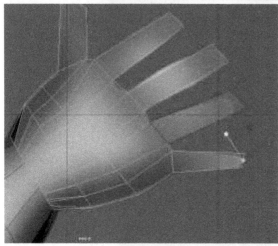

繪線給均分成3個
網格，以備後續
製作白藍外星人
的手指部位的編
輯網格(Edit
Mesh)選單中的延
展(Extrude)功
能，選擇相對應
的部位面，——

使用製作延展
(Extrude)功能
伸出五指來，並
且加上從前視圖
上對齊我們的參
考描圖，這個製
造過程當中，該
加網格線就加網
格線，該改變或

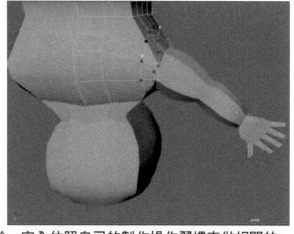

刪除，就改變刪除，完全依照自己的製作操作習慣來做相關的
模型建構工作，不要多此一舉也不要因噎廢食，總之以你自己

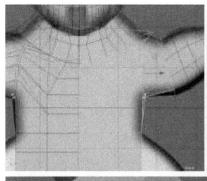 

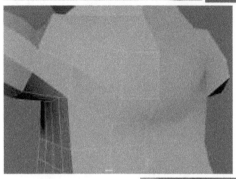

對 Maya 軟體的熟悉程度來決定你習慣使用的模型製作工具，及模型製作過程，沒有一定的成規法則一切以你自己習慣的建構模型方式進行，甚至老孤教學的方法，也不過是其中一種方式而已，每個人都可能有自己的建模方式與習慣，沒有所謂的對錯可言，只要能做出你所需要展現的模型外皮，什麼習慣方式就是對的。

製作完手掌及手指部位的工作之後，再來就是重新仔細細心的巡查一遍自己做過的所有模型部位，看看有沒有什麼地方不太

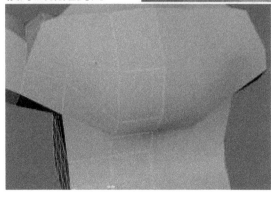

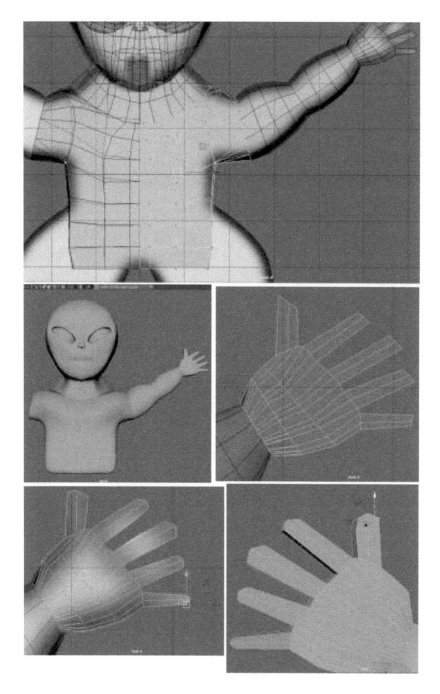

妥當，你或許應該耐下心來一一的修正調整，最終達成100%自我藝術擬真美感的實現，完成這些工作沒有什麼特別的方式及

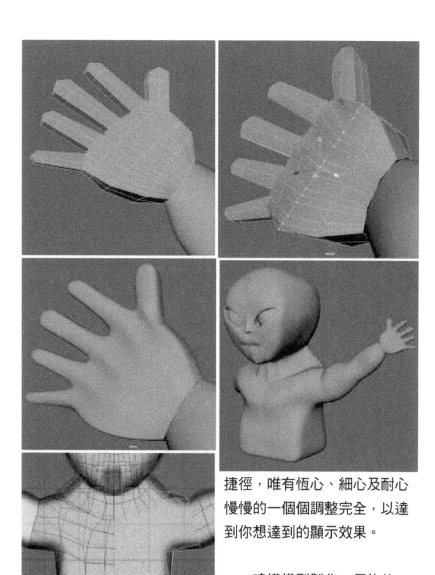

捷徑，唯有恆心、細心及耐心慢慢的一個個調整完全，以達到你想達到的顯示效果。

　　建構模型製作一個物件，通常花上一整天的功夫及時間也不為過，而其實在操作 Maya 建構的工作使用上，並沒有什麼特別的選擇難度，只是一種習慣的養成及了解而已，製造一個物件模型工作上，你大概八、九成時間都是花在認真調整頂點(Vertex)、邊線(Edge)及面(Face)的運用上，而這些編輯模式，也可能會產生不同的功能選單，這些東西你都需要一一加

以習慣使用順手而為，總的來說就是多看、多學、多用來增加你的經驗值，熟練使用 Maya 提供的各種工具熟悉而已

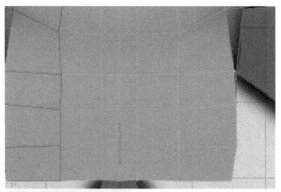

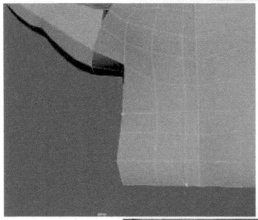

沒有任何捷徑可走，這就是你需要下苦工去練習積存模型製作的經驗值，才能真正成為一個成熟的「建模師」。

上臂及手掌手指

部位的建模工作都完成之後，再來我們就是要製作白藍外星人的腿及腳掌腳趾的部位了，首先如上各圖所示我們需要從白藍外星人身上使用下圖

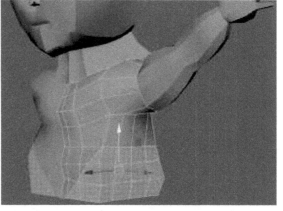

工具，切割出跨下連接腰部的部位線條工作，如上諸圖所示。然後選擇模型的身體正面及背面，相對於大腿根部及屁股的展現面（Face），然後刪除這些表面將來將製作腿部

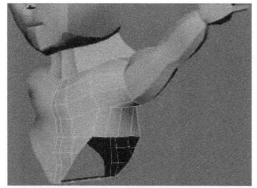

與身體連接的部位展現面（如左圖所示），目前為止我們已經快完成整個白藍外星人模型的建構，只剩下最後的腿部、腳掌及腳趾部位的模型建構。

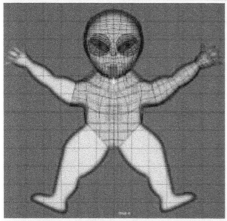

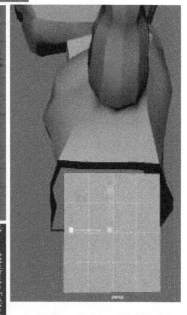

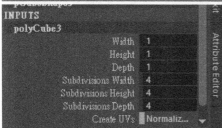

最後我們來製作白藍外星人的腿及腳部位置的

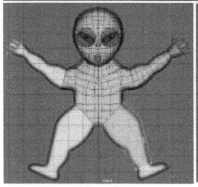

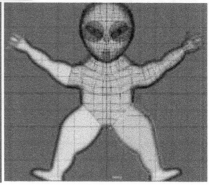

模型。

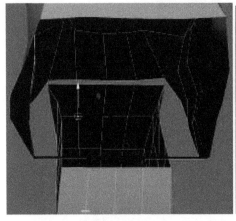 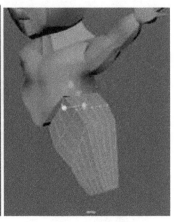

　　首先如同之前手臂及手掌製作方式一樣，都是產生方塊
(Cube)來一點一滴的加上各條描繪線，或者有經驗及已經習慣
快速製作的使用者，可以直接為方塊資訊欄設定合適的正面、
側面及頂面的分格數(如上一頁的資訊欄所示)，再來就是千篇
一律與手臂手掌手指的製作方式一模一樣，所以這方面老孤就
不再多說一遍內容，以下連環圖由左至右、由上到下看一遍之
後，大家或許就會知道該怎麼製作腿部、腳掌及腳趾模型了。

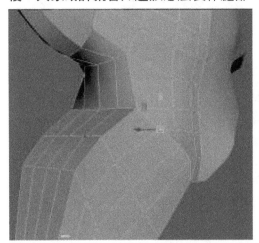

理論上你製作任
何連接合併(Merge)功
能時，最好都要仔細
算算正視圖、側視圖
及頂視圖的連接面
數，才比較容易製作
連結合併部位的模型
建構，但是我這個人
比較隨性，所以很多

時候都會粗心大意，忽略一些小細節的製作步驟，導致我經常
加加減減各種線條及調整頂點(Vertex)、邊線(Edge)及表面
(Face)的作業，最後才慢慢修整出一個適度擬真的模型。

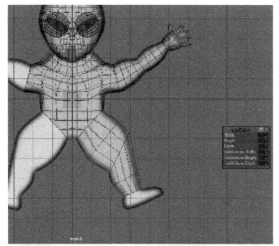

這些連環圖示都是白藍外星人的腿、腳掌、腳趾部位模型的建構順序圖，請 Maya 的使用者好好觀察研究老孤我怎麼建構模型，我就不再一張張的講解，因為所有用上的功能在之前

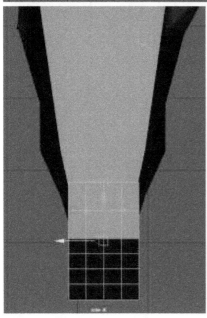 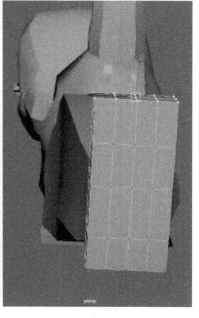

白藍外星人的模型建構其他部位時都已經用過的那些功能的重覆說明而已，所以我就不繼續在此浪費篇幅重新解說一遍說過的東西了，使用者值得注意的是徹底理解本書最後的章節，也就是**附錄 A：「Maya2023功能操作介面說明」**的 Maya 繪圖軟體功能的操作界面及選單功能解說，一點一滴慢慢習慣使用 Maya 來實做各種3D 繪圖的需求作業功能，Maya 軟體提供的所有功能絕

對不是短時間之內可以完全熟悉習慣的，尤其這還是一套幾乎比得上作業系統的複雜設計功能軟體。

以下的連環圖示我只做錯一件事，那就是把白藍外星人的腳掌部份設定成4個腳趾分隔線，不過不要緊，最後我調

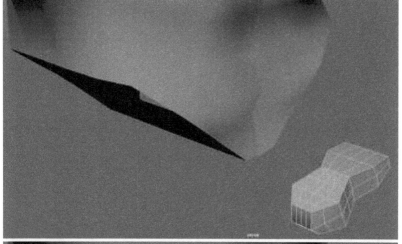

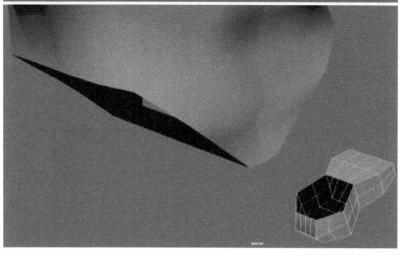

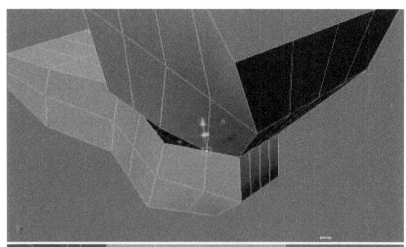

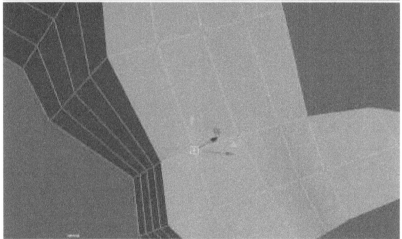

整精細了四個腳趾的間隙，然後再使用網格工具(Mesh Tools)裡的插入邊線迴圈(Insert Edge Loop)功能，又多隔了一根小腳趾出來，形成五根腳趾的模型。

這才補救了這個當初創模型方塊(Cube)時

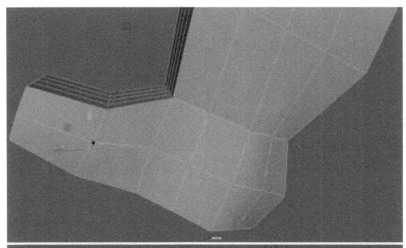

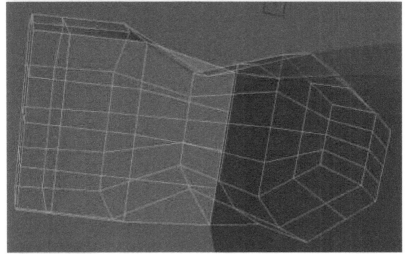

，沒有過多考慮未來建模需求的錯漏，而腳趾間的小隙縫，使用的是左邊這個圖示的挖洞功能，之前在製作白藍外星人的臉部眼睛及嘴唇時，通通通都是使用這個功能來實作，所以使用者如果沒有遺忘這個功能的話，應該可以輕鬆完成下半身的模型。

這個功能不管你選擇頂點（Vertex）或邊線（Edge）編輯模式來操作，都會有不同的功用，在使用頂點模式時，他就是挖洞功具（眼睛），使用邊線模式時，他就是製造出平行線的工具

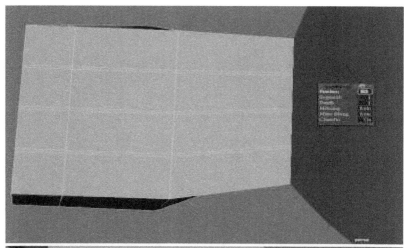

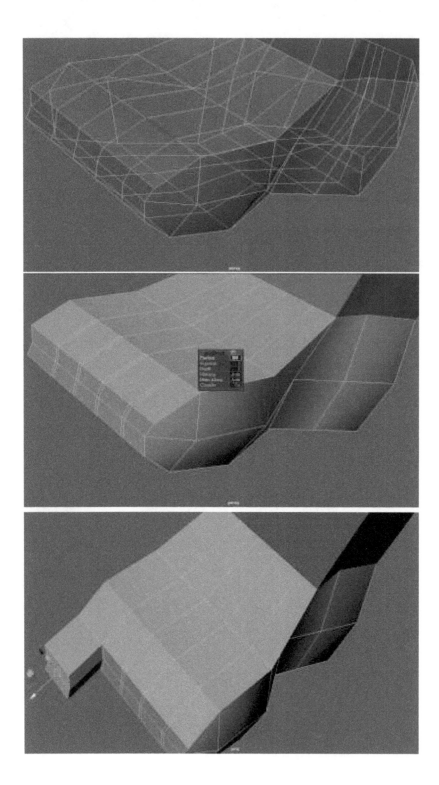

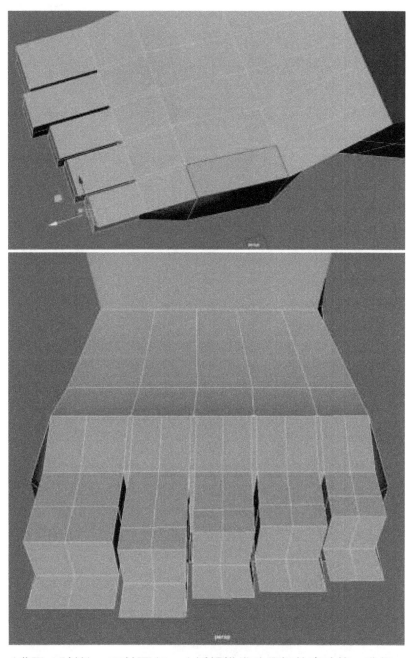

（嘴唇、趾縫），至於面（Face）編輯模式時是個什麼功能，我個
人沒有使用過，所以不甚了解，因此在使用所有功能之前使用
者必需徹底了解它需要什麼編輯模式才能啟動你所需要的選單

功能。

正如我之前所說的一樣，3D 模型建構作業上，你花費最多時間作業操作的是在把點、線、面擬真在正確的位置上，而並不是什麼功能的啟用，所以需要的想像幻想技藝能力會比較多，而並不是什麼電腦技術能力問

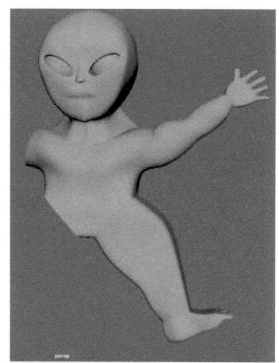

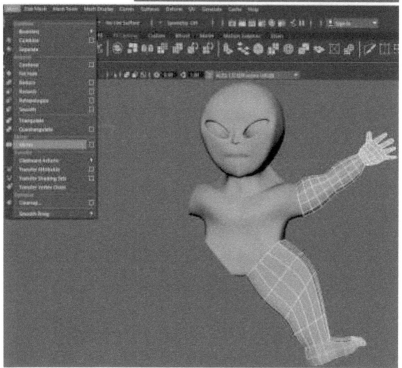

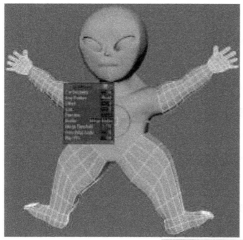

題，所以專業的建模師們都不太建議使用引入圖檔的抄襲建模方式。

不過每個人都有不同的藝術天份，這方面也就不能太過份的去苛求過甚，所以大家還是去慢慢熟悉 Maya 的所有環境選單功能的操作使用，以免產生不知道怎麼操作使用 Maya2023 這麼複雜環境資訊的一套軟體。

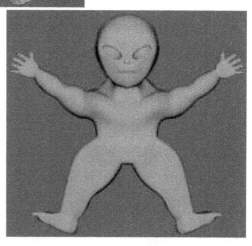

當你依照上面這些連環圖示完成白藍外星人半邊模型的建構時，基本上你已經完成了全部白藍外星人的模型建構工作，因為另外一邊你可以如本頁開頭這個圖一樣，使用物件編輯模式點選左半邊沒有建構的右半邊我們做出來的模型，然後使用網格(Mesh)選單下的鏡像(Mirror)功能對照映射製作出來，如上頁最後圖示所示，所以我們只剩下最後的各種人物的點(Vertex)、線(Edge)、面(Face)的細膩擬真度調整修正，我們建構模型的工作介紹就真正的完成了，下頁的圖示就是老孤最後調整完成的圖示，下一章節我們就進入，UV 模型紋理色彩材質貼圖的相關工作範圍，這一方面可能會需要 Adobe PhotoShop 這種專業2D 平面的繪圖程式的輔助作業，因此使用者最好也要順便學一下2D 平面圖示

的 PS 功能能力鍛練，才有機會成為一個擁有全方位作業能力的
影像處理能力者，靠這方面的專業來從事相關工作混飯吃。

「精緻細節化重整白藍外星人的建構模型」

由於之前著重於讓使用者儘快習慣建構模型的工作，所以
建構模型方面並沒有細緻的功能介紹以及講解，反而著重於模
型建構效率的展現，因此建構模型的一些精細的細節問題，並
沒有特別去說明（例如：各模型部位的連接接縫區域的一體成型
圓滑模糊邊界處理，請參閱上頁之中的最後一張全圖）。

所以這一個章節就是「白藍外星人」的一些模型精細細緻
化工作的處理瀏覽展示，並不是什麼額外的建模教學環節，而
只是粗糙模型的整容處理，讓「白藍外星人」更加的擬真而
已，畢竟擬真程度的展現才是一個繪圖軟體的優劣基礎。

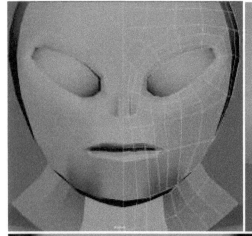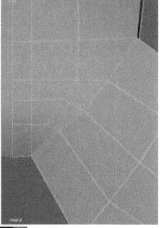

上方三圖就是我處
理過的3個模型部
位，至於處理訣
竅，那就是「耐
心」、「細心」及
「沉得住氣」。

「粗糙模型的細緻化平滑處理」

　　或許大家會疑惑目前所建構的白藍外星人模型使用的線條相當概略而粗糙，似乎都只能算是「半成品」而已，畢竟模型的網格還比不上專業細緻網格的模型，而且後續相關的3D繪圖工作並不容易展開，難道需要我們一條條一道道去手動將模型的粗略網格線條給細緻化繪畫出來嗎？！

　　答案當然是否定的！這方面的建構模型工作，如果一個個手動來實踐的話，那麼真是會累死人，還好Maya的建模工作選單中的「網格(Mesh) > 平滑(Smooth)」功能就是處理這方面工作的選單功能，或者選擇「多邊形建模(Polygon)」工具架(Shelf)上的右方圖示功能就是處這方面的工作，下2圖就是使用這功能之後的網格比較圖。

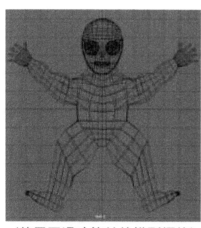 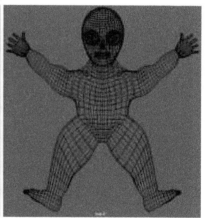

（使用平滑功能前的模型網格）　（使用平滑功能後的模型網格）

　　平滑處理(Mesh > Smooth)功能，就是各位使用者在完整建構模型大約的特色輪廓之後，需要做的功能動作，以利接下來的各種Maya 3D繪圖的各種後製加持功能動作，所以在執行平滑處理之前，你必需非常確定繪圖模型的完整特色建構，不然這一個步驟執行下去，你可能再也沒有後悔的地步。

所以各個建構出來的模型在做「平滑處理」之前，請先儘量完成模型整體的大略細節的處理，以免使用 Maya 平滑處理之後，模型網格過於「細緻」導致最後模型的細節微調工作變得更加的細緻不好處理，浪費更多的時間來做各種點(Vertex)、線(Edge)、面(Face)的細部調整,也就是說最後「平滑處理」之前，你就要完成模型100%擬真的建構作業，以免平滑處理之後再後悔，那個後續的調整功夫所浪費的時間是平滑處理之前的好幾倍。

　　而左方這個工具架上的圖示功能為「網格>精簡處理(Mesh > Reduce)」，功能和平滑處理相反，也就是減少網格數，所以這2個功能合用起來，差不多就是自動處理模型網格功能了。

　　以下這張截圖就是我最後完成平滑處理之前的模型貼圖：

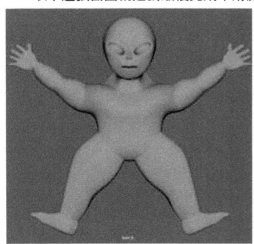

這些建構模型的細節重覆動作，和其他一些選單功能枝節部份，我就不再過多贅述了，完全需要細心及耐心不怕無聊的一一完成，所使用的 Maya 功能就是那幾個之前介紹的工具而已，請讀者自己耐心完成這些細節功能動作，反正就我自己的使用經驗來看，建模工作有八、九成的時間都是花在各個點(Vertex)、線(Edge)、面(Face)的相關定位工作之上，所以是挺無聊的一種考驗心性的水磨石功夫。

「指定模型表皮材質與 UV 拆解工作及上色紋理」

　　這一章節首先會講述 Maya 材質的選用以及 UV 拆解工作，UV 拆解模型的目標是為了將立體3D 模型給2D 平面化，容易「演算上色」以及完成各種切割面「紋理貼圖」，並且指定建構模型的「材質」，而做為一項3D 建構模型的繪畫模型表面的繪圖工作。

　　因此許多使用者在建構模型之初的時候，通常佈線劃分各種表面切面之時，需要考慮清楚後續的「骨架綁定工作」、「UV切割操作動作」、「上色紋理貼圖」及「指定模型的材質」…等，相關後續工作來做模型的物理佈線建模行為。

　　這樣你所建構出來的3D 物件模型會比較容易做「UV 展開」(把3D 模型立體物件給2D 平面化的處理)及後來的各種作業功能的發揮，所以建構模型工作可以說需要一直練習實際操作來精深熟練，盡量不要荒廢遺忘這項3D 動畫繪圖的重要基本性功夫，所以「建模師」就是3D 繪圖工作的基礎職務。

　　而拆解 UV 的工作也不一定要使用 Maya 程式內建的 UV 工作軟體套件，也是有一些別的 Maya 外掛軟體專門從事這項工作的軟體開發，只是我個人比較注重一套軟體的精通及簡潔統一性，因此本章節也不會介紹有哪些應用外掛軟體可以使用，直接教學 Maya 內附的「UV 編輯器」種種工作中用得上的功能，示範一下用 Maya2023拆 UV 的動作就好。

「模型 UV 拆解展開」

　　當我們建構出來的物件模型擁有不同部位顏色、紋理而不是同一種顏色紋理之時，我們就需要做模型 UV 拆解展開動作，

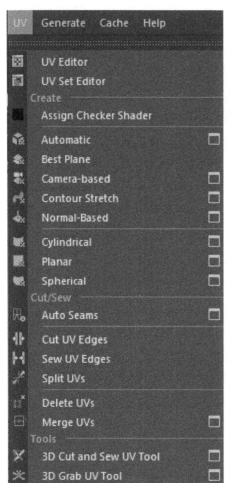

並且依照各部位設計的顏色紋理給上色貼紋理，而這方面的相關專業動作，顯然在3D作業模式之下不容易操作，因此我們需要將3D立體模型物件給分割拆解，並且2D平面化展開，以利後續的上色紋理相關作業，這方面的工作就叫做拆解UV。

首先我們在建構模型選單集中選擇「UV選單打開UV編輯器視窗（Modeling > UV > UV Editor）」，如左與下二圖所示：左方及下方二圖分別是「UV功能選單」及開啟Maya「UV編輯器」之後的工作視窗模樣。

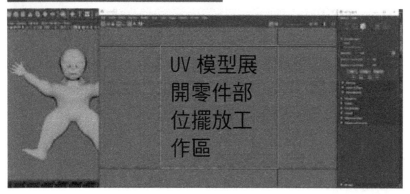

UV 模型展開零件部位擺放工作區

如上方圖的UV編輯器圖上紅色方框所示「UV模型零件部位擺放工作區」，就是我們拆解模型之後需要將模型各零件拆解展

開集中擺放的位置，物件模型拆解之後的各個零件部位的擺放，請自行縮放控制好集中放在上圖所標示的方框位置之內（標示的1大格之內），以方便上色貼紋理之用（或方便匯出圖示檔案改用其他繪圖軟體執行上色貼紋理作業，例如：Photoshop）。

　　由於 UV 3D 立體模型拆解2D 平面化展開工作，聽起來似乎很複雜，其實真正需要在意的是各立體模型部位零件的邊界接縫開口掩飾處理（例如：藏頭髮下、陰影處角落裡…等，不容易輕易看到的位置），所以 UV 工作就是一種類似解剖模型，然後將各解剖部位平面化展開，最後利用擁有繪圖功能的程式或其它繪圖軟體，在 Maya 匯出的圖檔中各平面化的部位塗上顏色或紋理的一項填鴨工作而已，這樣各位讀者是不是能夠理解？！

　　在做 UV 相關動作之前，我們最好必需先處理好建構模型的全方位訂正，也就是完成建構模型的全部定型工作（例如：上一章節最後一部份所講的各種細節動作），如果你是跟著本書從頭實做到尾的人，此時應該還有一些細微的建模工作並未處理以適合用來作後續的 UV 相關處理動作。（例如：左右半邊臉部模型還沒有成為一個整體的物件，還有左右半邊的軀幹身體）

　　這些動作並不怎麼難以處理，只要使用者切換到「物件模式」並且點選要結點的部位之後，再按 CTRL 鍵加選其他需要加入結合為一體模型所需要的物件部位，然後選擇建模選單集中的「網格選單 > 結合(Mesh > Combine)」功能就好，以下二圖就是這二個未完全細節動作的操作實現圖，請讀者自行操控完成這兩項未完成的建構模型的動作。

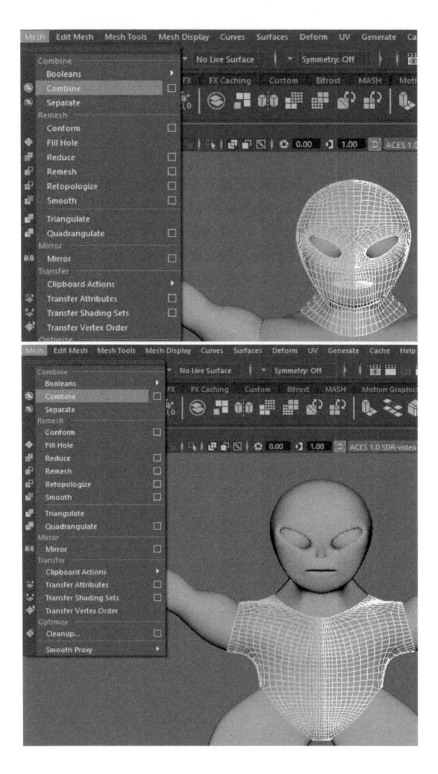

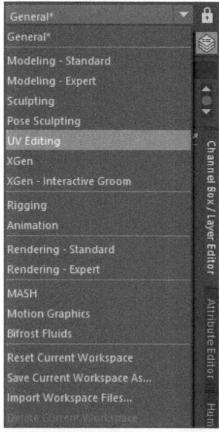

接下來使用者可以改變工作畫面元件的螢幕設計，如左圖所示選擇切換到「專門編輯 UV 的工作環境桌面」，以方便你的 UV 編輯工作。

首先如左下圖所示，請用選擇物件模式

選擇藍白外星人的全部模型「除雙眼眼球之外的所有部位（因為眼睛跟其他部位不一樣，不是相同的材質，所以分別處理）」，接下來開啟「UV 編輯器」，或如右上小圖示所示點選「多邊型建模工具架上的 UV 編輯器工具」，接下來的 Maya 螢幕畫面應該會如下頁首圖中所示的那樣顯示，你所選擇的模型部位都會被讀取到 UV 編輯器裡面。

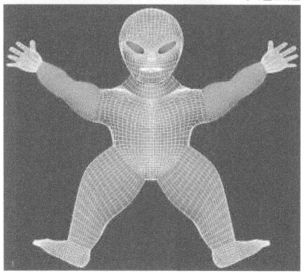

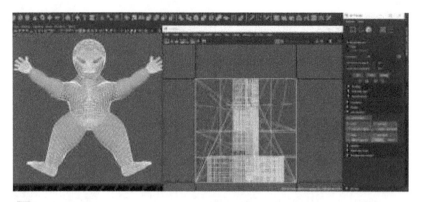

M UV Editor

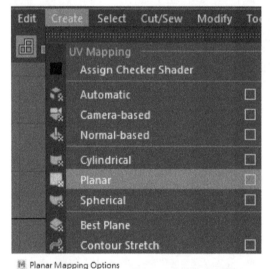

接下來如左圖所
示,點選「UV 編輯
器」的小視窗裡面的
「創建>平面>□
(Create > Planar >
□)」,它就會呼叫出
左方截圖之中的視
窗,這個功能的細部
設定使用選項的功
能,達到我們整理 UV
編輯器裡面顯示的模
型操
控外
觀。

如上方截圖所示的一樣勾選相同的選項功能之後（勾選以攝影機為基準及保持圖片的寬度與高度比率），點選如上圖所示的「專案(Project)」功能鈕之後，Maya 的「UV 編輯器」裡面就會顯示出下方截圖一樣的「UV 編輯器」所示的圖像那樣，這樣一來我們就可以開始我們的 UV 直觀操作相關作業了。

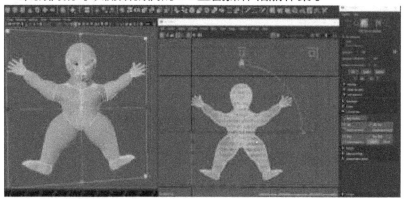

　　上圖就是調整後的「UV 編輯器」的畫面，使用者可以在「UV 編輯器」之中解剖物件模型的各種操作（剛好佔滿了一整個 UV 編輯格的長寬大小，兩者之間是連線作業），並不會影響損壞 Maya 主程式之中的原始物件模型，上方兩個畫面中各個零件部位的邊界處都有「UV 編輯器」自動幫你切割好的分割線，但是 Maya 的自動判斷並不齊全完美，所以還是需要使用者自己去，完善所有 UV 切割線的劃分及模型2D 平面化的展開細部動作。

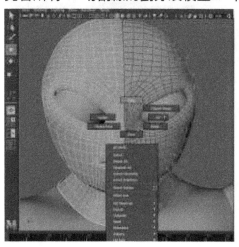

　　　　　　如左圖所示接下來就是在 Maya 工作面板裡的模型上選擇「邊線(Edge)」選擇作業模式，以方便接下來的剝離嘴巴部位的 UV 拆解作業（因為嘴巴跟其它部位要使用的顏色不一樣，所以另切。

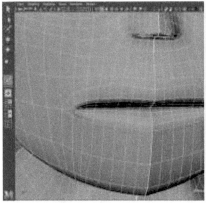 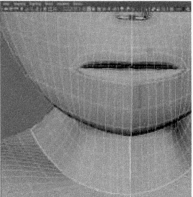

如上兩圖所示，我們進入
「邊線(Edge)」選擇作業模式
之後，開始圈選整個物件模型
的嘴巴部位。

在 Maya 工作面板上圈選完
整個嘴巴部位之後，如右圖所
示選擇「UV 工具>切割和縫補>
切割工具(UV Toolkit > Cut
and Sew > Cut)」，把嘴巴部位
的模型給切割分離出來。

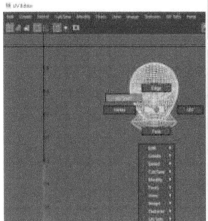 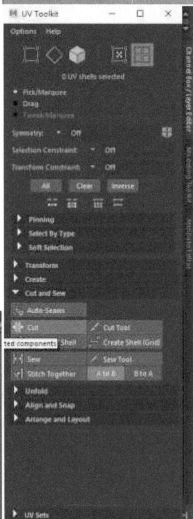

接下來如上左下圖選擇「UV 編輯器」裡面的作業中的模型
上按 滑鼠右鍵 選擇「UV 殼(UV Shell)」功能選項之後，如下圖
所示在「UV 編輯器」底下圈選整個嘴巴部位的 UV 模型。然後如

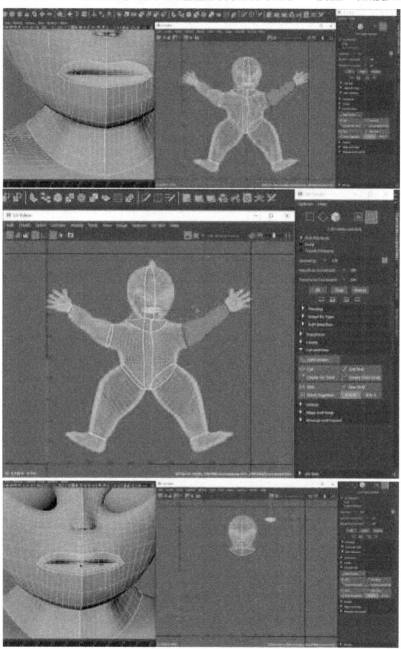

以上兩圖所示使用W鍵功能，移動模型的嘴巴部份的 UV 結構，至 UV 編輯器的工作區域的右上方空位之中。

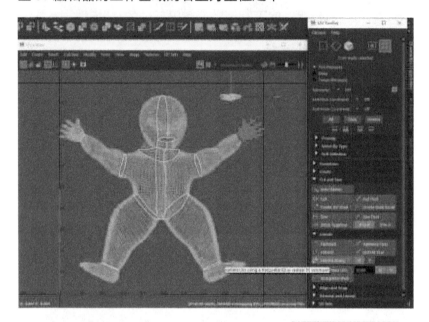

　　如上圖所示最後使用「UV 工具箱」裡的「展開選單>展開 (Unfold > Unfold)」功能，將嘴巴部位的模型給2D 平面化展開，當然使用「Unfold Along」也可以，差別只是它會順便給模型伸展拉開儘量呈現方塊狀模型，更方便匯出後給繪圖程式實行模型區域選取塗色的作業。

　　接下來的作業就如同上述幾個步驟一樣，不斷的將「白藍外星人」的模型各部份，利用 UV 工具功能所提供的各種工具給模型不同顏色部位給切割2D 平面展開化，直到所有部位都完成為止，所以我就不再使用文字說明，直接連環工作之後完成的 UV 全拆解展開圖示就好。

　　如下圖所示其實我就是在示範如何完全完成「UV 模型拆解」的功能方法講解而已，就「白藍外星人」的範例來看，其

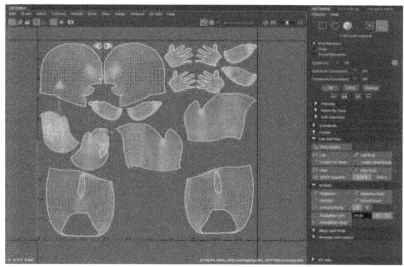

實它可能不需執行 UV 全拆解功能，因為除了眼睛與嘴巴的部位不同於身體大部的白色之外，根本沒有需要畫紋理及不同顏色的部位，所以以上就是一個示範性的動作展示而已，如上圖所以示，最終使用者需要使用 W 鍵移動、R 鍵縮放的功能將模型的全 UV 拆解部位，給塞進一大格 UV 區域以方便儲存成資料圖檔，執行檔案匯出作業功能，用類似 Photoshop 之類的繪圖程式來為物件模型的各個部位執行上色貼紋理之類的作業功能。

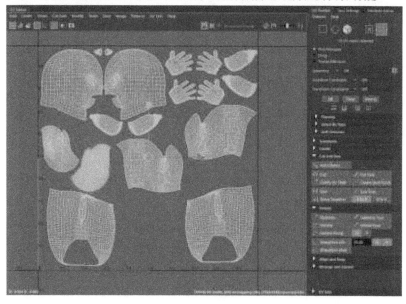

如上圖及右圖所示，我們圈選「UV 編輯器」中的所有模型零件2D 展開圖，然後選擇 UV 編輯器中的「圖像 > UV 快照（Image > UV Snapshot）」，進入下面選單功能畫面，指定輸出檔案位置及名稱

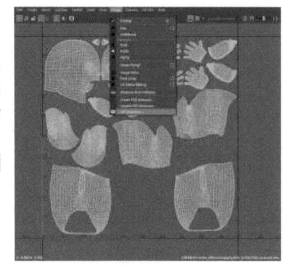

（outUV）及圖檔格式（PNG），解析度用預設就好（2K 解析度算不低

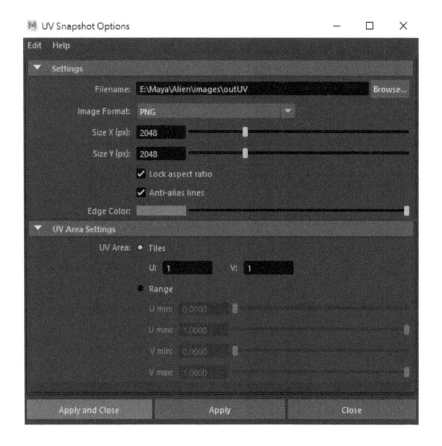

了），然後輸出框線的線條顏色，我選紅色，最後都調整完了之後，使用者就按下「套用與關閉(Apply and Close)」。

再來使用你擅長使用的一般繪圖備用的2D 繪圖應用程式，老孤比較常用Photoshop，所以這裡以教學Photoshop 的上色紋理方式為主，如左上圖所示，使用繪圖軟體開啟功能，開啟右上圖 Maya 剛才匯出儲存路徑資料夾中的 PNG 檔案 outUV.PNG，然後如下圖所示，建立2個新的圖形階層(Layer)，最下方的圖層，我是填滿黑色背景色以凸顯 UV 零位區域線框，中間那個圖

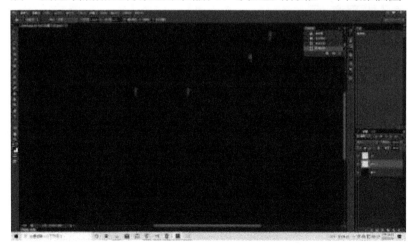

層就是我們作業及最後會輸出的圖層，而最置頂的圖層則是原始的輸入 PNG 圖層，用來參考操作填色使用（最好上鎖，以免修改到原始資料圖檔），下圖就是使用鋼筆工具畫路徑並圈選選擇範圍之後，使用「水桶工具」填入前景白色之後出現的截圖。

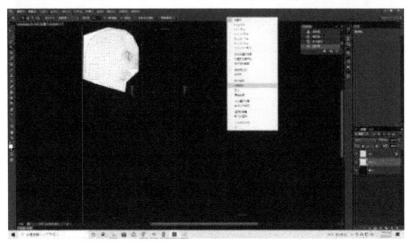

　　而對於「白藍外星人」這樣的專案來說，由於顏色不多，根本沒必要一個一個零件部位去圈選，所以直接參考原始資料圖層，然後選擇「魔術棒」工具功能點選黑色背景位置，再來按滑鼠右鍵進而選擇「反向選擇」就可以一次圈選所有模型的部位，然後選擇位於中間的圖層之中作業，使用「水桶工具」傾倒前景色白色之後，就一次性的將所有模型部位都給塗成白色了如下圖所示。

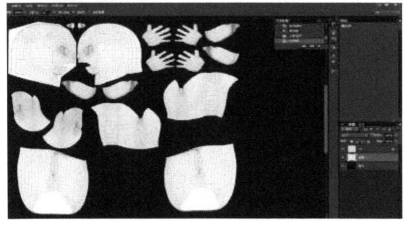

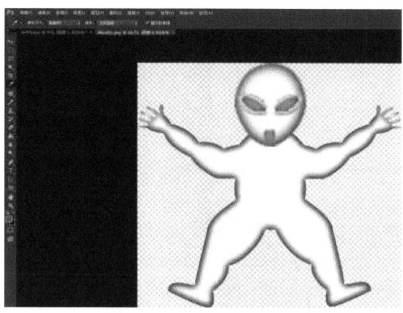

　　但是由於「白藍外星人」的嘴巴我想使用藍色來填看看，所以就在 Photoshop 開啟「白藍外星人」的圖檔 AlienALL.png，呼叫出上面的資料圖檔，並且使用 Photoshop 的「滴管工具」採色成前景色，從上圖之中的「白藍外星人」眼睛採取到藍色前景色的色素 RGB 及其他資料，並且再次使用

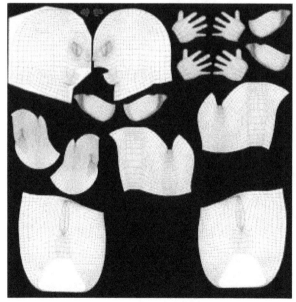

「魔術棒」工具點選中間作業圖層中的嘴色部位，選擇好了之後再次使用「水桶工具」傾倒剛才採取過來的藍顏色，將「白藍外星人」整個嘴色嘴唇部位的模型給塗成我想要試驗的藍色。

　　如上圖所示，最後整個「白藍外星人」的各個模型零件部位都有上到對映的顏色，這個時候我們最好如上圖的右下角圖層所示，除了「中間圖層」顯示之外，另外2層內容最好都不要顯示輸出，以免連結貼上紋理之後，整個模型外觀都有線條紋理（老孤有過慘痛的重做填色的經驗）。

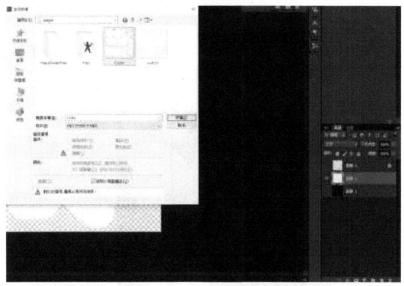

　　如上圖所示，使用 Photoshop 的另存新檔的功能，將「中間作業填色圖層」給輸出成 PNG 格式的檔案，並取名字為 Color.PNG，以備等會 Maya 程式的呼叫檔案連結填色。

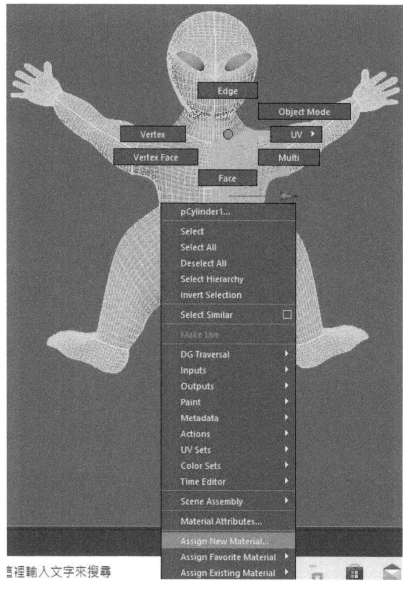

再來如上圖所示回到 Maya 的作業視窗圈選模型除眼睛之外所有的部位，並且按滑鼠右鍵選擇「指定新材質(Assign New Material)」，Maya 程式就會彈出下頁右上那個材質選擇的小視窗以供使用者選擇欲選用的材質。

如右圖所示我們就選擇 Lambert 這個預設使用的材質就好。

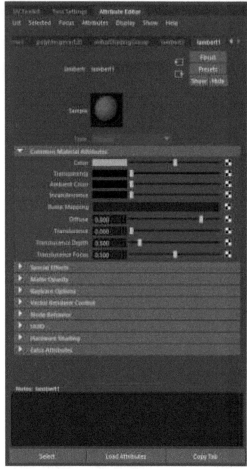

如左上圖所示它會在「頻道盒(Channel Box)」位置顯示出這個材質球的外觀,及其他的細部選項,使用者也可以在「頻道盒(Channel Box)」裡面的物件標籤之中找到最後一個標籤,也就是剛才新創的材質物件的各種屬性設定值頁(如左上圖所示)。

由於我們是要連結剛才用 Photoshop 程式完成塗色的 Color.PNG 檔案,所以在 Color 選擇中不點選前面的預設顏色,而是點選進度條後的「棋盤格子」圖示,進入下頁選項視窗。

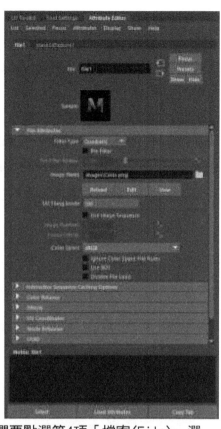

左上圖就是點選「棋
盤格子」圖示之後，會進
入的設定顏色來源選單，我們要點選第4項「檔案(File)」選
項，就會進入右上圖的詳細屬性設定畫面，在「圖檔名稱
(Image Name)」使用「資料夾」圖示，開啟瀏覽選擇視窗，然

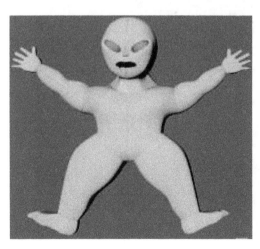

後進入開啟你剛才使用
Photoshop 另存新檔的
路徑位置中的
Color.PNG 檔案，完成
UV 顏色的檔案連結，
然後在你的 Maya 工作
面板中按 6 鍵使用貼圖
紋理，形成上頁左下面
貼圖上色紋理截圖。

上圖所顯示的上色之後的「白藍外星人」看起來各部位的
UV 切割線還很明顯，而且好像有瑕疵的樣子，其實這是 PNG 圖
檔的透明度(Transparency)效果被顯示出來的結果，我們只要
點選「頻道盒(Channel Box)」裡面的物件屬性標籤重新設定，
透明度(Transparency)名字上按滑鼠右鍵呼叫出功能選單選擇
「斷開連結」之後，所有的圖形上色瑕疵就會消失無蹤，形成
下方這個「白藍外星人」的有顏色貼圖模型了。

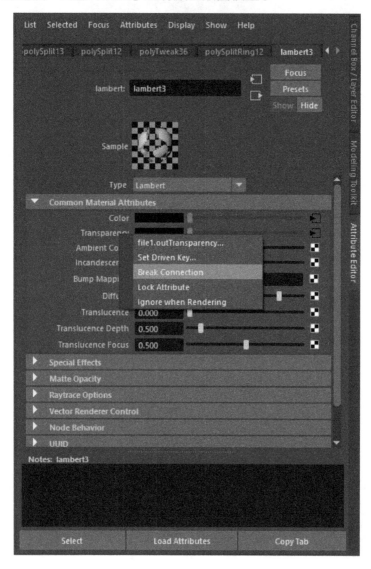

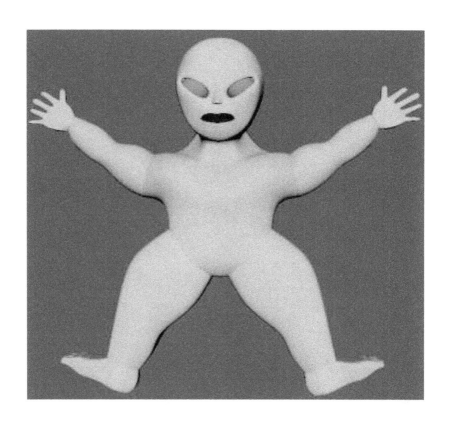

「模型材質編輯及上色貼紋理」

物件模型「材質」的選擇及編輯，關係到模型在光線照射下的視覺感受，不論是顏色、紋理、粗細、質感、透光、折射、反射…等等因素都會產生不同的視覺感受，也會依照不同的渲染器程式而產生不同的效果。

Maya 預設的情況之下是預設設定一種名字叫做「Lambert」的材質為你所建構模型的預設材質，當然 Maya 也設計提供了不少材質以供使用者選用，使用者可以依照各種名稱材質的「材質屬性面板」內可設定的屬性調整出你所需要的視覺感受，達到你所需要的擬真材質效果。

接下來我們如下圖或右方圖示所示在建模選單

集之下，使用「視窗>渲染編輯器>材質編輯器

(Windows > Rendering Editors > Hypershade)」，

按下左鍵之後，就是彈出第二張圖的材質編輯器的視窗。

上圖就是所謂的「材質編輯器(Hypershade)」，Maya 建構模型會在預設的情況之下，自動幫你選擇一個灰顏色的材質球(預設應該是場景現有節點材質中的第一顆材質球 Lambert)，所以你所建構的物件模型，就會如同那個材質球所展現的外觀模樣，材質編輯器畫面右上角類似攝影機的物件模型，會在你點選左上角材質之時，呈現材質選擇的外觀模樣，是一種預先瀏覽展示模型可能會呈現的外觀展示樣子。

　　由於我們只是初學者以及 Maya2023的試用玩家，所以並沒有什麼多餘額外增加的特殊材料，所以只能選擇使用預設材質進行物件材質選擇及加工展現的功能，所以我就只能示範一般的材質指定及使用方法，並沒有辦法100%盡善盡美，畢竟我自己也是一個剛入門不久的初學者。

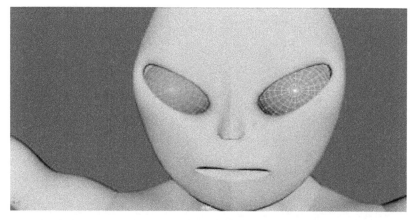

　　如上圖所示我們先在工作面板選擇沒有加入拆 UV 功能的兩顆眼球模型，用來模仿製作我們的範例圖示「白藍外星人」的眼睛模型，在這裡至少有兩種方式可以達成這個工作目標，一種是之前介紹的從選單或工作列中自行打開，「材質編輯器(Hypershade)」來加以操控製作，另一種就是我們現有示範的作業方式，那就是選擇雙眼眼睛模型之後，按下滑鼠右鍵叫出功能選單，選擇「指定新材質(Assign New Material)」的功能(如下左圖所示)，它就會彈跳出 Maya 程式目前可以支援提供你

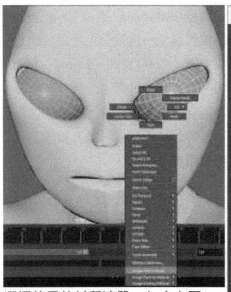

選擇使用的材質清單，如右上圖
所示的材質清單列表一樣。由於

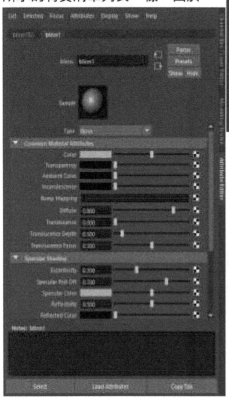

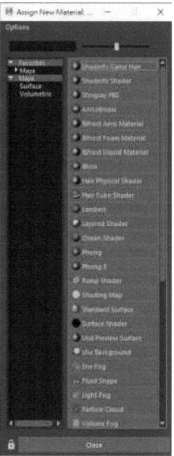

我們目前在這方面幾乎什
麼都不懂，因此我就選擇
了以前有聽過及印象的材
質「Blinn」，Maya 就會開
啟右圖所示的「材質屬性
面板」選擇，以供使用者
對選定的材質進行細部的
各種屬性數據的調整，以
完美詮釋我們所需要的材
質感覺，當然「材質選擇
器」並不只是這麼清晰簡

單的東西而已，有些時候一個模型物件可以由多種材質一起合併使用渲染展示來達到100%擬真的效果。（※個人並不確定材質能不能混用，只是有印象好像可以）

再來我們選擇「材質屬性編輯面板」中的顏色(Color)功能，來替「白藍外星人」的眼睛塗上指定的顏色，點選顏色(Color)欄後方的灰色(Gray)預設顏色方塊之後，就會彈出下的面顯示的截圖圖示，讓我們可以替剛剛創造出來的眼睛物件模型「Blinn材質」定義預設使用的顏色功能。

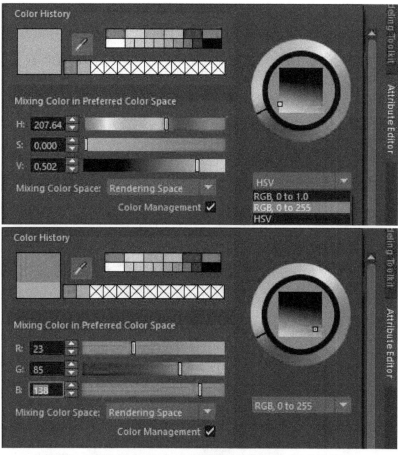

上面第一圖的顏色設定功能預設使用的色彩系統是HSV，而我個人比較習慣使用RGB的方式來調色，所以圖上右下角就是

切換顏色使用系統的選單功能，切換成 RGB 0 to 255的數據調
色模式，以方便我們使用者去指定相關的顏色數據，而上面第
二圖，就是使用 RGB 數值從調色盤裡面指定到的藍色數值。

　　選定之後我們的「白藍外星人」的模型就會變成下面展示
的這張圖的外貌一樣，是不是普普通通還可以過眼不算太慘，
這個實在是沒辦法，老孤不但是初學者而且沒有相關的任何材
質編輯的經歷經驗，因此只能教學最陽春的功能而已。

　　(畢竟本書也只是 Maya2023教學入門大綱指南類的基礎書
籍，並不是專門教出專業水準的 Maya 軟體使用者，因為真正的
高手是教不出來的，都是靠自己入門之後一點一滴實做經驗，
並不斷磨練操練經歷才會成為一個專業的3D 製作高手)

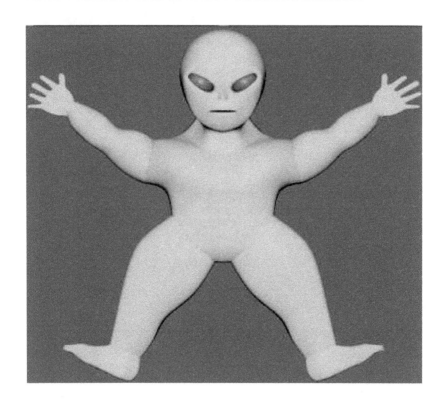

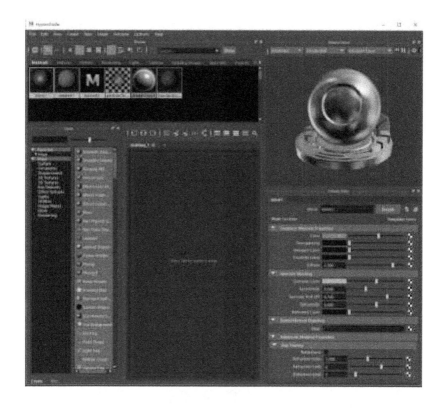

　　上圖就是使用「材質編輯器(Hypershade)」，觀看剛才所建立的眼睛模型所使用的「Blinn 材質球」及它的預欄外觀和各種屬性的編輯面板，這一套「材質編輯器(Hypershade)」沒有我介紹的那麼輕鬆簡單，想要完全掌控精通使用這套編輯器，我想需要一段不算小的沉浸潤色使用經驗與時間。

「材質相關設定」

　　以下就是一些材質的頻道盒內物件屬性設定資訊欄卷的各種材質屬性設定介紹，或許並沒有達到很全面的材質設定資料，但是一些比較通用常見的材質屬性功能設定欄，裡面應該都有概括，希寄對「復興馬雅」的各位讀者能夠有所幫助，下圖就拿「Anisotropic」材質的頻道盒物件屬性資訊設定欄的設定圖例來解說材質的各種資料設定值的內容。

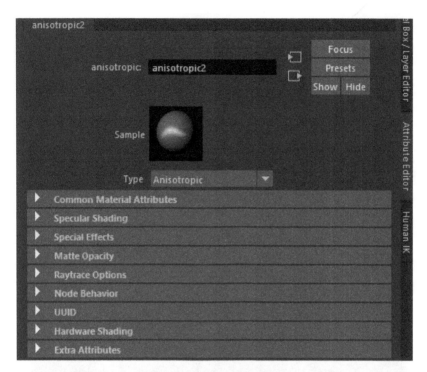

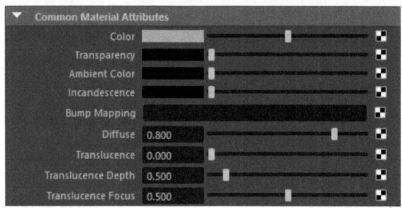

　　上圖為「公用材質屬性(Common Material Attributes)」
屬性欄卷。

「顏色(Color)」：控制材質的基本顏色。

「透明度(Transparency)」：控制材質的透明程度。

「環境色(Ambient Color)」：用來模擬環境對該材質球所產生
的色彩影響。

「白熾度(Incandescence)」：用來控制材質發射燈光的顏色及亮度。

「凹凸貼圖(Bump Mapping)」：透過紋理貼圖來控制材質表面的粗糙紋理及凹凸程度。

「漫反射(Diffuse)」：使得材質能夠在所有方向反射燈光。

「半透明(Translucence)」：使得材質可以透射和漫反射燈光。

「半透明深度(Translucence Depth)」：模擬燈光穿透半透明對象的程度。

「半透明聚集(Translucence Focus)」：控制半透明燈光的散射程度。

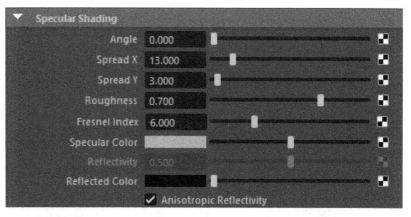

上圖為「鏡面反射著色(Specular Shading)」屬性欄卷。

「角度(Angle)」：確定高光角度的方向，范圍為0.0(預設值)至360.0，用於確定非均勻鏡面反射高光的 X 和 Y 方向。

「擴散 X/擴散 Y(Spread X/Y)」：確定高光在 X 和 Y 方向上的擴散程度，X 方向是 U 方向逆時針旋轉指定角度，Y 方向與 UV 空間中的 X 方向垂直。

「粗糙度(Roughness)」：確定曲面的總體粗糙度，范圍為0.01至1.0，預設值為0.7，較小的值對應較平滑的曲面，並且鏡面反射高光較集中，較大的值對應較粗糙的曲面，並且鏡面反射高光較分散。

「Fresnel 系數(Fresnel Index)」：計算將反射光波連接到傳入光波的 fresnel 因子。

「鏡面反射顏色(Specular Color)」：表面上閃耀的高光的顏色。

「反射率(Reflectivity)」：控制材質表面反射周圍物體的程度。

「反射的顏色(Reflected Color)」：控制材質反射光的顏色。

「各項異性反射率(Anisotropic Reflectivity)」：如果啟用，Maya 將自動計算「反射率」作為「粗糙度」的一部分。

　　上圖為「特殊效果(Special Effects)」屬性欄卷。

「隱藏源(Hide Source)」：勾選該選項可以隱藏該物體渲染，僅進行輝光渲染計算。

「輝光強度(Glow Intensity)」：控制物體材質的發光程度。

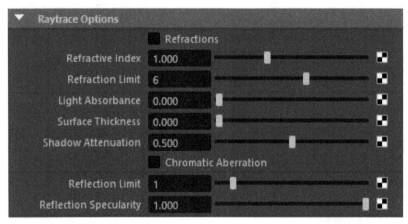

　　上圖為「光線跟蹤選項(Raytrace Options)」屬性欄卷。

「折射(Refractions)」：啟用時，穿過透明或半透明對象跟蹤的光線將折射，或根據材質的折射率彎曲。

「折射率(Refractive Index)」：指光線穿過透明對象時的彎曲量，要想模擬出真實的效果，該值的設定可以參考現實中不同物體的折射率。

「折射限制(Refraction Limit)」：指曲面允許光線折射的最大次數，折射的次數應該由具體的場景情況決定。

「燈光吸收(Light Absorbance)」：控制材質吸收燈光的程度。

「表面厚度(Surface Thickness)」：控制材質所要模擬的厚度。

「陰影衰減(Shadow Attenuation)」：透過控制陰影來影響燈光的聚焦效果。

「色度色差(Chromatic Aberration)」：指在光線跟蹤期間，燈光透過透明曲面時以不同角度折射的不同波長。

「反射限制(Reflection Limit)」：指曲面允許光線反射的最大次數。

「鏡面反射度(Reflection Specularity)」：控制鏡面高光在反射中的影響程度。

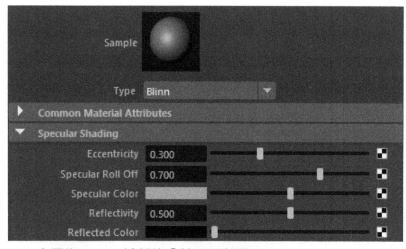

上圖為Blinn材質的「鏡面反射著色(Specular Shading)」屬性欄卷。

「偏心率(Eccentricity)」：控制曲面上發亮高光區的大小。

「鏡面反射衰減(Specular Roll Off)」：控制曲面高光的強弱。

「鏡面反射顏色(Specular Color)」：控制反射高光的顏色。

「反射率(Reflectivity)」：控制材質反射物體的程度。

「反射的顏色(Reflected Color)」：控制材質反射的顏色。

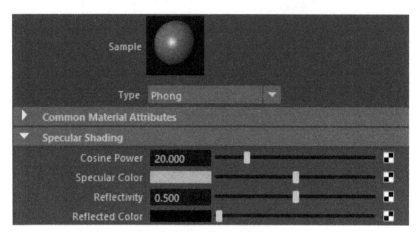

　　上圖為 Phong 材質的「鏡面反射著色(Specular Shading)」屬性欄卷。

「餘弦冪(Cosine Power)」：控制曲面上反射高光的大小。

「鏡面反射顏色(Specular Color)」：控制反射高光的顏色。

「反射率(Reflectivity)」：控制材質反射物體的程度。

「反射的顏色(Reflected Color)」：控制材質反射的顏色。

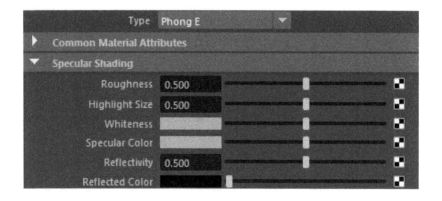

上圖為 Phong E 材質的「鏡面反射著色(Specular Shading)」屬性欄卷。

「粗糙度(Roughness)」：控制鏡面反射度的焦點。

「高光大小(Highlight Size)」：控制鏡面反射高光的數量。

「白度(Whiteness)」：控制鏡面反射高光的顏色。

「鏡面反射顏色(Specular Color)」：控制反射高光的顏色。

「反射率(Reflectivity)」：控制材質反射物體的程度。

「反射的顏色(Reflected Color)」：控制材質反射的顏色。

「使用背景材質(Use Background)」

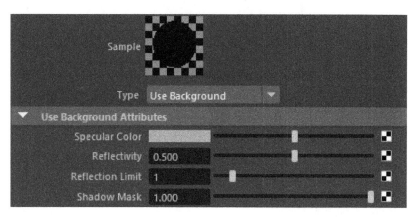

使用背景材質可以將物體渲染成為跟目前場景背景一樣的顏色。

「鏡面反射顏色(Specular Color)」：定義材質的鏡面反射顏色，如果更改此顏色或指定其紋理，場景中的反射將會顯示這些更改。

「反射率(Reflectivity)」：控制該材質的反射程度。

「反射限制(Reflection Limit)」：控制材質反射的距離。

「陰影遮罩(Shadow Mask)」：確定材質陰影遮罩的密度，如果更改此值，陰影遮罩將變暗或變亮。

「標準曲面材質(Standard Surface)」

「標準曲面材質」是一種自訂創造許多不同材質的功能選項，可以說「標準曲面材質」幾乎可以用來制作日常我們所能見到的大部分材質。

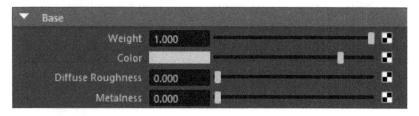

上圖為「基礎(Base)」屬性欄卷。

「權重(Weight)」：設定基礎顏色的權重。

「顏色(Color)」：設定材質的基礎顏色。

「漫反射粗糙度(Diffuse Roughness)」：設定材質的漫反射粗糙度。

「金屬度(Metalness)」：設定材質的金屬度，當該值為1時，材質表現為明顯的金屬特性。

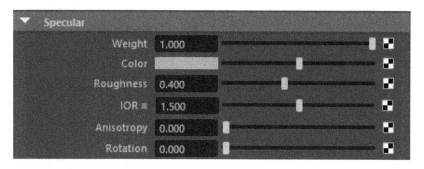

上圖為「鏡面反射(Specular)」屬性欄卷。

「權重(Weight)」：用於控制鏡面反射的權重。

「顏色(Color)」：用於調整鏡面反射的顏色，調試該值可以為材質的高光部分進行染色。

「粗糙度(Roughness)」：控制鏡面反射的光澤度，值越小，反射越清晰，對於兩種極限條件，值為0將帶來完美清晰的鏡像反射效果，值為1.0則會產生接近漫反射的反射效果。

「IOR」：用於控制材質的折射率，這在制作玻璃、水、鑽石等透明材質時非常重要。

「各向異性(Anisotropy)」：控制高光的各向異性屬性，以得到具有橢圓形狀的反射及高光效果。

「旋轉(Rotation)」：用於控制材質 UV 空間中各向異性反射的方向。

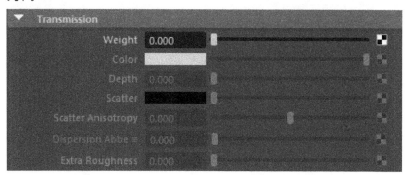

上圖為「透射(Transmission)」屬性欄卷。

「權重(Weight)」：用於設定燈光穿過物體表面所產生的散射權重。

「顏色(Color)」：此項會根據折射光線的傳播距離過濾折射，燈光在網格內傳播得越長，受透射顏色的影響就會越大，因此，光線穿過較厚的部分時，綠色玻璃的顏色將更深，此效應呈指數遞增，可以使用比爾定律進行計算，建議使用精細的淺顏色值。

「深度(Depth)」：控制透射顏色在體積中達到的深度。

「散射(Scatter)」：透射散射適用於各類稠密的液體或者有足夠多的液體能使散射可見的情況，例如：模擬較深的水體或蜂蜜。

「散射各向異性(Scatter Anisotropy)」：用來控制散射的方向偏差或各向異性。

「色散系數(Dispersion Abbe)」：指定材質的色散系數，用於描述折射率隨波長變化的程度，對於玻璃和鑽石，此值通常介於10到70之間，值越小，色散越多，預設值為0，表示禁用色散。

「附加粗糙度(Extra Roughness)」：對使用各向同性微面 BTDF 所計算的折射增加一些額外的模糊度，范圍從0(無粗糙度)到1。

上圖為「次表面(Subsurface)」屬性欄卷。

「權重(Weight)」：用來控制漫反射和次表面散射之間的混合權重。

「顏色(Color)」：用來確定次表面散射效果的顏色。

「半徑(Radius)」：用來設定光線在散射出曲面前在曲面下可能傳播的平均距離。

「比例(Scale)」：控制燈光在再度反射出曲面前在曲面下可能傳播的距離，它將擴大散射半徑，並增加 SSS 半徑顏色。

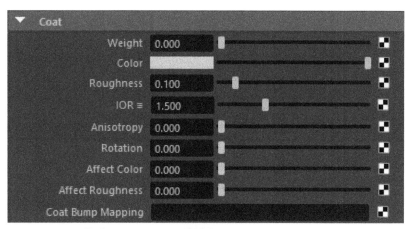

上圖為「塗層(Coat)」屬性欄卷。

「權重(Weight)」：控制材質塗層的權重值。

「顏色(Color)」：控制塗層的顏色。

「粗糙度(Roughness)」：控制鏡面反射的光澤度。

「IOR」：控制材質的菲涅散反射率。

上圖為「發射(Emission)」屬性欄卷。

「權重(Weight)」：控制發射的燈光量。

「顏色(Color)」：控制發射的燈光顏色

上圖為「薄膜(Thin Film)」屬性欄卷。

「厚度(Thickness)」：定義薄膜的實際厚度。

「IOR」：材質周圍介質的折射率。

上圖為「幾何體(Geometry)」屬性欄卷。

「薄壁(Thin Walled)」：勾選該選項，可以提供從背後照亮半透明對象的效果。

「不透明度(Opacity)」：控制不允許燈光穿過的程度。

「凹凸貼圖(Bump Mapping)」：透過添加貼圖來設定材質的凹凸屬性。

「各向異性切線(Anisotropic Tangent)」：為鏡面反射各向異性著色指定一個自定義切線。

「紋理相關設定」

使用貼圖紋理的效果比僅僅使用單一顏色更直觀表現物體的真實質感，添加了紋理，物體表面會更加細膩、逼真、配合材質的反射、折射，凹凸等屬性的展現，可以使得渲染出來的場景更加真實和自然。Maya 的紋理類型主要包括「2D 紋理」、「3D 紋理」、「環境紋理」和「其他紋理」這4種，打開「材質編輯器(Hypershade)」面板，在其中的「創建」選項卡中，就可以看到 Maya 的這些紋理分類，如下圖所示：

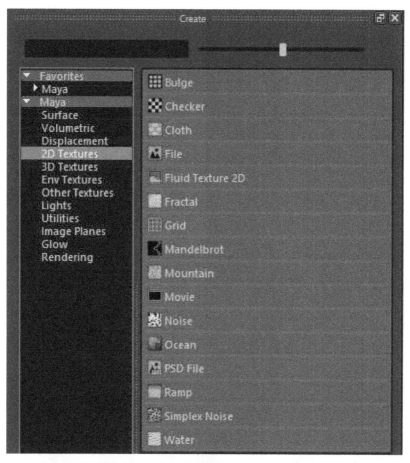

　　上圖就是預設的「材質編輯器(Hypershade)」程式左下方
的材質紋理的相關選項，上圖中的「2D 紋理(2D Textures)」、
「3D 紋理(3D Textures)」、「環境紋理(Env Textures)」及「其
他紋理(Other Textures)」就是創建物件紋理的選項選單。

　　各位使用者可以看到各種紋理選單內含的物件內容各有所
不同，而且由於書籍篇幅有限的關係及沒必要一一截圖貼圖示
範之下，所以以下書籍內容就如上材質介紹內容一樣，只介紹
各種紋理的頻道盒物件屬性設定資訊欄的相關設定內容就好，
不再一一截圖示範案例，因為那純粹是在佔用書籍篇幅而已。

「檔案紋理(File)」

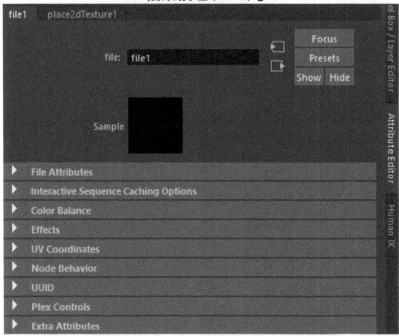

上圖為「檔案屬性(File Attributes)」屬性欄卷。

「過濾器類型(Filter Type)」：指渲染過程中應用於圖像檔案的采樣技術。

「預過濾(Pre Filter)」：用於校正已混淆的或者在不需要的區域中包含噪波的檔案紋理。

「預過濾半徑(Pre Filter Radius)」：確定過濾半徑的大小。

「圖像名稱(Image Name)」：「檔案」紋理使用的圖像檔案或影片檔案的名稱。

「重新載入(Reload)」按鈕：點擊該按鈕可強制刷新紋理。

「編輯(Edit)」按鈕：將啟動外部應用程式，以便能夠編輯紋理。

「查閱(View)」按鈕：將啟動外部應用程式，以便能夠查看紋理。

「UV 平舖模式(UV Tiling Mode)」：透過該下拉選單中的選項，設定貼圖的平舖紋理效果。

「使用圖像序列(Use Image Sequence)」：勾選該選項，可以使用連續的圖像序列來作為紋理貼圖使用。

「圖像編號(Image Number)」：設定序列圖像的編號。

「幕(幀)偏移(Frame Offset)」：設定偏移幕(幀)的數值。

「顏色空間(Color Space)」：用於指定圖像使用的輸入顏色空間。

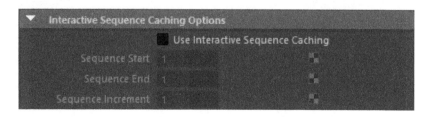

上圖為「交互式序列快取選項(Interactive Sequence Caching Options)」屬性欄卷。

「使用交互式序列快取(Use Interactive Sequence Caching)」：勾選該選項，可以執行紋理動畫的序列開始，結束和序列增量參數。

「序列開始(Sequence Start)」：設定載入到記憶體中的第一幕(幀)的編號。

「序列結束(Sequence End)」：設定載入到記憶體中的最後一幕(幀)的編號。

「序列增量(Sequence Increment)」：設定每間隔幾幕(幀)來載入圖像序列。

「棋盤格紋理(Checker)」

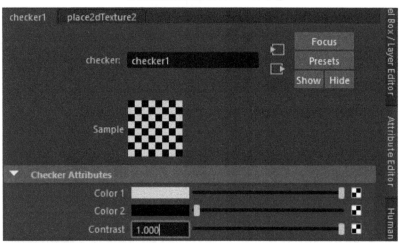

「顏色1/顏色2(Color 1/Color 2)」：用於分別設定「棋盤格」紋理的兩種不同顏色。

「對比度(Contrast)」：用於設定兩種顏色之間的對比程度。

「布料紋理(Cloth)」

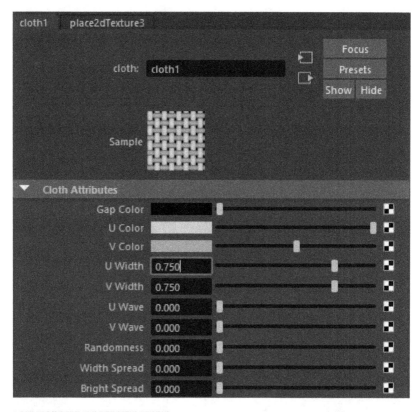

「間隙顏色(Gap Color)」：用於設定經線(U方向)和緯線(V方向)之間區域的顏色，較淺的「間隙顏色」常常用來模擬更軟、更透明的線織成的布料。

「U向顏色/V向顏色(U Color/V Color)」：設定U向和V向線顏色，雙點顏色條可以打開「顏色選擇器」，然後選擇使用顏色。

「U向寬度/V向寬度(U Width/V Width)」：用於設定U向和V向線寬度，如果線寬度為1，則絲線相接觸，間隙為零，如果線寬度為0，則絲線將消失，寬度范圍為0到1，預設值為0.75。

「U向波/V向波(U Wave/V Wave)」：設定U向和V向線的波紋，用於創建特殊的編織效果，范圍為0到0.5，預設值為0。

「隨機度(Randomness)」：用於設定在 U 方向和 V 方向的隨機塗抹紋理程度，調整「隨機度」值，可以用不規則絲線創建看起來很自然的布料，也可以避免在非常精細的布料紋理上出現鋸齒和雲紋圖案。

「寬度擴散(Width Spread)」：用來設定沿著每條線的長度隨機化線的寬度。

「亮度擴散(Bright Spread)」：用來設定沿著每條線的長度隨機化線的亮度。

「大理石紋理(Marble)」

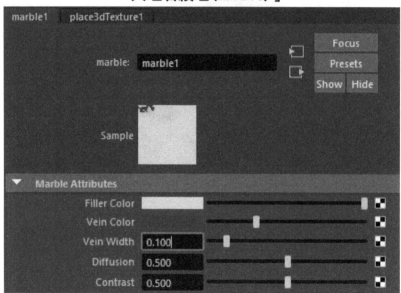

「填充顏色(Filler Color)」：設定大理石主要色彩。

「脈絡顏色(Vein Color)」：設定大理石紋理的色彩。

「脈絡寬度(Vein Width)」：設定大理石上花紋紋理的寬度。

「擴散(Diffusion)」：控制脈絡顏色和填充顏色的混合程度。

「對比度(Contrast)」：設定脈絡顏色和填充顏色之間的對比程度。

「木材紋理（Wood）」

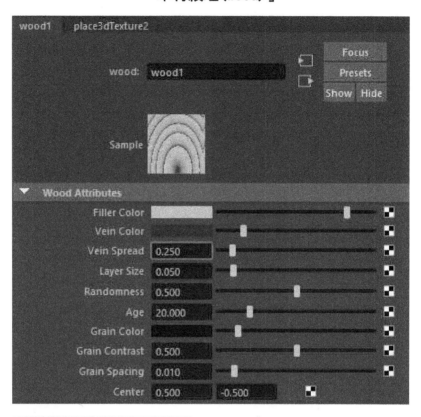

「填充顏色(Filler Color)」：紋理之間間距的顏色。

「脈絡顏色(Vein Color)」：設定木材的脈絡顏色。

「紋理擴散(Vein Spread)」：漫反射到填充巫色中的脈絡顏色數量。

「階層大小(Layer Size)」：每個階層或環形的平均厚度。

「隨機度(Randomness)」：隨機化各個階層或環形的厚度。

「年齡(Age)」：木材的年齡（以年為單位），該值確定紋理中的階層或環形總數，並影響中間層和外層的相對厚度。

「顆粒顏色(Grain Color)」：木材中隨機顆粒的顏色。

「顆粒對比度(Grain Color)」：控制漫反射到周圍木材顏色的「顆粒顏色」量，范圍從0到1，預設值為1。

「顆粒間距(Grain Spacing)」：顆粒斑點之間的平均距離。

「中心(Center)」：紋理的同心環中心在 U 和 V 方向的位置，范圍從-1到2，預設值為0.5和-0.5。

　　以上就是我個人在本章內容中所了解到的部份知識，很遺憾的沒有辦法來個全方位的詳細系統性教學舉例截圖，我不這麼做的原因正如我之前說過的那樣，這種功能屬性數值的頻繁變動調校，然後一一截圖說明除了佔用浪費篇幅之外，沒有什麼太大的教學意義。

　　想要深入學習精深 Maya 應用軟體所有功能的話，使用者還是得需要自己去一一實驗校調測試，看看各種屬性功能值的變化使用所能形成的不同影像結果，這些事情是需要不短時間的日積月累實際上機作業經驗的操練，才可能真正砥礪磨練養成出來的個人 Maya 使用經驗及技藝修為，而且是無法靠著一本薄薄的入門指南書籍引領，而完全能夠省略掉的技藝淬煉行為，所以各位使用者還是老老實實的花時間去一一了解使用，別妄想可以很輕易的一步登天到達技藝的巔峰。

　　最後我要說的是別太在意「材質的名稱」，因為那些名字都取得非常的隨性，並不完全符合表面所稱呼的名稱一樣，而且名稱也不一定有什麼意義，況且 Maya 軟體還有各式各樣的外掛附件軟體程式，可以加強選擇材質及增加各種細部的功能的匯入選擇，總而言之 Maya 是一套有很龐大資源支援的3D 繪圖軟體，並不是你只需要精通一套 Maya 主程式就能暢遊3D 動畫繪圖界，像我們之前拆模型 UV 的時候上色 UV 使用到了 Adobe 的 Photoshop 程式，因此大家或許可以了解 Maya 只是一套大廳軟體類型的應用軟體而已。

　　它本身除了不斷在更新進步改善之外，也可以外掛匯入許許多多各式個樣的插件軟體(Plug Ins)，可以加強 Maya 各方面

的其他功能的發揮，因此本書只能教學 Maya2023擁有內附及我們所需要了解的3D 電影動畫繪圖相關工作，並不可能一一仔細詳實的介紹解說，我相信如果真有這樣一本教學書的話，那肯定需要彩色列印，甚至比全國電話簿還要厚，而且經驗之類的分享可能寫也寫不完，因此取捨之下老孤就只能寫大綱入門指南這種基礎入門書籍。

畢竟我個人覺得引進門的第一步最為重要，至於以後讀者所能達成的境界功夫，我只能說「師父引進門、修行在個人」，沒有人真的可以一個人完成一整套看得過眼的3D 電影動畫繪圖的全部後製工作，那至少得是一個小小的影音工作室團隊，而且 Maya 這套軟體並不太可能一個人完成全部多媒體影音3D 動畫音樂的製作。

（所以一套 Maya 軟體的完全精通使用，可以媲美一整個電影製作公司的全部工作人員，一個人搞定這方面全部的作業，絕對會搞死人不嚐命，操累搾乾死你）

因此在這種厚度的書籍上我只能善盡一個索引者（Indexer）的角色要求，以一種鳥瞰式的大綱教學方式引領讀者們入門上機學會操作，至於未來能夠精深到什麼程度的功夫，完全需要使用者自己花時間去研究經歷使用，我也不可能一步一步的牽著你的手慢慢教導，總有一天你需要自己站在業界的尖峰，拓荒出自己的專業技術領域，才不枉我寫這一本入門大綱教學索引指南。

「綁定作業(Rigging)」

「綁定作業(F3鍵)」是製作動態化模型必須熟悉、熟練的一項製作工作,透過 Maya 提供的各種綁定作業選單或工具架提供的功能,可以使我們建構出來的各種模型,能夠依照我們的需求或意願而擺弄活動起來,是一項建立骨骼骨架與 IK 控制柄連接模型表皮之間的相對應影響而變化的因果倫理關係,也是生物活動模型動畫一項關鍵性的製作工作。(「綁定」一詞早期馬雅翻譯成「裝備」)

綁定作業首先需要替你所繪製建構的模型創建製造骨骼關節及骨架(包含想要讓模型活動部位全部的關節與骨骼),然後依據我們的需要讓綁定骨架後的模型擺弄出各種姿勢動作,再對各部位或活動的姿態所產生的各種模型變化進行接下來「蒙皮」工作的作業功能。

所謂的「蒙皮」工作,就是使用 Maya 提供的各種選單功能將表皮模型與我們建立的物件模型骨架建立連結,規範制作表皮權重影響範圍(相當於筋、肌肉與神經的模擬),或限制骨架關節活動及連帶與表皮之間的各種相對應的變形變化關係,這個步驟的作業我們俗稱為「蒙皮」。(為模型各種姿勢與動作,建立影響表皮模型之間變化的關係就叫蒙皮)

根據一些有製作動畫經驗的專業從業人士的建議是說:「剛開始學習製作動畫的時候,儘量不要製作精確度太高的模型(模型網格過細),以免綁定作業太過複雜難搞而花費太多不必要的時間在蒙皮作業上。」,等到自己 Maya 軟體使用能力夠強之後,才來開始製作高精細度的模型動畫。

骨骼架子綁定蒙皮之後活動的方式分別稱做 FK 及 IK,FK

是所謂的「正向運動學(例如：肩部關節的活動帶動上臂與肘關節及下臂與腕關節的活動，這就是一種由上到下的連動關係，這就叫做 FK)」與 IK「反向運動學(例如：製作模型去拿東西的動作，啟動模型活動的節點是那個東西，反向影響我們的骨架運動去牽就完成這個動作，這種方式就叫 IK)」，最後我們要做的就是 FK 與 IK 融合的全方位骨架綁定作業的完成。

「Maya 預設可以讀取出來應用的模型」

　　Maya 程式本身就有準備一些粗略的預設建構模型，讓使用者不必經歷「建構模型」這一個不輕鬆的工作步驟來練習 Maya 軟體除了建構模型以外的功能，因此使用者可以自行讀取 Maya 預先準備好的的模型，來練習除了建構模型以外的種種專業工作功能，這些 Maya 提供的預設元件就在「視窗>內容瀏覽器 (Windows > Content Browser)」功能之內，就等著你來啟動。

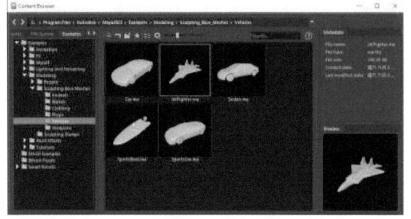

　　如上圖所示，內容瀏覽器並非只有上圖東西的內容而已，使用者可以將上圖左邊所有資料夾都瀏覽一下，會發現不少好東西。

　　由於本書就專門講解一個「白藍外星人」的示範製作而已，所以如下圖所示，我們先使用物件選擇的工具將整個「白藍外星人(除眼睛外)」的模型部位給圈選起來，使用「網格 > 結合(Mesh > Combine)」合併為一個模型物件，以方便接下來的

「綁定作業(Rigging)」的各種功能範例教學。

　　下圖就是我們 Maya 工具架上提供的各種綁定功能圖示。

「建立骨架」

左圖就是 Maya 綁定工具架上提供的建立關節的功能圖示，這個選單功能整合在「骨架 > 創建關節 (Skeleton > Creat Joints)」裡面，使用者也可以在工作面板上的工具架中直接選擇使用這個圖示，下面二圖就是功能的使用方式示範，左下圖是直接在四視圖中工作面板上點擊滑鼠左鍵使用建立關節的功能，然後在下一個關節點上點擊滑鼠左鍵建立另一個關節位置，或如右下圖直接按滑鼠右鍵結束創鍵關節的功能動作。

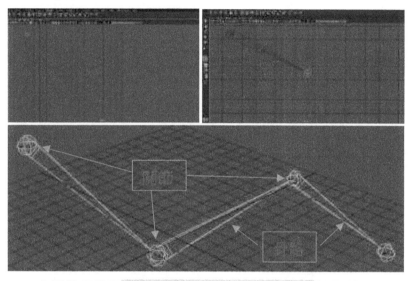

上圖就是使用「創建關節(Create Joints)」點擊而出的範例骨架圖(由頭到尾是從左上到右下連點3次滑鼠左鍵及最後結束創建關節點使用滑鼠右鍵結束創建關節的功能動作)。當然上面諸圖只是一個功能使用範例。

現在的 Maya 已經不需要這麼手工動作慢慢建立全模型的骨架，一般來說如果你構建出來的人物模型是標準方式，也就是定位點是在地面網格原點之上的 T 型人物模型姿勢的話，可以使用右 邊圖示「快速綁定(Quick Rig)」的功能，或自己在綁定選單集

中，點選使用選單功能「骨架 > 快速綁定(Skeleton > Quick Rig)」的選項來快速完成自動綁定的功能(※：使用自動綁定的功能會造成一些無法自動回到上一步驟的功能使用，所以使用自動綁定功能之前，建議使用者先儲存檔案，不然到時候的回復原貌的功能步驟對初學者來說可能有點複雜)，Maya 就會自動跳出一個被整合進 Maya 的綁定應用程式視窗，如下圖所示：

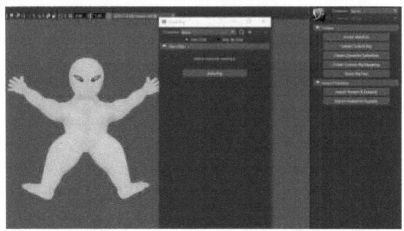

　　如上圖所示，使用快速綁定功能就會彈出一個選單視窗，而這個視窗有為骨架命名的功能(目前叫 None)及二大項主要功能的選擇一鍵綁定(One-Click)跟分步驟綁定(Step-By-Step)，二大項功能可以選，甚至圖示最右邊還有 Human IK 外掛應用程式它的個別步驟選單功能的選擇使用視窗。

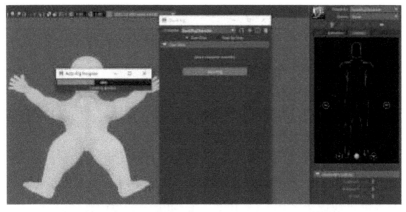

　　上圖就是我點選「白藍外星人(不含眼睛)」的模型之後，

點選中間選單最下方那個「自動綁定(Auto-Rig)」按鍵，Maya
程式的出現讀取載入進度條，等一會兒之後它就會全自動幫你
執行全身骨架的綁定功能設定。不過要使用完全自動無誤的快
速綁定功能是有很大的使用限制(例如：構建人物模型要有一個
設定的部位比例，而且定位點要構建在地面參考網格之上，甚

至人物模型要呈現完美標準 T 型
姿勢，就算如此關節自動定位通
常也都不會完全在準確位置
上)，才可能真正完美無缺的自
動完成綁定全部骨架及蒙皮的相
關工作。

　　左圖及上圖就是刪除剛才自
動綁定所造成的影響相關動作，
上圖中全身模型的頻道盒內的
X、Y、Z 三軸的移動、旋轉、縮
放屬性資料，都被自動綁定功能
給鎖定住了，所以上圖就是滑鼠
左鍵點選物件模型屬性資料欄之
後用滑鼠右鍵呼叫出功能選單，
解鎖圈選那9個資訊欄資料。

　　而左圖是自動綁定的功能在
我們的「大綱視圖」之中自動生

成的3項「綁定作業」生出的骨架結構及 FK/IK 相關的資料物件，我們也是需要點選之後使用刪除功能給刪掉選擇，完成這些工作才能真正的回復「自動綁定」之前的場景模型狀態。

　　而我們所構建出的「白藍外星人」並不能滿足這些嚴苛至極的建模條件，因此就出現下圖這種有瑕疵不完整的「自動綁定(Auto-Rig)」的功能完成視窗。（上半身沒有骨骼而下半身被

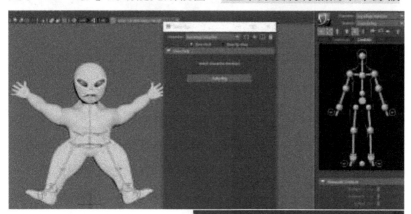

誤判成上半身）

　　因此在「白藍外星人」這個模型範例之下，我們只能採取「分步式綁定(Step-By-Step)」功能選項來搞定我們模型骨架的全身綁定作業，以上只是示範如何使用「自動綁定」功能。

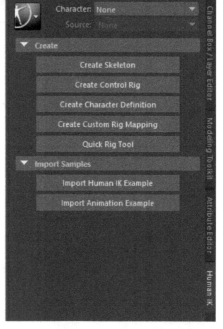

　　左圖功能是呼叫使用被 Maya 程式給整合進 Maya 的 Human IK 外掛應用

程式，使用者可以直接點選「綁定工具架」上的圖示使用，或者自行開啟「綁定選單集(F3鍵)下的骨架選單內的 Human IK 功能(Skeleton > Human IK)」，上頁右下圖就是會在頻道盒(Channel Box)會出現的 Human IK 應用程式功能標籤(Tab)。

Quick Rig Tool　　　　左方圖示就是在 Human IK 標籤上的「快速綁定工具(Quick Rig Tool)」按鈕，點擊之後就會出現剛才那個快自動綁定功能視窗(如右下圖所示)。

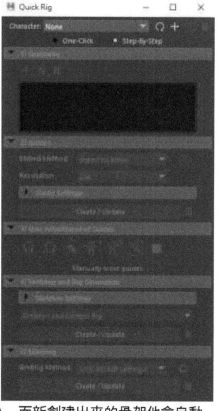

右圖就是「快速綁定工具(Quick Rig Tool)」呼叫出來的應用程式功能視窗，只不過這次我們不再使用「一鍵綁定(One-Click)」的功能，反而點選另外一項「分步式綁定(Step-By-Step)」選項，就會彈出右方圖示的詳細選項視窗，不要覺得複雜，其實這個視窗功能很好理解。

首先我們必需為我們新增骨架，所以我們手動點擊視窗內最上方的「＋」號功能(在「分步式(Step-By-Step)」選項之上的＋號圖示)，而新創建出來的骨架他會自動命名(之前顯示名稱是 None)，如下圖所示一樣，我們為模型新增創建骨架之後，它除了會自動幫你命名之外，還會開啟創建骨架功能視窗上的所有細項步驟功能，正式進式新增創建骨架

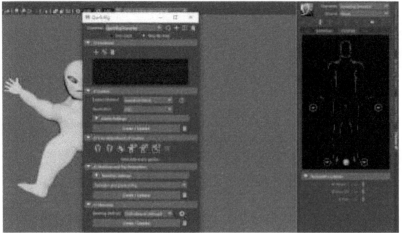

的各種分步式自動偵測設定。（由上到下一步接一步的設定）

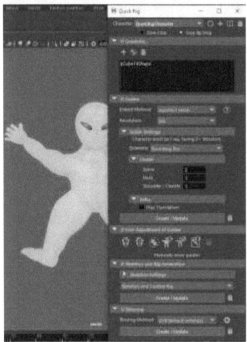

再來如同左圖所示，在「分步式(Step-By-Step)」之下的文字框內，我們必須新增選定我們要自動偵測並且掃描，然後創建各個關節的模型物件。

因此我們點擊選擇「白藍外星人」的身體模型之後(不含眼睛模型)，點擊文字框上的「＋」號功能，這個功能視窗就會自動去擷取 Maya 軟體之內，你的全身表皮模型(不含眼睛)合成之後的模型物件名稱，並且自動填入視窗文字框功能之內，你就會看到它在 Maya 軟體裡面的命名標籤(Tab)，而文字框底下的各種功能選項，通常不用太過細緻的去了解功能，使用預設的功能設定通常大概都是最好的選擇。

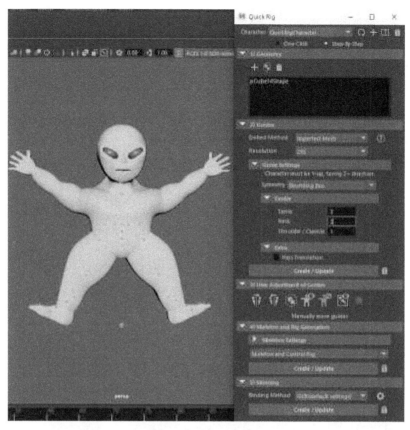

　　如上圖所示，這就是我們修改創建骨架第2步內的脖子關節
數為2之後，按下第2步驟視窗選項最後的「創建/更新
(Create/Update)」功能之後（必須等一會，跟一鍵自動生成骨
架一樣久）。

　　我們來稍微介紹一下圖上那個功能視窗的設定，其實基本
上我們都只需要使用預設的設定即可，唯一比較需要注意的地
方是我們剛才修改生成球關節數的3項功能名稱，第一項設定是
「脊椎(Spine)球關節數」、第二項設定是「脖子(Neck)球關節
數」、第三項設定是「肩/鎖骨(Shoulder/Clavicle)球關節
數」，上圖模型中的綠色高亮點，就是自動偵測產生的關節點，
跟一鍵綁定功能一樣，自動掃描偵測產生的各個球關節有誤

判，所以我們可能必須採用 Human IK 應用程式提供的另外一種方式來建立骨架，以及製作 FK/IK(正反向運動學)的蒙皮工作。

由於 Maya 提供的回到上一步驟功能可能無法回復之前的工作狀態，所以我們必需按照之前一鍵綁定那個時候所教的手動刪除回復狀態的動作，刪除自動生成關節點的相關功能，或者直接呼叫生成骨架綁定工作之前的儲存檔案來重新創建骨架。

重新點擊使用左圖綁定作業工具架上的圖示功能，或者自行開啟「綁定選單集(F3鍵)下的骨架選單內的 Human IK 功能 (Skeleton > Human IK)」，呼叫出頻道盒 (Channel Box)上右圖所示的 Human IK 應用程式的標籤功能選項。

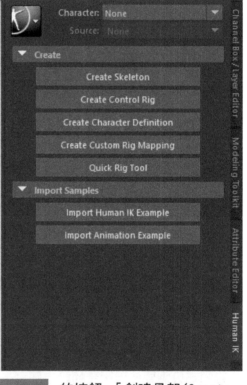

採取 Human IK 程式提供的手動建立骨架的功能，點選下圖所示

Create Skeleton 的按鈕，「創建骨架(Create Skeleton)」的功能，創建出一副 Human IK 程式預設設定生成的骨架標本，來做手動建立骨架的種種設定工作。

如下圖所示，這就是我們點選「創建骨架(Create Skeleton)」功能按鈕之後會自動生成的畫面截圖：

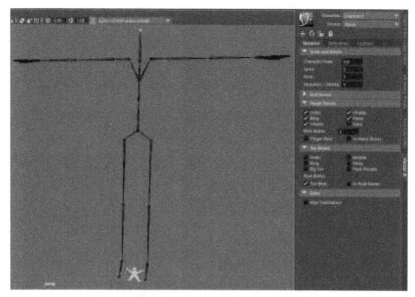

　　Human IK 程式預設設定生成的骨架太大，所以我們得自己調整 Human IK 骨架「人物縮放(Character Scale)」屬性欄裡的資料，以利我們建立符合我們「白藍外星人」的骨架。

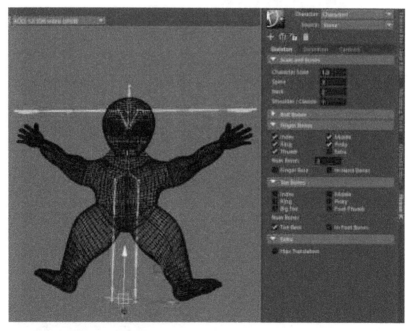

　　在設定了4～5次 Human IK 中的「人物骨架縮放(Character

Scale)」欄位資料為0.1之後（這個數值可以填0.1～1.9來做整
體大小的縮放功能，每次縮放骨架之後，它都會重新設定成
1.0），終於把預設的骨骼架子縮小到如上圖所示，接近符合我
們「白藍外星人」表皮模型的骨架大小，方便接下來的作業。
（當然你也可以反過來選擇放大你的表皮模型物件來牽就預設自
動骨架的大小，從而完成綁定設定骨架的步驟）

　　如右圖所示，首先我們先切
換到正視圖(Fornt View)工作面
板，方便移動調整腰部骨盆位置
的球關節位置，個人建議使用者
將這個關節點定位在肚臍的位
置，如右圖所示的那樣。

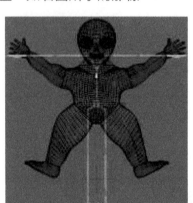

　　如左圖所示，接下來我們
在正視圖中，移動調整左大腿
骨根部的關節點位置，把它擺
放定位在正確的位置上。（儘量
將關節點定位設定在表皮模型
的正中央處）

　　如右圖所示，再來我們移
動調整左腿膝蓋處的關節點。
（儘量將關節點定位設定在表皮
模型的正中間處）

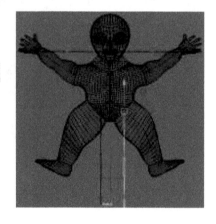

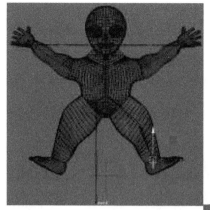

如左圖所示，再來我們移動調整左腳腳踝位置處的關節點。（儘量將關節點定位設定在表皮模型的正中間位置）

如下圖所示，最後我們移動調整左腳腳掌位置處的關節點（儘量將關節點定位設定在

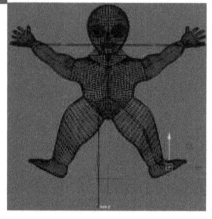

表皮模型的正中間位置），完成我們「白藍外星人」正視圖中的左腳所有的關節點設置。

或許有些讀者會問？！左腳整隻腳的關節位置設定完成之後，右腳又該如何設定，難道也是像左腳這樣一個個關節點調整嗎？！左上小圖圖示的功能就是 Human

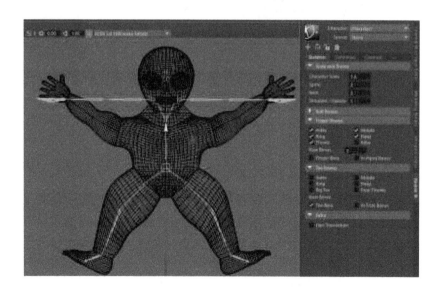

IK 標籤功能提供的「鏡像匹配」功能，使用者點擊之後可以自動幫你完成右腳整隻腿的關節位置調整，最終正視圖工作面板上的骨架模型移動調整，就會如同上頁最後截圖所示那樣。

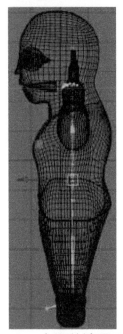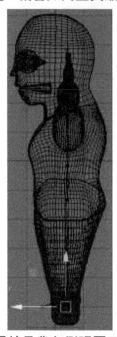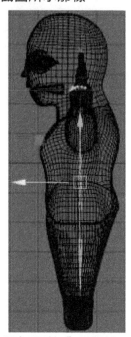

　　上面的連環三截圖就是我在側視圖工作面板調整「白藍外星人」骨架下半身關節點的連續截圖圖示，骨架移動調整原則如同先前的正視圖關節調整一樣，只要使用者耐心完成側視圖中的左腳上的所有關節點之後，再點擊右方小圖示上的「鏡像匹配」功能則整個「白藍外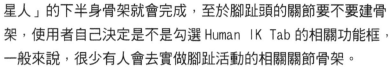星人」的下半身骨架就會完成，至於腳趾頭的關節要不要建骨架，使用者自己決定是不是勾選 Human IK Tab 的相關功能框，一般來說，很少有人會去實做腳趾活動的相關關節骨架。

　　下頁開始的各種連環截圖就是「白藍外星人」上半身、手部及頭部的各關節點的移動與調整，就不再詳細說明它的作業方式了，因為跟之前的下半身關節骨架調整方式一模一樣，只是手部及手掌位置的關節骨架可能需要旋轉個90度，與表皮模

型保持相同的角度才比較容易完成骨架各個關節的位置調整。

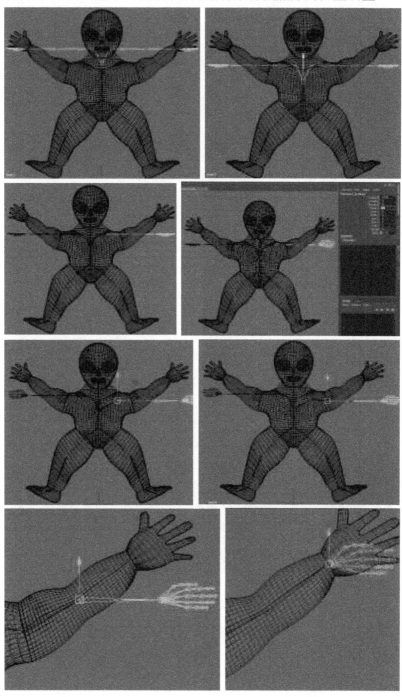

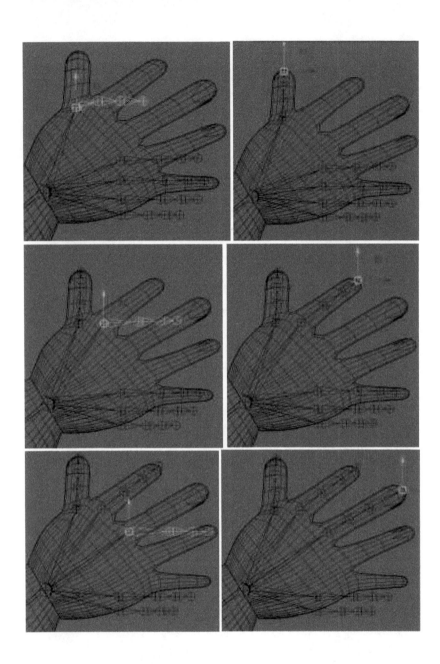

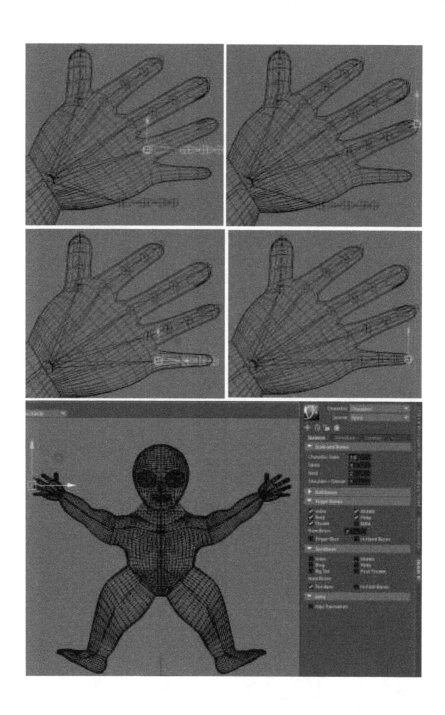

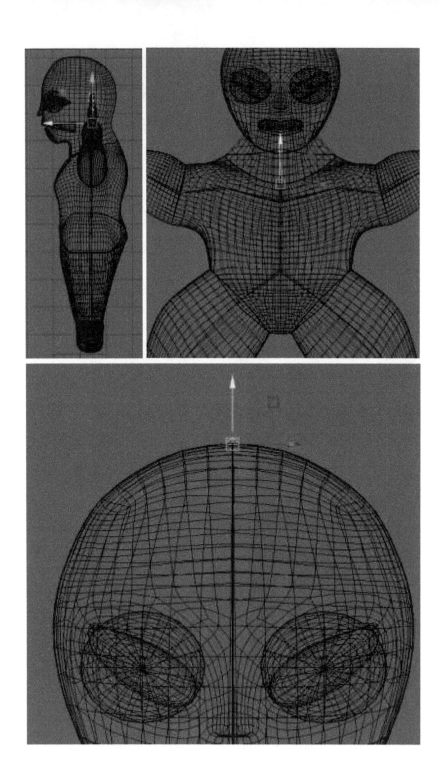

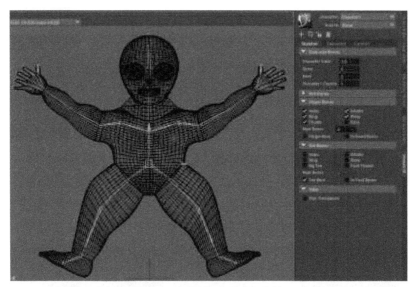

　　連續幾頁連環圖所示的移動或旋轉調整骨架的骨骼與關節位置之後，我們最終會得出一個如上圖所示自己滿意的完全骨架設定，這個時候我就要使用左下圖「Human IK 應用程式」標籤視窗上的鎖定功能來鎖定骨架以防不小心再度改變骨架。

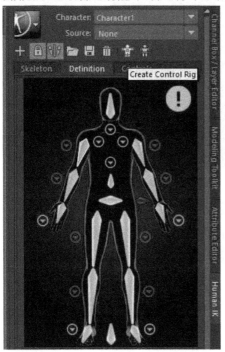

我們點選左圖上的功能列上的右圖「鎖頭」圖示，以鎖定骨架的相關設定，以防不小心改變到骨骼與關節的數據及位置。（如果要改變目前骨骼與關節的相關設定，使用者必需再點擊一次鎖頭圖示以解鎖設定）

　　下圖就是鎖定之後 Human IK 應用程式狀態列

在鎖定之時會呈現的功能列狀態顯示。

 左圖就是狀態列上的功能圖示「創建控制綁定 (Create Contral Rig)」的代表圖，鎖定完骨架設定之後就點選這個功能小圖示，這樣 Human IK 程式就會自動幫你綁定骨架並且創作出骨架所有的FK/IK功能。

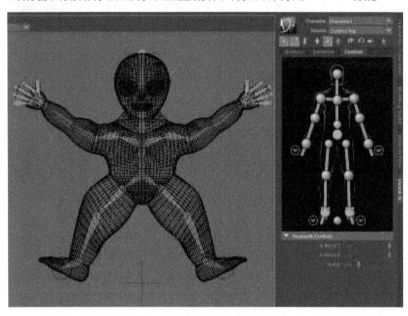

　　上面的截圖就是剛才那些步驟如果順利完成會呈現的狀態，其中上圖模型中的土黃色骨架並不是我們原先的骨架而是FK(正向運動學)，而暗紅色的圓環則是 IK(反向運動學)，而我們創建的骨骼並沒有顯示出來，這些顯示功能的切換都可以在Human IK 應用程式骨架縮圖上的狀態列中來選擇使用，仔細操控骨架的FK/IK試試看骨架的姿勢正不正常，有沒有違和感？如果沒問題的話我們就要進入下一個「蒙皮」動作的步驟了。

「蒙皮（骨架連結皮膚）」

　　所謂的「蒙皮」工作，就是將模型的骨架與皮膚合而為一建立連結關係的步驟，蒙皮功能使用完畢並成功之後，再來就是操控模型的各種 FK/IK 功能讓模型擺出各種姿勢動態，仔細觀察模型的各種動態下的外觀顯示，如果不滿意就使用「綁定選單集（F3鍵）」的「變形（Deform）」與「約束（Constrain）」功能選單提供的功能，一點一滴的修正改善直到完全滿意為止。

　　這方面的調整工作會很花費時間來做全方位的調整工作（不熟的話），而且可能需要使用到「動畫製作（F4鍵）」選單集的功能，因此本章節不講「變形（Deform）」與「約束（Constrain）」選單功能，留待動畫章節再來詳細解說，而且那也不是三言兩語就能解釋清楚的，因此請讀者自行參閱 Autodesk 的線上說明書來學習與精深，以完全學習本書遺漏示範之處。

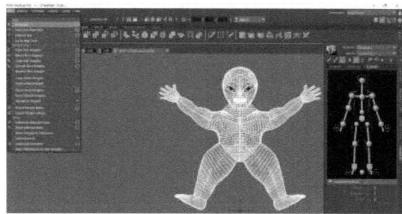

　　如上圖所示執行蒙皮工作之前，請先選擇要「蒙皮」的骨架與表皮模型，骨架選擇腰骨盆的關節點就可以全選骨架了，而加選表皮模型應該不用教學了吧（眼睛不加入蒙皮工作），然後使用「綁定選單集（F3鍵）」下的「皮膚 > 綁定皮膚 > □（Skin > Bind Skin > □）」的詳細功能視窗，Maya 就會彈出下面這個截圖選單以供使用者決定「蒙皮」的各項細部設定。

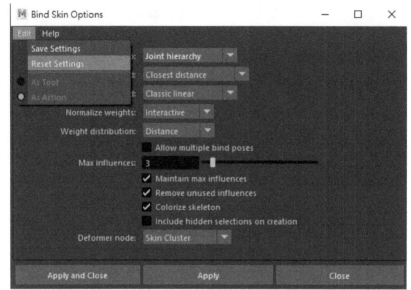

如上圖所示，我們一如既往在使用詳細功能選單表之前最好都回復一下預設值，所以上圖就是重置回復預設功能的圖。

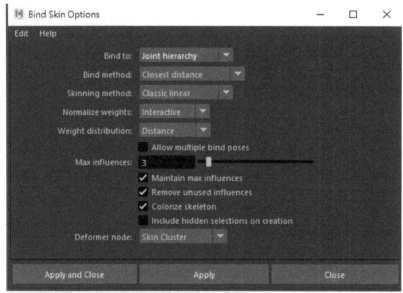

再來使用者如果不太清楚這些「蒙皮」工作英文細項選擇功能是在做什麼東東的建議一般情況下你依照上圖的選擇及設定來設就好，設定好之後選擇畫面左下角的「套用並且關閉（Apply and Close）」的功能，完成蒙皮工作。

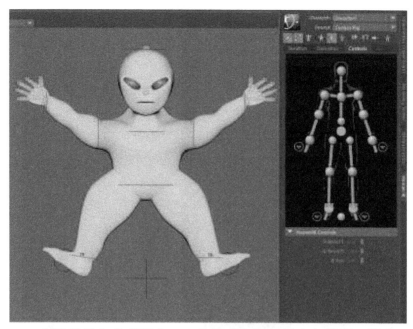

　　上圖就是完成「蒙皮」工作的「白藍外星人」模型，圖上所顯示的 IK 控制柄就是讓我們調整模型的「變形與約束」之用，以完善整個模型的各動姿勢與動態，這方面的說明在「蒙皮」工作開始之前就有說過，留待到下一個動畫製作章節再統一解說教學，否則就過於吹毛求疵追究小細節而忘了大方向的整理寫作意義。

　　畢竟本書還沒講到如何製作「動畫 (Animation)」的章節，就開始教學需要使用動畫時間軸功能或動畫的觀念來實行的學習功用，很容易搞混由淺到深的教學步調，因此我們留待開講動畫製作功能的時候，再來詳細解說本章節未曾完善講解的「蒙皮模型檢測調整功能」

「蒙皮與皮膚權重調整控制」

　　其實所謂的「皮膚權重調整」就是類似對模型的「筋肌肉神經」活動連帶性影響表皮範圍正常化之類的相關控制製作，接下來我們將利用調整模型皮膚權重的方式來調整模型的預設

姿勢，讓「白藍外星人」呈現一般我們建構模型會固定建構的「T字模型」站姿，而讓「白藍外星人」呈現建模預設會呈現的站姿時，可能模型會因 FK/IK 的控制變化而呈現表皮違和感，那時我們將利用「綁定選單集(F3鍵)」，提供的各種選單功能來讓蒙皮過的模型能夠正常變化而不產生任何違和怪異感。

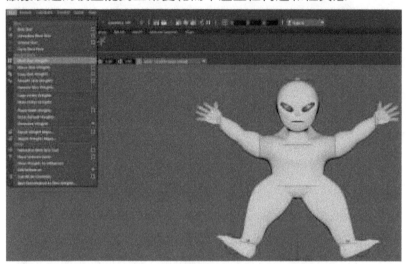

「皮膚>繪畫皮膚權重>□(Skin > Paint Skin Weights >□)」

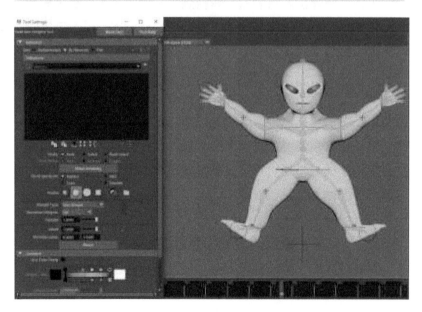

如上二圖所示，我們首先讓我們的模型能夠呈現 FK/IK 的形象顯示以方便選擇編輯功能，來做我們的「皮膚權重」影響繪畫調整，這一項工作細膩而全面，所以我們需要細心及耐心沉住氣的一個個仔細的調整。

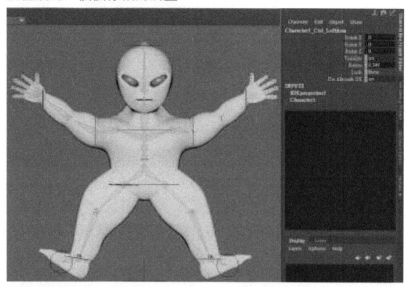

如上圖所示我們先選擇模型的左手 FK 準備旋轉90度的部位。

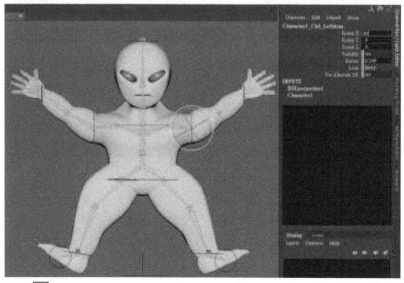

按下 E 鍵功能，並在頻道盒內填入旋轉 X 90度的功能。

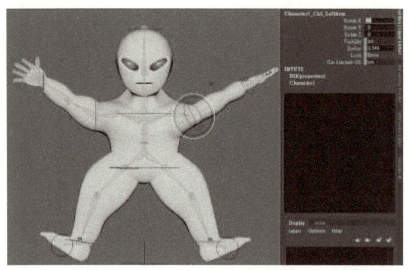

　　如上圖所示，我們左手臂旋轉 X 方向90度之後產生的模型變化，可以看到左手臂腋下的位置有一點怪怪的違和感，這時候我們就要回復上一步動作，並且調整皮膚權重影響功能。

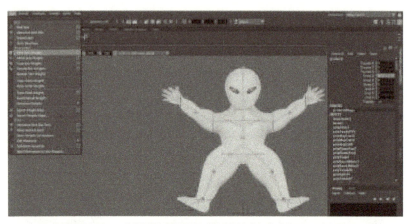

　　如上圖所示，我們點擊選擇模型的外皮部份，並且開啟「皮膚>繪畫皮膚權重>□(Skin > Paint Skin Weights > □)」，功能以呼叫 Maya 提供的「繪畫皮膚權重工具」。

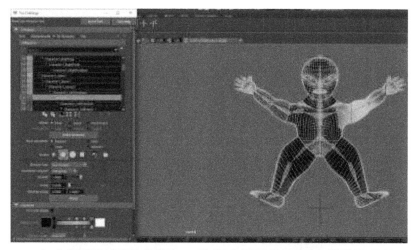

　　如上圖所示那樣我們在工具程式裡面找到剛才僅僅只是旋轉動作而產生違和感的部位設定，看到圖上的黑白顏色了嗎？愈白的地方表示權重愈重，也就是變形會產生表皮影響比較重的地方，因此我們終於找到剛才旋轉 X 90度之後，左手腕下會有皮膚變得有怪怪的違和感，因此我們需要透過調整設定「繪畫皮膚權重工具」內的選項，將發白的地方給塗黑，讓我們的模型變形之後，影響到的皮膚範圍比較正常一點而不是預設這麼大的影響範圍，產生各式各樣的怪異違和感。（當然如果你不喜歡黑白顏色的分佈顯示方式，你也可以設定為其他色彩表示的方式，勾選□Use Color Ramp 這個工具選單上的選項就好）

　　下頁全圖就是我們「繪畫皮膚權重工具」的預設設定功能選單圖，一般來說我們只需要選擇預設的選項功能就會，如果你要塗黑上圖那張左手臂影響權重的話，你就按照下頁那張那樣設定即可，使用工具所提供的筆刷圓圈將上圖影響範圍太大的白色區域給360度塗黑，這樣待會的左手臂旋轉 X 90度就不會影響我們「白藍外星人」太多的皮膚範圍，造成不可抹滅的變形違和感，然讓我的各項模型變形工作更加的有真實感。（所以說其實皮膚權重影響幾乎等於「筋肌肉神經」的分佈繪製，這項工作會影響我們的模型表皮呈現顯示）。

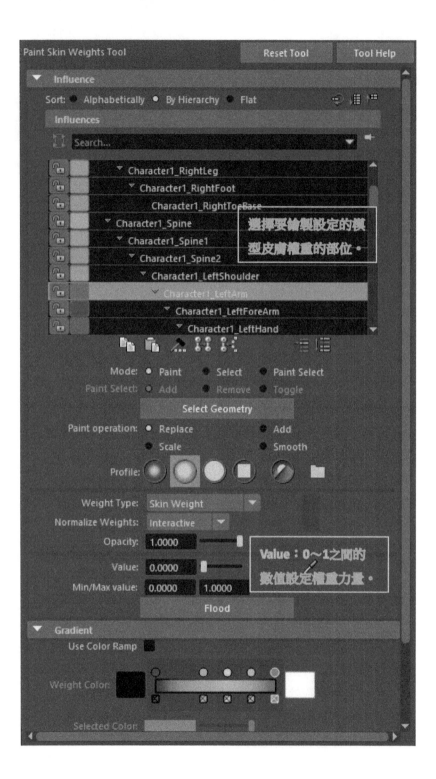

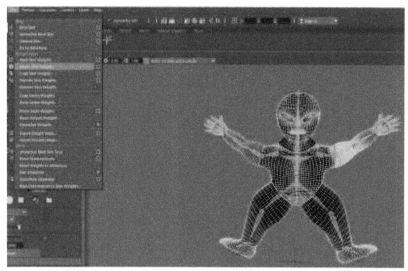

　上圖就是我們粗略的繪畫「皮膚權重」之後的權重顏色分佈,但是我們的模型有兩條手臂,因此我們可以使用綁定選單集裡「皮膚>鏡射皮膚權重(Skin > Mirror Skin Weights)」的功能,幫我們連另外的一隻手臂也給完成繪畫皮膚權重分佈。

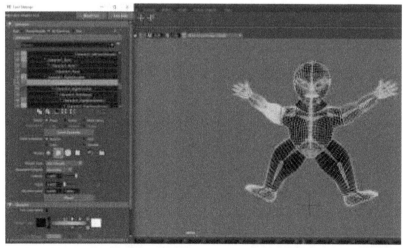

　上圖就是我們完成「鏡射皮膚權重」之後的程式截圖,大家可以看到,圖上我們的模型右手臂跟上一圖的左手臂一樣,完成了一模一樣的皮膚權重顏色的繪製,不用我們手工再重做一次剛才的塗黑繪圖工作。

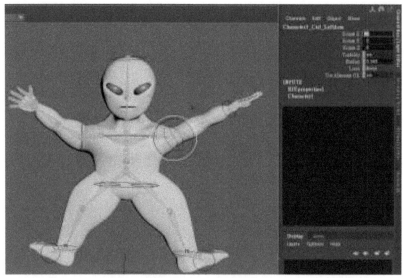

　　上圖就是我們調整後的左手臂旋轉 X 方向90度後的截圖，大家可以看到，左手臂腋下剛才旋轉產生的怪異皮膚顯示變得比較正常了，這就是我們皮膚權重的調整處理方式，接下來我們就是要完成「白藍外星人」全身各種運動狀態下，模型都不會產生怪異違和感的變形皮膚權重調整，所以不加贅述那一項項重覆的上述動作，直接截圖最後完成的「T字形」模型，下圖就是我最後調整完成圖，因為還不完全了解 Maya 綁定功能集提供的「變形」及「約束」選單功能，所以暫時只能如此。

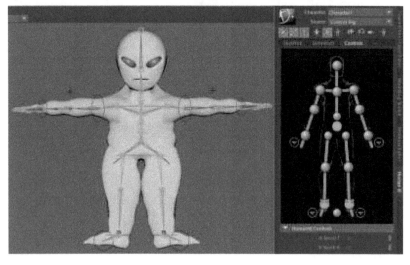

要將上圖的「白藍外星人」修正成比較沒有違和感的人物模型外觀，需要使用某些綁定選單集提供的變形器功能及約束選單功能的詳細調整步驟，甚至還需要 Human IK 及全身皮膚權重分配的完善調整修飾工作，因此各位讀者這時應該能夠體會到「建構模型」這個基礎作業步驟的重要性了。

如果你建構模型的方式是按照大眾一般通用預設的「T 型正面站姿」來建構模型的話，往後的相關工作會比較容易展開，也比較容易使用一些自動偵測的應用外掛程式來幫你節省一些手動調整作業，因此「建構模型」這個基礎作業功夫的紮實及審慎細心製作的執行重要性就不言而喻了。

至於「綁定選單集」中提供的「變形」及「約束」選單相關功能，全部介紹完是不太現實的一種寫作行為，因為如果實際作業上沒有用上，就算我把 Maya2023 的功能解釋個底朝天都沒有什麼太大的實質意義，本書就是借著一個「白藍外星人」的專案場景製作實例，來順便講解 Maya2023 的功能使用及3D 顯示作業的入門指南書籍。

期待讀者從一本400多頁左右入門指南書籍之中，學全 Maya 的所有功能及應用，那是很不現實的一種奢望及妄想，所以我只能用最直白簡單的言語方式，去引導讀者習慣學會使用 Maya 解決各種3D 顯示作業的問題，隨著各位使用者的參與實作各種案例及光陰歲月的淬煉砥礪之後，慢慢深入接觸了解 Maya 各項功能的開發及使用，最終成為一個使用 Maya 軟體來從事各種3D 電腦電影動畫影音製作的專業人士。至於「變形」及「約束」選單的相關功能使用介紹，將在下一章節的「動畫製作」中加以說明及使用，當然也不可能真的面面俱到的詳細剖析，畢竟我也剛剛入門使用而已，而且也不一定會使用上那麼多功能，所以也無從舉例說明各種功能的全面應用方式。

「Maya 外掛綁定程式 Advanced Skeleton」

由於本章節的內容是我在寫作「動畫製作」最後一個範例時，發現 Maya2023系統內附的 Human IK 綁定程式的相關功能，不足以使用並輕鬆的製作動畫（或許可能是因為我太菜，還沒有摸透綁定作業的功能），所以特別加載寫作的補強內容用來做為「綁定作業」的壓箱底內容，請各位使用者多多關注此章節的內容，並且考慮使用這一款 Maya 外掛程式來執行「綁定作業」，以方便的面對將來相關後續「動畫製作」的工作。

有一款比 Maya 內附的 Human IK 綁定工具功能更加強大而且免費的外掛綁定程式，叫「Advanced Skeleton」目前出到5.865版，使用者可以上網搜尋「Advanced Skeleton」這個關鍵字就很容易可以搜尋到它的下載網頁主頁。（如下圖所示）

動畫工作室

 高級骨架下載

最新版本
AdvancedSkeleton 5.865.zip

舊版本
AdvancedSkeleton 5.862.zip
AdvancedSkeleton 5.860.zip

下圖就是下載回來的壓縮檔案包解壓縮之後的檔案內容，
暫時將視窗放在一旁並且執行開啟 Maya2023主程式。

　　進入 Maya 之後，再來就是使用 Maya2023程式工具架上的
「齒輪」圖示的選單功能，它就會出現如下方左圖所示選單提
供的相關功能，我們如下左圖所示的那樣選擇「創造新的工具
架功能(New Shelf)」。

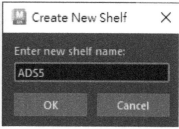

　　再來如右上圖所示的
那樣，為你的新工具架視
窗選單定義名稱，以用來
安裝並儲存將要使用的
「Advanced Skeleton 5」
外掛支援(Plug Ins)的版本程式。

　　然後如上圖所示那樣，直接使用 滑鼠左鍵 選擇拖曳安裝檔
案(Install)這個檔案進 Maya2023的主程式工具架視窗，你的新

命名工具架就會出來右上圖那4
個圖示的工具架功能選單，使用
者以後就可以在 Maya2023 裡面使

用「Advanced Skeleton 5.X」版本程式提供的相關功能了。
(個人建議使用者把 Advanced Skeleton 的壓縮包檔案，解壓縮
儲存放置在 Maya2023 底下的 plug-ins 的目錄資料夾之內)

「Advanced Skeleton 的功能使用」

　　不同於 Maya 程式內部所附的綁定工具程式 Human IK 完全
是屬於製作「人類骨架」的綁定之用，Advaned Skeleton 這個
工具不但綁定簡單還功能強大，不侷限在人類物種的骨架上可
用而已，它甚至包括其他非單純綁定人類之外的物種(也就是可
以綁定不止一個頭二隻手二隻腳的模型物件)，所以這才是我推
薦使用它來實施綁定作業的原因，適用的模型綁定功能物種範
圍比較廣泛而自動範例套用。(雖然並不是所有物種範例骨架模
型都有，但是比 Human IK 僅僅只適用於人類物種強多了)

　　這套綁定骨骼的程式比較自動，而且不像 Maya2023 內附的
Human IK 綁定程式那樣，還需要手動建立製作 FK/IK 並用之間
切換的手工設置功能，因此需要自己手動設定的作業會比較少
而且容易自動替你完成一些繁瑣的綁定工作。

　　　　　　　左圖所示就是呼叫出 Advanced Skeleton 應
　　　　　　用程式全功能設定選單的工具架上圖示，也就是
　　　　　　我們一般進行全方位綁定工作會進入的工具架程
式。(可惜我也沒有完全研究完所有的功能)

　　而右圖所示就是「面部表情」製作的骨架綁定
工具架應用程式的，如果想要製作更靈活多變的模
型面部表情，可能你還需要研究這個工具架上的程式。

左圖所示截圖就是右圖所示的 Advanced Skeleton 5.X 版綁定工具架應用程式圖示的啟動後所有提供的功能選單圖，而且為了最後製造動畫範例的工作來說，我們也不需要使用上所有的工能。

因此如果沒專業從事繁瑣模型綁定工作需要的需求下，這個工具程式我們也不可能每一項功能都示範使用一次，以導引使用者學會全部的功能。

畢竟全部功能學全了也沒什麼機會與用處用到全方位的綁定作業功能，除非你是一個專門從事模型綁定作業工作的專業人士，你才會有需要去完全了解它。

而本書只是一本用 Maya2023 來製作 3D 立體動畫的入門指南式書籍，旨在幫助完全空白的初學者，粗略了解並成為一個全方位快速介紹入門的「3D 通才」，以利讀者能夠獨立完成所有 3D 動畫的創造製作工作，至於讀者往後想要專門從事 3D 動畫製作的其中哪一項專業的深入研究工作，這個方面需要讀者自己去慢慢摸索及了解自己的興趣之後，才可能做出的個人自由選擇，我這個局外人也沒有任何置喙的餘地。

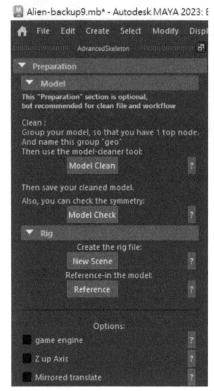

如左圖截圖所示的「準備 (Preparation)」選單功能總共擁有2項子選單功能，分別是「模型(Model)」子選單二項用來檢查使用者所建構的表皮物件模型，有沒有什麼不準確或沒做好的地方以供改進。

而第二子選單「綁定 (Rig)」功能提供的二個功能按鈕，分別就是「新開場景 (New Scene)」功能及呼叫模型物件「參考(Reference)」檔案功能，也就是我們準備用來讀取要進行綁定作業的功能（請使用這個功能讀取你要綁定的場景表皮模型檔案，這個功能會幫你建立一個層級的功能設定，方便你執行骨架綁定作業）。

再來如右圖所示，使用者進入「身體(Body)」功能選單的目錄功能選單內，使用「合身(Fit)」裡面的右圖中列表提供的骨架列表之後，選擇第一項正常人類骨架設定，然後按表列列表之後

的「匯入
（Import）」
功能，就會
出現右圖這
個右半邊人
類骨架的綁
定模型。（而
且位置鎖定
不能「移
動」及「旋
轉」，只能
「縮放」大
小來設定綁
定骨架的作
業）

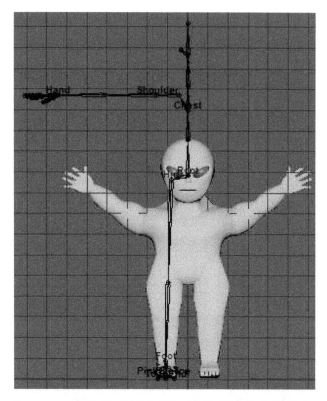

　　Advanced Skeleton 綁定程式提供的物種骨架列表內容的各
骨架，通通都只有「右半邊」的骨骼模型，就像之前使用
Maya2023 Human IK 綁定骨架作業一樣，我們只綁定半邊骨架，
另外半邊交給程式自動完成綁定作業。詳細的範例骨架調整符
合表皮模型內的工作，之前使用 Maya 提供的 Human IK 程式之
時就已經示範過一次，所以這裡就不再贅述。

　　另外使用者在調校骨架整體中心關節點（腰部骨盆）之時需
要先按一下 D 鍵鎖定目前範例骨架再移動調整關節節點，以免
範例骨架模型被你的調整動作所影響而無法進行關節位置調
整，Advanced Skeleton 跟 Human IK 調適骨架工作比較不同的
模型部位是「頭部」及「腳部」方面的骨架，以下諸圖就是這
二個部位「骨骼」及「關節」佈置截圖跟 Human IK 不太相同的
地方，請使用者參考並設定好自己的模型骨架綁定作業。

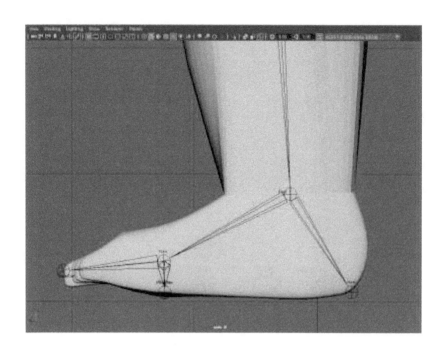

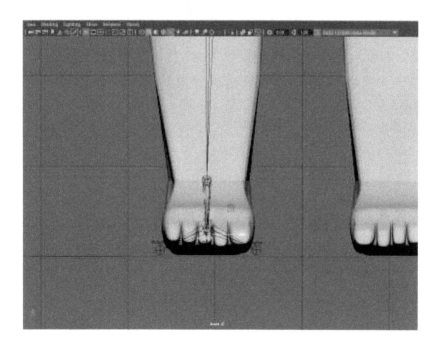

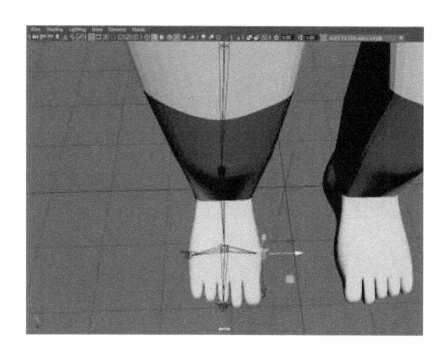

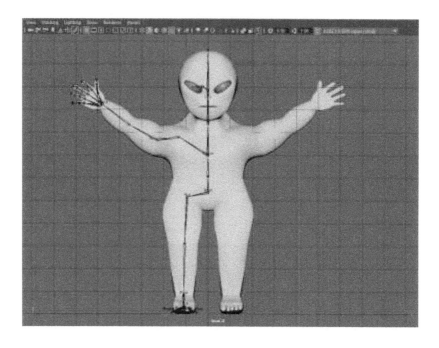

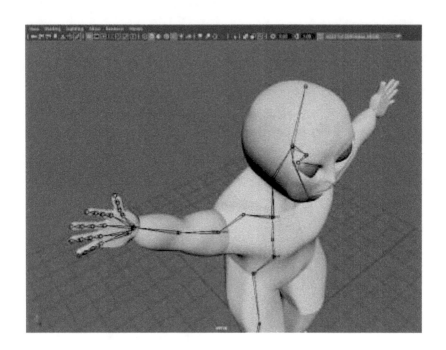

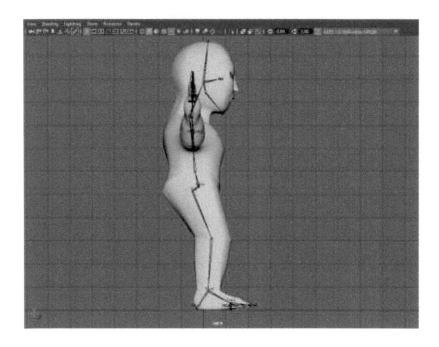

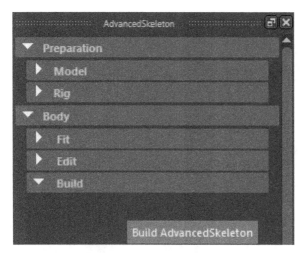

如果你的骨架各個骨骼及關節點，都已經擺在相對應的位置上，也就是完成設置完成，這時就可以進入「綁定功能」作業了，Advanced Skeleton 的自動綁定按鈕功能如上圖所示內容，在「身體(Body)」選單裡面的「建構(Build)」子選單裡面的 Build AdvancedSkeleton 按鈕，經過一連串的建構作業之後，最終會產生下圖的結果。。

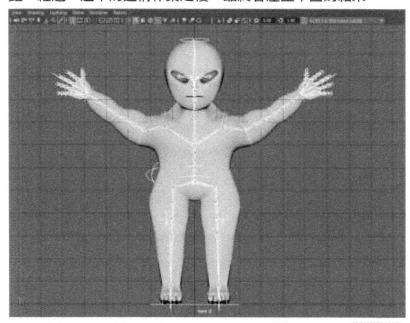

　　然後如右下圖所示使用 Advanced Skeleton 提供的「身體>變形>選項2>皮籠>籠子>創建(Body > Deform(Option2) > SkinCage > Cage > Create)」的自動「蒙皮」功能，使你的綁

定作業完成骨架與表皮模型之間的連結作業，繼續接下來的皮膚權重影響範圍作業及最後的動畫製作教學。

點選左圖所示工具架上 Advanced Skeleton 提供的程式工具圖示會呼叫出下圖截圖所示的相關功能，其中使用 Advanced Skeleton 提供的功能可以隱藏剛才自動綁定作業製作出來的 FK/IK 控制器。

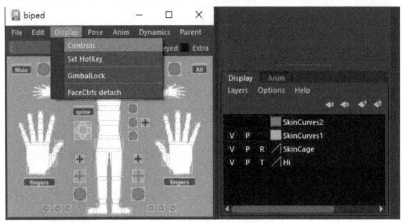

如上圖所示自動「蒙皮」功能使用之後，會在 Maya2023 層級編輯器之內替使用者另外產生三個層級物件如上圖右下所示內容。

一般來說這個時候應該如同之前的製作方式進入設定刷蒙皮的「皮膚權重」設定作業，以決定各種模型變形功能作業對我們物件模型的變化控制，如下圖所示，理論上我們應該不用特別去設定皮膚權重影響範圍作業，不過 Advanced Skeleton

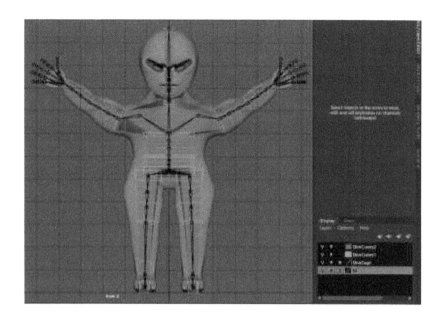

還是提供了相關作業功能，它的皮膚權重設定方式與之前的 Human IK 程式略有不同，使用者可以縮放控制調整上圖中那些方框包裹決定的模塊大小，就是變形作業影響的皮膚權重範圍，只要不互相干擾模塊各區域的控制變形範圍，縮放皮膚權重的作業，應該比起之前的決定方式輕鬆容易了許多。

由於這些細緻的操作工作需要使用者一個一個修改過去，因此也就不再截圖示範方式，使用者需要依靠上圖右下角4個層級管理的操作，去設定使用皮膚權重將上圖模型內部的各種權重方塊，調整成完全包覆著我們的皮膚模型，以利各種模型變形作業就算是完成皮膚的各區權重大小的分配。(跟之前 Human IK 使用的筆刷方式不太一樣)

最後完成皮膚權重的設定之後，使用者可以如下圖所示的層級管理方式(隱藏其他3層只留最初那層點選模型全部皮膚)，使用 Advanced Skeleton 提供的相關蒙皮複製權重功能，看你是要調整模型的哪一半皮膚權重(一般來說只需要做半邊模型的

蒙皮權重設定工作，然後使用左->右或右->左半邊的複製），最後使用下圖中的「身體 > 變形(選項2) > 複製權重(Body > Deform(Option2) > Copy Weights)」的功能，你就完成了蒙皮皮膚權重工作的的建立功能。

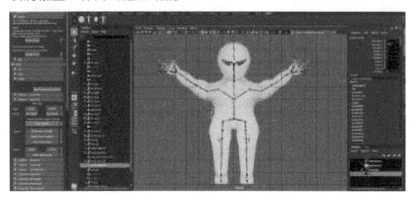

　　使用者完成綁定作業的皮膚權重包覆設定之後，Advanced Skeleton 也有提供一個檢查皮膚權重設定的自動步驟，使用者可以嘗試看看自己設定的蒙皮功能完不完整，能不能擺出所有測試的姿勢並且沒有任何的違和感。

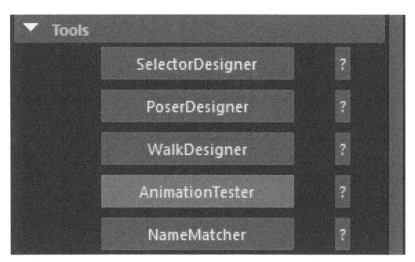

　　Advanced Skeleton 提供完成蒙皮皮膚權重包覆設定之後的自動檢查功能就是上圖所示中的「動畫測試器(AnimationTester)」。

使用這個功能會呼叫出右圖這個功能表，使用者只需要點選「套用(Apply)」的功能，Advanced Skeleton 就是為你蒙皮完成的物件模型測試各式各樣的綁定完成動作，以確定你的綁定作業做得完不完善正確。

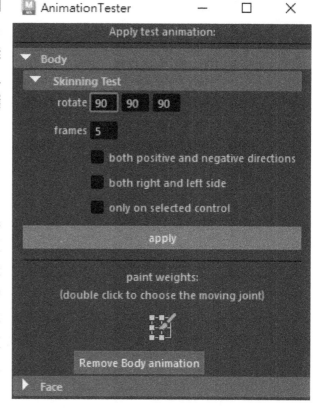

看完各種動作測試的動畫之後，使用者可以按下上圖中的「移除身體動畫(Remove Body animation)」的功能清除剛作測試所有綁定蒙皮工作產生的動畫。

如果你建構模型的基礎工作做得不是很好及確實的話，也就是你的物件模型建構的太隨意，而不是一般大眾都會遵循建構的規範方式(例如：沒有正面立正 T 型站姿)，那麼接下來後續的綁定作業就很容易會出現各式各樣的問題。

進而影響後續所有 3D 動畫的相關製做工作(綁定、動畫製作…等)。所以對 3D 繪圖動畫製作工作來說，「建模師」建構模型的基礎功力及相關能力，都是需要努力去磨練精深的功夫，

絲毫馬虎不得沒有偷工減料的空間，所以有些3D動畫繪畫從業人員說，建構模型的速度會愈來愈慢及仔細。

當然我也知道這並不是 Advanced Skeleton 這個 Maya 外掛綁定應用程式的全部功能，只是目前為止我想試試這個程式會不會有用 Human IK 這個程式功能所綁定的模型那樣，也擁有 Human IK 綁定的模型用來製作動畫所含有的不方便，雖然那只是一個動畫製作操作上的小小瑕疵，但是用來作動畫確實有那麼一點點的不方便，希寄 Advanced Skeleton 這套 Maya 外掛自動綁定骨架的程式能夠解決這個動畫製作上的小問題。

所以本書在此就不完全透析研究整個 Advanced Skeleton 外掛自動綁定程式的所有功能教授，因為我自己也沒有完全用上它的全部功能，所知的只是這個程式連模型的「臉部」表情綁定製作功能都包含在內，只是因為本書寫作篇幅有限，加上目前我們還沒有必要用上這套外掛的全部功能，所以也就不深入的研究使用這套外掛應用程式，敬請見諒。

關於 Advanced Skeleton 這套外掛程式的各種教學參考影片，讀者可以連上網路搜索各種教學影片觀看並且深入研究，由於本書是一本講解一個新手如何使用最新版的 Maya2023 程式，學會獨自一個人使用 Maya 程式完成整部動畫影片的製作工作，所有的製作工作內容教學環節都只能佔據有限的頁數篇幅，由於寫作篇幅有限，因此本書不可能每一項 Maya 的製作功能甚至細節設置都能具細糜遺講解教學清楚。

畢竟這本「復興馬雅」的寫作定位的是一本 Maya 入門教學指南書籍，而且製作動畫使用書籍來教學並不是一個很好的表現方式，因此完全寫作剖析整套 Maya2023 的功能並不是一項很明智的教學選擇，畢竟如果使用者不用心去實作實際體會使用

Maya2023所有功能加深了解，就算我寫得天花亂墜也沒有什麼引導教學意義，使用者早晚都需要學會自我主動去深入探索了解研究 Maya 3D 繪圖的各項製作作業內容。

所以各種太過細緻繁瑣的細節動作，實在是沒必要一步一步牽著手教學，並不是筆者太懶，而是如果連這麼微小的自我探索作業都教學使用的話，那麼使用者永遠得不到自我探索及成長的益處。(畢竟盡信書不如無書，沒書教學反而可以加強讀者自己的軟體使用探索能力，反而完全寫作的教學書籍所賦予你的成長，不如有說但是沒有完全說清楚的書籍，來的具有真正的教學意義)

最後請各位使用者在開始閱讀實作下一章節 Maya 動畫的教學之前，請使用者先記得開啟 Maya 軟體主工作視窗環境的畫面右下角的(右圖圖示)功能，這個圖示的功能應該就是透過使用者設定完每一個「關鍵影格」之後，Maya 軟體程式會自動幫你掃描完成其它影格動畫的各個分鏡內容，也就是自動幫你掃描計算「關鍵影格」之外的其它場景檔案所有影格的線性變化動畫數據內容並且填補進影格之內，自動完成「關鍵影格」到另一個「關鍵影格」之間的動畫變動內容。

當然也不一定要開啟這個圖示的功能，基本上 Maya 程式應該會為初學使用者著想，預設的程式作業環境應該可以搞定初學者所需要的任何設定，只是我個人之前好像記得這個功能預設會開啟，因此就在此處多了一句嘴，所以使用者可能要多注意一下，看看這個功能預設是不是有開啟的，如果預設作業環境你沒有更改變動的話，這個功能該怎樣就怎樣，應該是對你的動畫製作環境使用作業情況最為有利。

「動畫製作(Animation)」

電腦動畫影片的基本製作方式，是由原始「開始影格(攝影機畫面)」設定為「關鍵影格(Key Frame)」，接著再設定記錄一些顯示變化之後的攝影機螢幕影格為另外一個「關鍵影格」，完成攝影機兩個關鍵影格之間的定格作業之後，再經由軟體自動填補處理計算兩個關鍵影格之間的「過渡時間」差螢幕攝影機擷取使用的變化畫面內容。

這方面是依據動畫電影記錄機器精密度所提供產生的「影格率 FPS(Frame Per Second)」，「每秒幾幕(幀)」數量來決定兩者之間的填充過渡「影格螢幕畫面數」，然後由軟體一一填補「開始影格」到「結束影格」之間的所有「過渡影格」螢幕攝影機擷取畫面，最後不斷的重覆上述這些工作，慢慢剪輯製作補齊所有時間內的攝影機擷取畫面，最終完成一部動畫影片。

而由於「動畫影片」形成的原理是人類眼睛器官的「視覺殘留」功能所致，因此影格率至少要大於10～12(FPS)，才能讓我們的電影動畫影片看起來比較沒有怪異違和感(視每個人的眼睛官能問題而定)，所以電影動畫每一秒至少要顯示達到10～12個畫面的速度，我們才不會感覺到電影動畫的違和不真實感，當然「影格率(FPS)」愈高顯示效果是愈好，只是影格率愈高，電影動畫影片的製作群所需要製作的畫面工作量會變得更大。

(不知道各位讀者是否見過這種場景，透過攝影機鏡頭拍攝而成的其他顯示螢幕影像有時畫面中的燈光會閃爍跳動，跟我們平常看到的恆亮現象完全不同，那其實就是高影格率(FPS)的攝影機拍抗低頻率影格率(FPS)的顯示的畫面結果。)

以上所言內容就是基礎動畫影片的製作方式，因此製作原理所示，所以我們不得不瞭解Maya繪圖程式所提供的「時間軸」條的相關顯示及設定使用功能，如左圖所示就是Maya2023軟體所截圖下來的「時間軸控制條」圖示。

左圖就是Maya2023目前提供的時間控制條及影格動畫相關控制功能，總共分為A～E五個區域來加以說明：

A:時間軸，在上面按 滑鼠左鍵 左右拖曳可以滑動影格。

B:目前影格時間點。

C:影格開頭與結尾，也就是影格數的總長範圍。

D:目前影格區段範圍，

E:影格區段滑桿，可直覺式調整影格區段範圍。

「基礎動畫製作方式」

最簡單製作動畫的方法，就是依據工作面板畫面點擊選擇影格編號及模型物件，然後按 S 鍵、或右
方動畫工具架上的圖示或者按 F4 鍵選擇動畫製作選單集中的「關鍵選單 ＞ 設定關鍵幕(Key ＞ Set Key)」，將目前選擇的影格編號設定為關鍵影格(Key Frame)，然後依據動畫顯示改變形態所需經過的時間數參考影格率(FPS)，計算出此影格動畫應該要呈現的影格數編號，選擇該影格編號位置，再變形物體並設定目標影格為關鍵影格，讓Maya軟體自動處理兩關鍵影格之間的變

化，而使用者只需要利用 Maya 程式提供的動畫撥放工具來觀賞最後的動畫呈現效果就好，這就是使用 Maya 做出最簡單動畫的基本實作方式，當然這種做法比較基礎而粗糙並不夠全面，下面舉例而出的諸圖，就是製作最簡單動畫的基本方式：

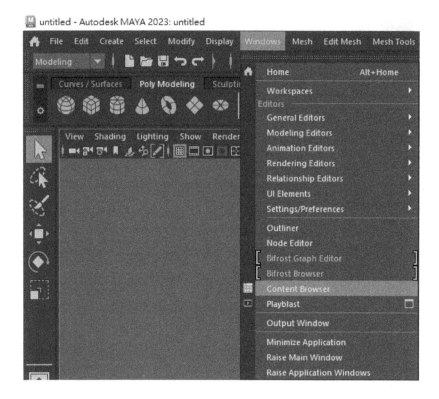

　　如上圖所示我們呼叫出 Maya 程式提供的「內容瀏覽器」裡面的模型來示範基本動畫製作方式。

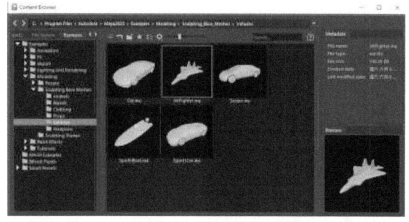

如上圖所示我們選用內容瀏覽器提供的戰鬥機模型

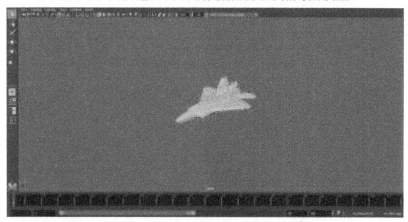

如上圖所示，我們拉遠視圖工作板之後，我們選擇戰鬥機物件模型後按下 S 鍵，把目前模型的位置設為關鍵影格記錄到第1影格(時間滑塊上的第1影格位置會出現一條紅線條)。

如左圖所示，接下來我們將影格點選在第10影格，然後將戰鬥機的模型移動到工作面板的左下角，再度使用 S 鍵將第10影格

也設定為關鍵影格，這樣一個簡單的戰鬥機模型移動
動畫就完成了，使用者只需要按下 Maya 程式右下角的
右圖按鍵功能，就能看到我們戰鬥機在第1影格～第10
影格之間的移動動畫撥放。

左圖就是剛才撥放影格動畫的停止功能圖示，
它就在剛才撥放影格功能圖示的位置上，以上就是最基礎簡單
製作動畫的方式，使用者最好習慣一下這種做動畫的方式。

想要改變 Maya 軟體動畫製作的各種預設工具設
定值，請點選 Maya 主工作畫面右下角的左圖圖示，
您就能進入 Maya 的動畫製作工具設定選項之內，下
圖就是按左上圖示會進入的動畫時間軸相關設定選項表。

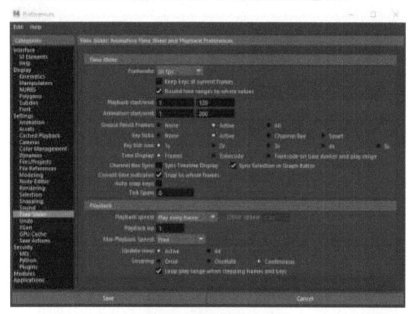

上圖就是動畫時間軸的各種數值預設設定，一般沒出什麼
意外的話，Maya2023會將撥放速度預設設定為 Free，也就是不
固定一秒鐘需要撥放多少影格(影格率 FPS)，恐怕 Free 這個設
定值，會完全以你的電腦硬體配備水準為準則來撥放動畫影

格，屬於比較無規則上限的影格率(FPS)。

一般比較通用的影格率是24FPS，也就是一秒鐘時間內會撥放24個螢幕攝影機的畫面，所以使用者在製作動畫之時，我個人建議使用者最好以完成動畫動作所需要的時間為製作影格的計算單位，來決定動畫動作總共所需要繪製的螢幕影格數，這樣會比較容易計算出各個影格畫面所需要完成的影格內容。

「路徑動畫」

還有一種製作動畫的方式叫做「路徑動畫」，所謂的路徑動畫就是指定模型物件，順沿著你所規劃繪製而出的路途線條來移動前進，最後完成整個動畫所需經歷的規劃路線行程的影格內容，這就是所謂的「路徑動畫」，這一次我們還是呼叫 Maya 系統所提供的「戰鬥機」模型物件來做講解路徑動畫的製作。

如上圖所示，我們先將工作面板切換至「頂視圖」工作面板視窗之中，並且由 Maya 的內容瀏覽器之中呼叫出 Maya 提供的「戰鬥機」模型物件，以備路徑動畫製作之用。

如下圖所示，我們利用 Maya 提供的「繪畫曲線」工具，在頂視圖之中隨便畫出一條模型物件要執行移動的路徑線條。

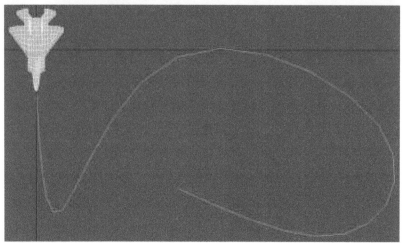

　　如上圖所示，接下來我們在工作面板的設定上，使用選擇「物件模式」，然後將「戰鬥機」模型物件及剛才所繪畫而出的「路徑線條」給一起選擇起來。

然後如上圖所示，選擇功能選單中的「約束>運動路徑>連接運動路徑>□(Constrain > Motion Paths > Attach to Motion Path > □)」，將頂視圖中的戰鬥機模型物件與將要運行的運動路徑線條給連接起來產生相關關聯。

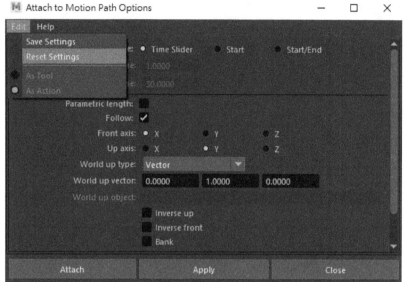

　　上圖就是我們使用選單功能之後，工作面板之中會彈跳而出的詳細功能選項選單，使用這類功能之前，這裡我們一如往常一樣先重置選單功能回預設設定值，如上圖所示一樣。

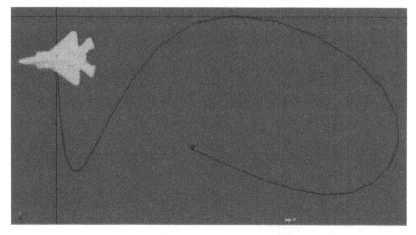

　　上圖就是套用預設選單功能之後，頂視圖工作面板會呈現

的模樣，使用者可以看出「戰鬥機」模型物件的前頭方向好像
不太對勁，接下來我們就點選「戰鬥機」物件，並且在頻道盒
之中找到該模型物件的物件「詳細屬性」設定，如下圖所示。

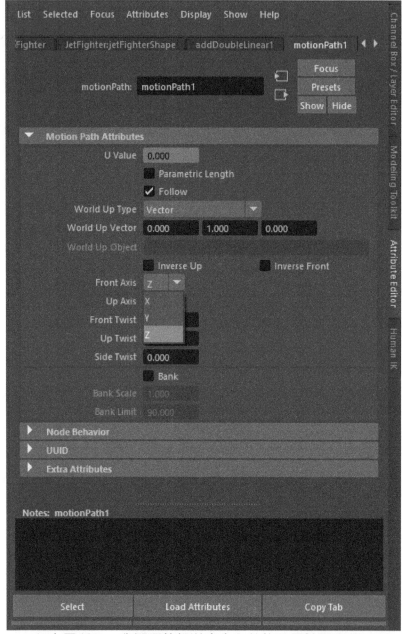

如上圖所示，我們調整頻道盒之內的物件屬性欄中的前頭

座標(Front Axis)由 X 改成 Z，這樣我們的「戰鬥機」模型就會
朝向我們設計的正確方向，如下圖所示一樣。

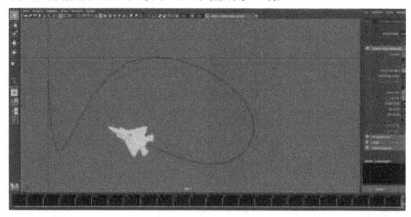

上圖所示的頂視圖工作面板就是剛才那項物件屬性設定完
成之後，並且拉動 Maya 的時間軸到最後一個影格之後，會出現
的截圖，Maya 會自動幫你將整個「路徑動畫」影格給分配的好
好的，讓你這個路徑動畫完全平均分割成一個個影格動畫，使
用者只需要拉動軟體提供的影格時間條就可以操控這個動畫。

「白藍外星人模型各種動作及變形與約束」

變形選單的功能作用是提供使用各式各樣的表皮變形功
能，讓使用者可以輕鬆達成各種作品想法的完成，而約束選單
功能比較偏向動畫連帶影響關係之間的各種約束關係功能的製
訂，以免動畫功能執行的結果太過超過預期想像，而無法約束
修正達到應該會有的動畫展現結果，所以接下來的動畫製作章
節，我們就來製作「白藍外星人」的一些基本動態動畫功能。

「製作閒置待命動畫(Idle)」

一般人物造型動畫之中我們經常要實做一些「閒置動畫」
（讓它無限循環撥放），讓你製作的人物模型看起來像一個活
物，而不是靜止狀態直到人物有真實反應動作之時才來表現各
種動畫動作，整體人物模型動畫如果不做一個無限循環閒置狀

態動畫的話，人物動畫就會感到比較死板沒什麼「活物」感，因此我們現在就為「白藍外星人」做一個正式無限循環撥放的「閒置待命」的相關動作動畫.

　　而閒置狀態時的動畫製作應該包括什麼生理心理動作的製做？才會讓人物模型閒置之時看起來像個活物，而不讓人一眼就能看穿那只是一個虛擬的動畫而缺乏真實的人物感。首先一般正常的人類都會有「呼吸」及「眨眼」之類的相關生理動作，甚至有時候還會有「左右擺頭」或其他一些個人風格習慣性的小動作，這些全部「待機狀態」的動畫，我們是不是應該都會列入閒置動畫之中來製作，讓我們的人物模型動畫更有真實感，而不是像一個死人一樣就靜靜的杵在那毫無生機感。

　　就理論上而言，我們人類的生理小動作會因每個人處於不同自然環境的身體狀態而有所不同，它既是一種接近亂數狀態但也會有一定的變化慣性及規律性，才會比較具有真實感，而不是真正的一板一眼像個機器生命一樣，這方面的論述文字各位讀者可以參考老孤的「索引者」一書之中關於 Random PI 所述的命運機率論述，在這裡我就不再贅述其中的種種玄奧艱深的道理。即使是我們懂得最擬真的動畫原理，但是如果沒有程式語言外部計算各種環境數據的支援，就目前 Maya 自己的功能，也無法做到這種擬真度。

「製作呼吸動畫」

　　一般來說我們人類的一呼一吸所需要花費的時間並不是固定不變的，而是會根據我們生心理狀態及所處環境而有所變化不同，但是顯然目前 Maya 不可能做到如此的擬真程度，因此我們就要主觀判斷定義一個固定的呼吸所需要的時間，我想大概呼吸各花2秒鐘的時間來算的話，會是一個比較接近的平均速

率，所以按照目前設定的影格率(24 FPS)來計算的話，我們完成一個呼吸動作的循環，理論上總共應該設定為96個影格。

　　因此我們這裡就將 Maya 製作動畫時間軸條的總影格數設定為96影格，並且將目前沒有使用變形功能之前的場景模型，使用滑鼠分別定位在時間軸條上的第1影格上按下 S 鍵，及第96影格之上按下 S 鍵，使它們記錄成為「關鍵影格」場景，讓這個呼吸的循環動畫有頭有尾完成一個封閉的迴圈動畫，呈現「呼氣」完的場景畫面為開頭及結尾。

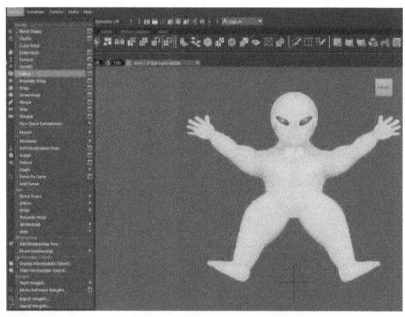

　　再來我們就需要使用「變形器」選單裡面的變形功能，來製作白藍外星人吸氣的場景畫面，如上圖所示，請點選白藍外星人的表皮模型並且選用「變形 > 格子變形(Deform > Lattice)」功能，讓我們的白藍外星人模型外包一個很大的立體方形格子，而格子分格線的長、寬、高數值，如下圖所示可以在頻道盒的「物件屬性參數欄」裡面設定，由於這個模型是兩邊對稱的模型，所以我個人建議分格線數設定為單數，以方

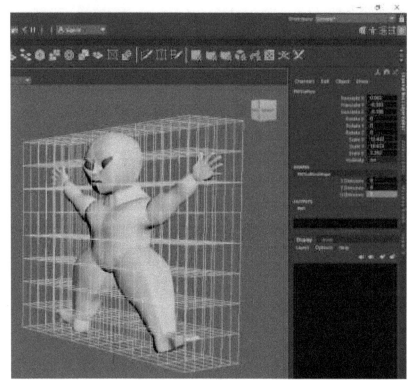

便 Maya 分割平均對稱化模型的兩邊面積，方便我們之後的變形功能調整，上圖就是我將「格子變形」的物件屬性設為9、9、7之後所呈現的場景畫面。

再來我們將動畫時間軸條的影格數移到第48格之後，再來做白藍外星人吸氣時的外形改變。

右圖就是接下來在側視圖工作面板上在「格子變形」器所規劃出來的格子上按下滑鼠右鍵，以選擇「點」操作模式的功能，用來選取我們想要格子變形的模型部位操作範圍。

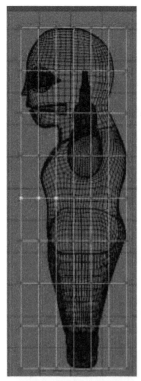

　　由於我們格子數分割的太少，所以格子變形功能影響的範圍也算不小，因此如左圖所示，我將呼吸動作所牽動的變形範圍給點選在白藍外星人的肚子腰部之中，也就是左圖之中用滑鼠圈選的3個點。

　　再來如下圖所示，由於我們一次要改變3個點的控制操作，因此我們就需要使用「變形 > 簇(叢集)(Deform > Cluster)」變形功能，將這3個點合併建立出一個獨立的變形控制器，好方便容易控制我們將要使用的吸氣動作，造成的模型胸腹移動功能的變形操作。

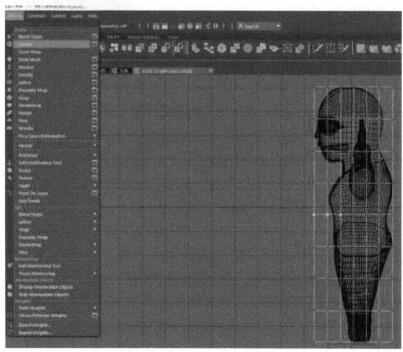

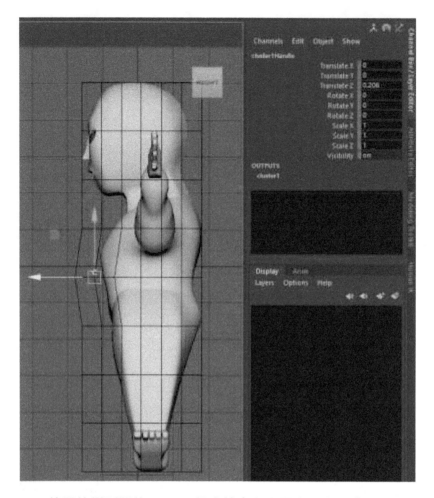

　　使用簇變形器後，Maya 程式就會在場景畫面之中產生一個類似「Ｃ」半月形符號的標緻，方便我們點選呼叫使用簇變形器的集合功能，如上圖所示就是我第2次移動改變吸氣所造成的白藍外星人身體胸腹部位的移動變形(第一次胸部的膨脹範圍輻度太大，動畫看起來好像很喘的樣子)。

　　當我們決定好白藍外星人胸部的變形之後，這個時候我們的 Maya 動畫時間軸條應該處於輯編第48影格的狀態，如果沒錯的話，使用者決定好變形之後的形狀的話，那就按下 S 鍵將第48影格設定為關鍵影格(如果你是第一次編輯影格的話)，再來

就是將影格用滑鼠點到第49影格，再按一次 S 鍵將第49影格也設定成「關鍵影格」，也就是吸氣動畫佔據了2個影格。

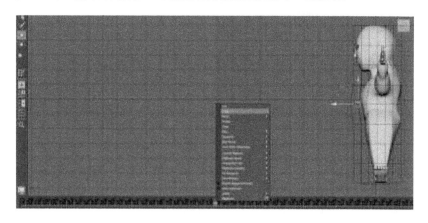

上圖就是因為我是第2次條改變形動畫，所以第49影格已經有場景內容動畫了，因此我在第48影格時間軸條上按滑鼠右鍵選擇「複製(Copy)」影格的功能，然後如下圖所示，在第49影

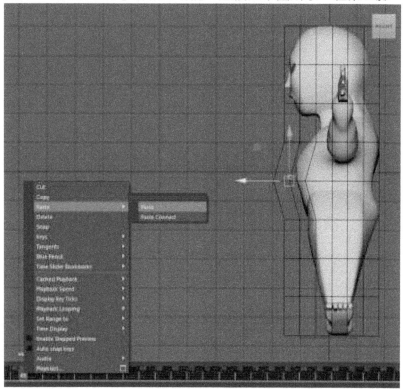

格使用「貼上(Paste)」的功能來複製第48影格，以上作業全部完成了之後，使用者就大略做出了一個「白藍外星人」簡單的閒置動作呼吸動畫。

使用者如果要做很精緻人物呼吸動作的動畫，是可以搞得很多連帶動作的變形展現，那是一個系列性操作範圍的變形動作而且應該會很複雜，讓模型看起來有在活著呼吸，但是看起來沒什麼太大外形上的改變，這才是真正擬真的境界，很遺憾老孤沒有那麼多時間示範這麼複雜的動畫展現，所以就請大家湊合著看我的簡化版呼吸動畫製作示範。

「製作眨眼動畫」

上節我們示範作模型的呼吸循環動畫，但是光是一個呼吸動作，並不是完整的閒置生理狀態，一般來說正常人的眼睛每隔一段時間就會做「眨眼」的生理維持動作，所以這一小節我們就來增加「白藍外星人」的眨眼動作，更加完善閒置動畫，當然除了呼吸、眨眼之外，其他人可能還會有一些個人習慣的小動作，但是書籍篇輻有限，我們不可能一一示範，所以不足之處，敬請讀者將就一下自己試著研究製作看看。

首先我們先決定眨眼動作的影格，雖然我知道眨眼是一個反射動作，只要眼睛有乾澀不舒服的情況之下，就會眨眼緩解眼睛部位的生理情況，但是這也是一種不好計算的不規律狀態，因此我們就直接強制定義呼吸中間的影格拿來製作模型「眨眼」這個動作的佔用影格，避免陷入太過複雜的問題。

據消息說表情動畫的製作，是 Maya 最複雜的一個工作內容，所以聽說很多動畫師他們的工作桌上都會擁有一面鏡子，讓他們可以觀察自己的表情來模仿製作各種表情動畫，而且通常表情展現是模型動畫，最後的動畫步驟(在支體語言變化之後

展現)，因此做表情之前通常都會有相應的肢體動畫，不過我們只是一本入門指南書籍，因此不研究如此深入的動畫製作。

就目前我個人而言，要完成眨眼睛動畫的製作，我至少知道三種方法，最簡單但不實用的方式是直接在工作時間軸條的影格上修改表皮模型來完成製作表情的動作，修改完成之後直接按 S 鍵，記錄在某些「關鍵影格」就好。問題是這種方法很不經濟實惠且無系統組織性，因此這個方法不列入實作參考。

而另一種方法則是將「人物模型的頭像」，單獨複製好多個分身物件出來(看你要做多少個表情動作而定，而且你不能隨便增刪表皮模型的建模網格結構，只能在不改變原始網格結構數值下，做一些表情更動製作變形)，並且手動一個個頭像執行製作表情最後關鍵影格的定格畫面作業。

然後將所有表情頭像同時點選，而原始沒有動作的表情最後一個圈選，最後使用「變形 > 混合變形(Deform > Blend Shape)」的功能給它融合為一系統組織化表情包，往後我們只需要使用 Maya 提供的相關功能，就能自由輕鬆切換各種製作出來的表情動作，來流利的製作各種動畫的「關鍵影格」。

(※：這種製作模型表情的方式比較適合沒有做動畫之前使用，因為如果你有使用設定「關鍵影格」之後的動作，都是固定在「同一時空」之內，也就是這個檔案時空因素已經固定了，因此不管你將多少表情藏在攝影機位置拍攝不到的空間範圍之中，依然是在同一時空之內，形成一種「場景檔案」中的冗餘模型物件，逃不出這個固定的 Maya 場景檔案之中，因此原因所在，所以你或許可以另開新場景檔案專門製作各種表情動作，而不是混在同一個專案檔案之內)

這個方法比較正式而且具操作性，因此本節就專門講這一種方法的實做方式，當然我也不可能將「混合變形」解說的很完全面面具到，畢竟我也才是一個初學者而已，沒有任何的職場實務經驗，所以也沒有辦法很系統性的教學表情動畫。

　　而最後一個實作白藍外星人眨眼動作的方式，就是替物件模型綁定所有臉部器官的表情變化控制，並且將臉部各部位器官的活動功能延伸出各種的操作變化控制器圖示。這是屬於大型專案動畫製作才會選擇的作業方式，而且使用者綁定能力的功夫，必需精深到擁有一定程度，綁定整個頭像部位的各種表情操作功能，並且製作不少臉部變化控制功能圖示，使動畫師可以輕鬆自如的變化模型各個部位的動作擷取記錄他所需要的動畫影像，完成 Maya 電腦動畫的各項工作（所以綁定師的工作內容，是一項對動畫製作來說，很重要的工作職務）。

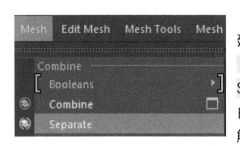

　　如左圖所示，我們使用建構模型選單集的功能選單「網格>分離(Mesh > Seprate)」的功能先將我們白藍外星人的模型全部給拆解回原來未曾合一之前的模型狀態（全身模型分開建構的部位都通通回歸合一前的建模狀態）。

　　※為了往後白藍外星人動畫專案的製作難易順遂程度著想，或許使用者可以利用這個機會，考慮重新建構組裝之前建模時候並沒有製作好的白藍外星人模型建構，試著將它擺放回一般建構模型採用的「正面 T 型標準姿勢」，並且重新執行全面化的白藍外星人各種綁定作業，以利後來的 Maya 白藍外星人專案動畫的輕鬆順利遂行。

如右圖所示，點選物件模式選模型左右半面臉頰並且使用合併模型的功能，如左下圖所示，或選點「網格 > 結合(Mesh > Combine)」將白藍外星人的整個頭像按 Ctrl＋C 鍵複製模型，然後按下 Ctrl＋V

鍵二次貼上的功能，並且準備移動到場景檔案的空白處，製作其他另外的表情頭像模型。

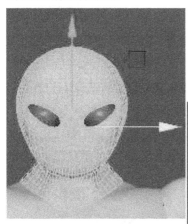

如左圖所示，再來使用者使用 W 鍵的移動功能，將我們複製的圖形移動到別的畫面外的位置（如下圖所示，但是各位使用者最

好是將頭像移動到，所有攝影機拍不到的檔案視野內），以免往後在製作動畫內容之時，一些頭像資料模型也被攝影機給拍攝到影像，破壞我們的動畫成品，造成動畫製作過程的小插曲。

最後如左圖所示，我們總共複製出二個「白藍外

星人」的頭像模型，以備表情頭像的製作使用。

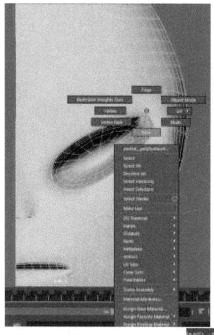

再來隨便選用其中一個頭像模型(如左圖所示)，我們在複製過來的模型之上選擇面(Face)編輯模式。

然後如下圖所示，圈選所有要做成頭像上下眼瞼部位的模型眼睛周圍的環眼面(Face)。(※請注意：製作頭像表情之時不要隨便使用 Alt＋Shift＋D 鍵的熱鍵功能清除任何歷史步驟記錄，以免將來做各種表情產生預期之外的錯誤訊息而失敗)

接下來切換使用縮放 R 鍵的功能，選擇黃色控制小方塊同時縮小 X、Y、Z 三軸白藍外星人模型

的上下眼瞼到3軸完全重合的控制圖示(如左圖所示的那樣)，我們就粗略的完成眨眼表情的左半臉頰部位，但是這並不夠擬真，真實人類的上下眼瞼閉合動作不是這樣的，而是上眼瞼會往下

眼瞼覆蓋過去(大部份人類眼睛部位會由上眼瞼覆蓋，而下眼瞼幾乎沒什麼移動覆蓋動作)。不過我們這裡並不示範如此高技巧的建模能力展現，因此使用者就湊合著學學這種方式吧，擬真度十足的美工作業工作是非常累人的一件事，耐心不好的人真的會被繁瑣的動作給煩死。

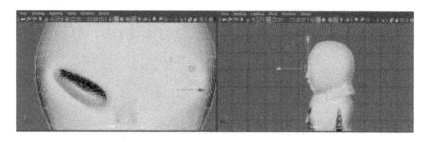

再來如上圖所示，我們切換至四視圖視窗操作，使用 W 鍵的移動功能，在側視圖之中拉動黃色箭頭移動功能，將眼皮拉成凸起狀，直到上圖左畫面的前視圖中眼皮部份完成可以覆蓋眼球為止，並且沒有上一張正面圖中的眼皮黑色面為止。

接下來我們就要使用「混合變形」的功能，在使用混合變形功能之前，首先如左圖所示的那樣順序點選所有要列入混合變形功能內的表情人物模型頭像，最後再選擇我們要改變的表情基底頭像(也就是白藍外星人的本體頭像模型。

然後如右方圖形所示的那樣選用選單「變形 > 混合變形 > □(Deform > Blend

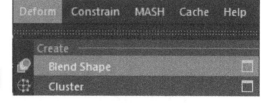

Shape > □)」的功能進入混合變形的詳細功能設定選單畫面，如下圖所示的那樣使用「重置設定」的功能回到混合變形功能

的基礎預設數值設定，順便巡視看看各種數值的設定內容，符不符合你的功能需要。（如果你很了解這個功能設定值的話）

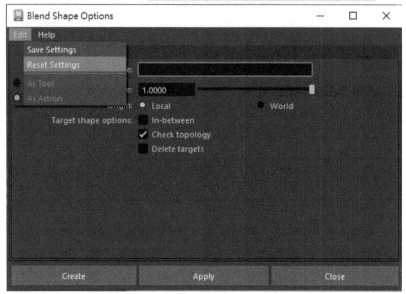

　　如果沒有任何接外情形發生的話，你就可以點選上圖之中的「套用(Apply)」功能，落實你的混合變形功能使用。

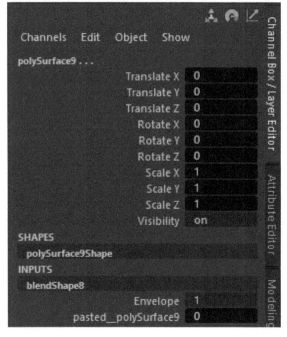

　　接下來我們如果點選白藍外星人的本體頭像的話，Maya 工作畫面的右方頻道盒資訊欄應該會如左方截圖所示的那樣，最下方「輸入欄(INPUTS)」裡面會合成一個表情包，而表情的設定內容並沒有啟

動（設定值最下方的0就是沒啟動的意思，如果有啟動的話，這個數值就是1），

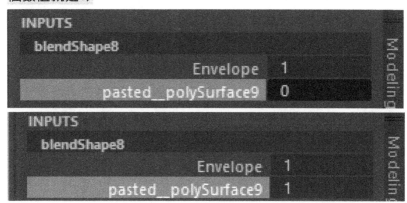

　　如上兩圖所示，這個表情包的欄位數值可以理解為（0＝關、1＝開）的功能，這個功能可以依靠手動輸入或者使用者可以如上圖點選欄位後，在 Maya 視窗工作面板區域內，按下滑鼠中鍵或滾輪左右開關設定這個輸入欄的數值資料。

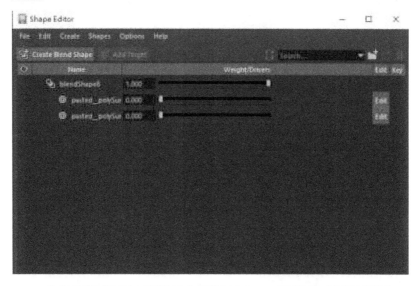

　　或者使用者可以使用如上圖所示 Maya 提供的「形狀編輯器」的功能來顯示切換各種表情（上圖總共有2個表情，一個微笑頭像、一個眨眼頭像），下圖就是開啟「形狀編輯器」選單所

在的功能位置「視窗 > 動畫編輯器 > 形狀編輯器(Windows > Animation Editors > Shape Editor)」

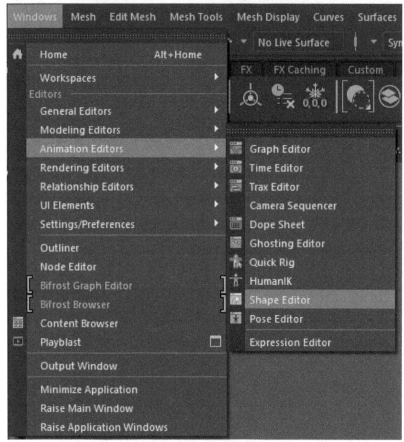

「白藍外星人各種表情動畫製作」

　　單單製作一個眨眼功能似乎有點單調，往後我們也可能會製作各式各樣的面部表情動畫功能，因此我們為白藍外星人的未來各種表情動畫包再添加一個「微笑」的表情頭像功能，但是由於我們已經使用過「混合變形」的功能了，因此「白藍外星人」的表情包已經有記錄存在於我們的場景檔案之中，所以

這次加入另一個表情頭像的方式跟上一次有點小小的不同，請各位使用者小心在意的為「白藍外星人」添加各種表情頭像。

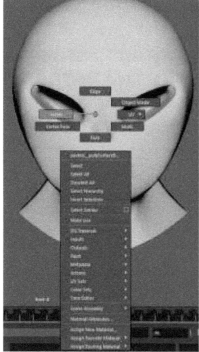

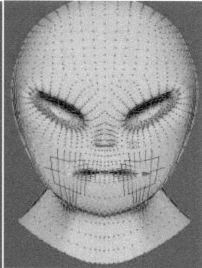

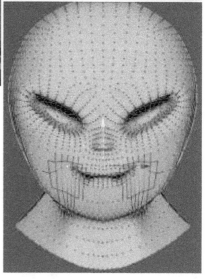

　　由於之前我們早就複製了多餘的原始未變形之前的頭像，所以複製原始頭像的動作這裡就不用講解了。（如果使用者有任何的問題，可以考慮翻回前幾頁內去看清楚）

　　如左上圖所示，我們在一個準備好的空白基礎表情複製頭像上按滑鼠右鍵選擇「點（Vertex）」編輯操作模式後，如右上圖所示的那樣點選頭像嘴角兩邊的相同點之後，按下 B 鍵使用「柔軟選擇」模式，然後按下 W 鍵移動功能並且將頭像的嘴角往上移動一點點造成微笑

表情的樣子，如果使用者想改變柔軟選擇的變動範圍大小，可以按住 B 鍵並且按下滑鼠中鍵（或滾輪），左右移動到適當的範圍之後就可能放開滑鼠中鍵（或滾輪）即可，最後再放開 B 鍵。

接下來跟前面做表情包的選擇順序一樣，先選擇要添加進入表情包的表情頭像，然後如左圖所示的那樣，最後再選擇模型的頭像，然後如下圖所示的那樣選擇「變形 > 混合變形 > 增加 (Deform > Blend Shape > Add)」功能

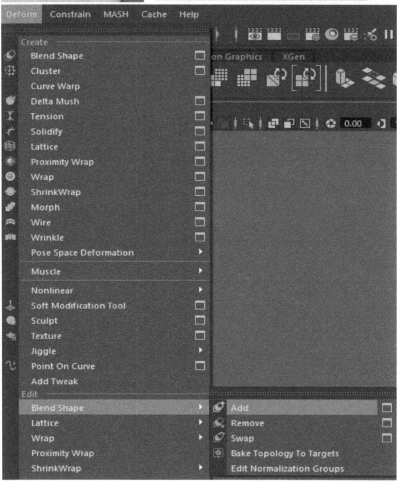

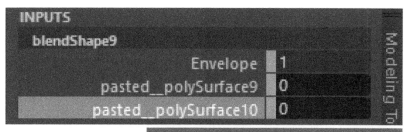

INPUTS
blendShape9
Envelope | 1
pasted_polySurface9 | 0
pasted_polySurface10 | 0

然後使用者如果點選「白藍外星人」的本尊頭像，它的頻道盒內的輸入屬性又會多出一個欄位數值（如上圖所示），這就是微笑表情的切換設定欄位。

如右上圖所示的那樣，如果我們開啟微笑表情的頭像數值，圖上左下白藍外星人的本尊表情也會跟著變化，形成一種好像它們之間有連線的感覺一樣。

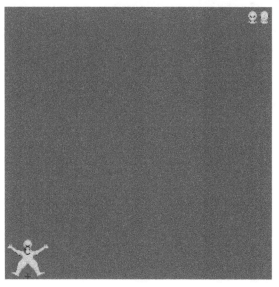

左圖為拉遠正視圖攝影鏡頭呈現的場景檔案，我們白藍外星人的專案檔案內，就有左圖這些相關的各種臉部表情頭像，擺放在專案場景檔案內，所有白藍外星人可以擷取的攝影

機拍攝視野框外，同時存在於一個場景檔案之內，就是目前我所大概領會的這個樣子，這也是搞所有表情的動畫轉換的一種方法，但是並不是那麼的完美無瑕疵，所以使用者有空應該多多修練精深自己的「綁定能力」，可以使用綁定功能來做表情頭像的所有功能，而且適合大型專案並比較有系統組織性。

「製作融入眨眼以及呼吸動作的閒置動畫」

接下來我們開始為「白藍外星人」專案內容的閒置動動增加眨眼睛的生理維持動畫，首先我們選擇頭像物件之後，再使用滑鼠將原本在呼吸的動畫場景檔目前作業影格，定位在第24影格，然後使用頻道盒內的輸入數值欄或者「形狀編輯器」的功能，將白藍外星人的頭像開啟閉眼睛的動畫，然後按下設定「關鍵影格」功能的 S 鍵記錄影像進影像格。（第25影格也順便給它按 S 鍵記錄為關鍵影格，讓整個閉眼動作影格佔用的時間只有2個影格）

如果這個動作沒有發生任何意外情況的話，你的畫面底下的時間軸條上的影格會重新計算影格內容，由於第1影格是「睜著眼睛」的頭像並且記錄為關鍵影格，因此第24影格這個關鍵影格頭像設定下去的話，展現出來的動畫動作會是呈現一個1～24影格的漸漸閉眼的動畫畫面，那就變成一種「犯睏」漸漸閉上眼睛眼皮的感覺，而不是我們需要的「瞬間」眨眼動作。

所以使用者分別在第24、25及72、73影格上按 S 鍵設定閉眼頭像成關鍵幕的時候，接下來還需在第23、26、71、74影格上設定睜開眼睛頭像的「關鍵幕影格」內容，Maya 程式才能計算動畫形成一種瞬間眨眼皮的動畫動作，完成我們白藍外星人的閒置基本動作動畫的製作，下圖含有呼吸及眨眼動作的白藍外星人的「閒置動作」動畫記錄，請注意畫面底下時間軸條。

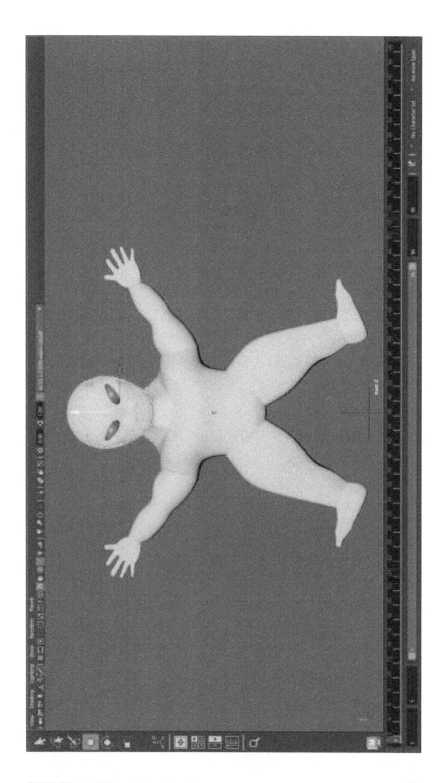

復興馬雅 Revival Maya △4～∩∞＜

「白藍外星人走路動畫(Walk)」

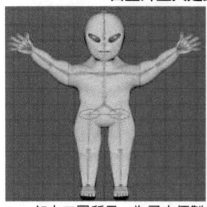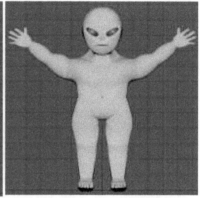

　　如上二圖所示，為了方便製作白藍外星人的「走路動畫」，所以我重新建模及綁定骨架白藍外星人的下半身身體模型，因為我之前，沒有為模型全身所有部位設定好「蒙皮」及修改皮膚變形權重力量的分佈設定工作，所以模型很不好變形及約束，再一次肯定基磁建構「正面Ｔ字型站姿」模型的重要性，，這些都會影響後續的所有綁定及動畫的製作工作。

　　接下來我們開始製作白藍外星人的普通走路動畫，這也將是本章節最後的示範動畫，至於約束(Constrain)功能的使用，由於篇輻有限再加上Maya還有選單集功能還沒有講解而且沒有機會使用到那類功能，(例如：物件從地上撿起東西來拋擲，就會用到「約束(Constrain)」的功能，有兩項物件相對關係的動畫，就有機會使用到「約束(Constrain)」的功能)。

　　做動畫動作之前，首先還是一樣決定這些動作佔用的「影格時間」，不過我們直接使用之前閒置動畫來做就好了的，那個動畫總共佔用「4秒96個動畫影格(24FPS)」，應該夠我們製作原地走路的各種姿勢影格。為了方便我們我們控制製作人物的各種姿態動畫，首先我們最好如下二圖所示，分別為人物模型表

皮及腰盤 IK 控制器與眼睛，在層級編輯器裡面建立「層級」，
以方便我們待會製作走路動畫時的 IK 控制柄選擇的操作運用。

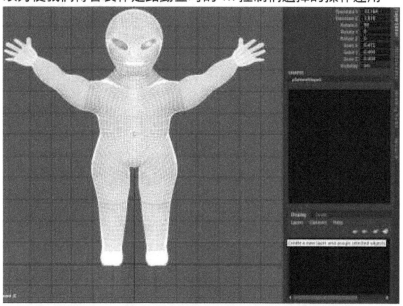

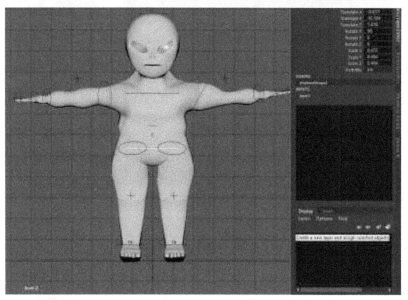

　　如下圖右下角所示，就是我們分別建立「表皮模型」及
「骨架控制器」之後，所建立的2個圖層編輯器。

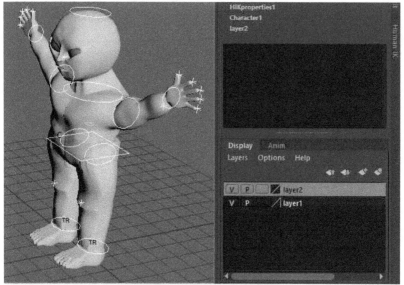

如左圖所
示，這兩個層級
控制層的建立，
可提供我們分別
擁有切換顯示或
隱藏及選擇編組
物件的各種層級
編輯功能，以方
便我們往後的動
畫製作相關物件
模型選擇工作。

接下來各位
使用者可以上網
利用網頁搜尋器，搜尋關鍵詞「人物走路規律圖」來參考研究
製作，應該會搜尋到各種不少人物走路分格圖參考資料圖檔，
畢竟每個模型都應該有自己的走路風格，所以有各種不同的走
路姿勢也僅供參考不足為奇，動畫師有空應該都會多多觀察研

究週遭各式各樣的物件各種姿勢動態，以方便模仿使他們的動畫製作工作順利遂行，豐富理清總結自己的專業工作經驗。

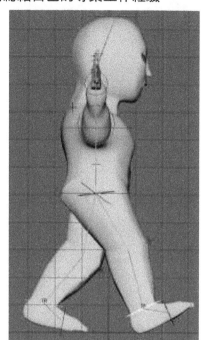

如右圖所示，首先我們把工作面板調整成左視圖，並且將動畫影格定位在「第一影格」，以方便我們製作調整動畫走路姿勢分鏡步驟影格，右圖就是調整完後人物走路動畫的第一分鏡，使用右腳腳踝暗紅色的 IK 控制器調整右腳向前邁出適當步伐動作，並使用 E 鍵旋轉功能，製作右腳腳尖微微翹起而離開地面的動作。

再來使用左腳腳踝的 IK 控制器調整左腳向後與右腳形成一個步伐的大小間距，並且使用 E 鍵旋轉功能，將左腳腳尖旋轉指向地面的方向，然後你會發現人物模型可能會有一點騰空不著地，因此我們如右上圖所示，選擇「腰盤」與「雙眼」並且調整模型的腰盤重心高低位置，使用 W 鍵將我們人物模型的「腰盤重心」向下移動(除了身體物件模型之外，白藍外星人的雙眼也要加選，因為它們跟身體不是同一物件)，完成使前腳跟與後腳尖貼齊點擊地面的動作，全部動作調整完成之後，使用者必需如右上圖點選雙腳腳踝的暗紅色 IK 控制器，然後按下 S 鍵將這個調整好的模型動作記錄成為關鍵影格(主要是為了記錄兩腳腳踝的暗紅色 IK 控制器數值)，完成我們走路動畫的第一分鏡走路的姿勢內容。

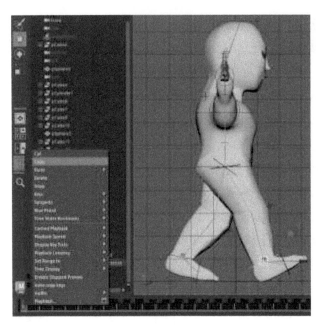

再來如同左圖所示點選右腳腳踝上的 IK 控制器，並且將滑鼠游標移動到第一影格之上，選點 滑鼠右鍵 叫出功能選單選擇「複製（Copy）」功能（複製右腳位置數據）以便作動畫。

先點選左腳腳踝上的 IK 控制器，並且將時間軸條移動到第12影格位置，然後如同右下圖所示的那樣，在第12影格使用「貼上>貼上（Paste > Paste）」的功能完成複製左腳在前的相反影格動作（※請注意第一影格的關鍵影格紅色線條

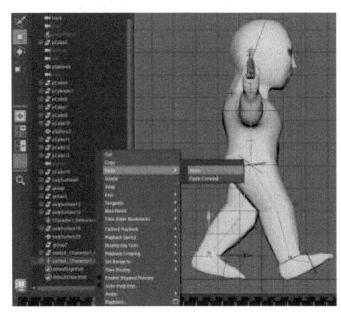

記號是不是存在，如果不存在的話，表示這個複製的動作就是一個失敗的腳踝位置數據的貼上動作，）

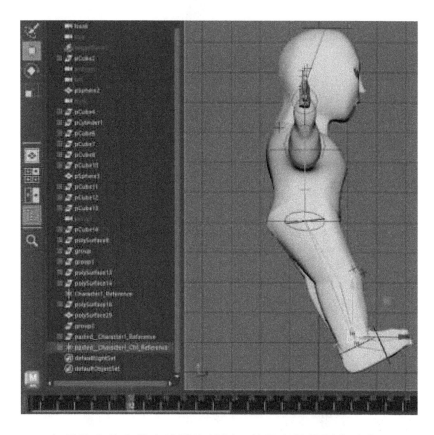

如果沒有什意外事情發生的話，使用者的模型應該會如同上圖所示的那樣怪，因為左腳腳踝完全來自右腳腳踝的數據位置，所以才會造成這種好像被拐了腳的影像。

不過使用者不用擔心，兩腳變成前腳主要差別就是頻道盒物件資訊欄裡面的「翻轉X(Translate X)」的數值，需要「反相」定位(也就是如果那個值是「負」的，就改成「正」的相同大小，相反如果是「正」的，就要改成「負」的，其餘數值都沒有什麼改變)，改完之後就會如同下圖所示的那種圖示。

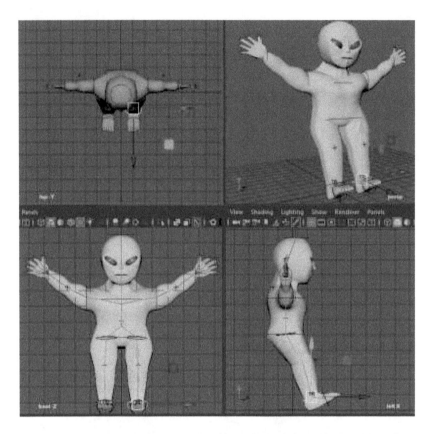

　　如上圖所示的那樣，這就是第12影格的左腳位置，接下來請使用者按下 S 鍵，將第12影格目前這個圖像設為「關鍵影格」，以記錄我們改變的第12影格物件模型的左腳位置，完成了第12影格與第1影格相反的左腳影格動畫。

　　再來我們將時間軸條上的影格拉回第1影格的顯示位置，如同下圖所示的那樣，點選左腳腳踝上的 IK 控制器並且在第1影格上使用「複製(Copy)」的功能，也就是在第1影格位置之下按下滑鼠右鍵的功能選擇「複製(Copy)」的功能，將第1影格之中的左腳(後腳)位置數據給複製起來，準備貼在第12影格上的右腳位置，完成左右腳前後互換位置的動畫影格製作，就如同下圖所示的那樣。

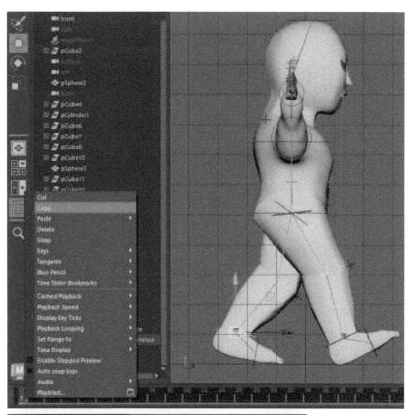

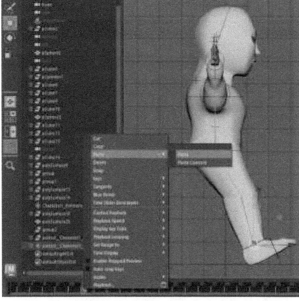

接下來
我們又將時間
軸條調到第12
影格之上並且
點選右腳腳踝
上的 IK 控制
器，並且在第
12影格位置上
按下 滑鼠右鍵
的功能選擇
「貼上(Paste
> Pater)」。

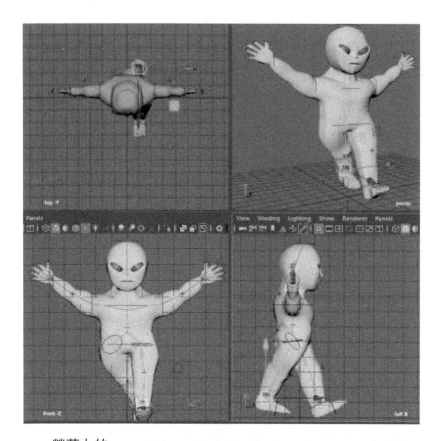

螢幕上的模型應該會如同上面圖示所示的那樣，我們的物件模型會呈現一個好像拐了腳快要跌倒的樣子，就如同之前製作的那一隻腳一樣，主要差別就是頻道盒物件資訊欄裡

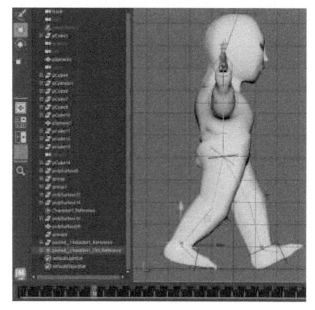

面的「翻轉X(Translate X)」數值，需要「反相」定位(也就是如果那個值是「負」的，就改成「正」的相同大小，相反如果是「正」的，就要改成「負」的，其餘數值都沒有什麼改變)，改完之後就會如同上頁右下圖所示的那種圖示，然後使用者在第12影格上按下 S 鍵記錄為關鍵影格，以上所有步驟就是完成第1及第12影格的關鍵影格動畫分鏡。(完成一個左右腳互換位置數據的走路循環)，

　　這個時候如果沒有什麼意外事情發生的話，使用者應該可以使用 滑鼠左鍵 拖曳時間軸影格條上的第1～第12影格動畫，看到自己畫出來的模型左右腳交換位置的過程動畫內容，再來我們就是要開始製作中間影格動畫分鏡，也就是第6影格的走路動畫姿勢內容，完成之後就也必需設定為「關鍵影格」，才能進行其他影格走路動作分鏡的動畫製作。

　　如右圖所示的那樣，先將動畫時間軸條使用滑鼠點選第6影格，然後開始調整模型的姿勢內容(※注意：調整腰盤重心高度之時要連同雙眼一起點選隨腰盤的高度一起調整走路姿勢)，這個中間影格的走路姿

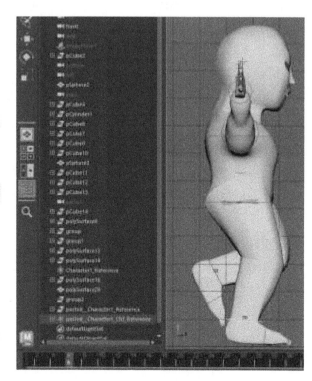

勢是右腳腳趾旋轉平地，左腳抬起離地一個高度，旋轉腳趾尖向地並且調整腰盤高度及雙眼往上略為調高，使物件模型重心有一點微微抬高（並不是最高伸直雙腳），使右腳略微伸直一些，就是這個分格鏡的總體走路姿勢的製作重點，使用者每次調整改變模型姿勢之後，別忘了還是需要按下 S 鍵將目前姿勢，在第6影格上設定為「關鍵影格」來記錄調整模型走路姿勢及動作而無有遺漏。

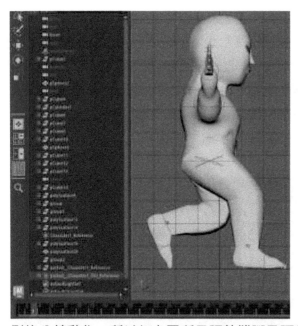

如左圖所示，接下來我們就要製作第3及第9格影格的走路姿勢內容，首先我們將動畫時間軸條上的影設點選在第3影格之上，這個影格的走路姿勢是走路動畫之中「重心最低」及「步伐最大」的一個影格分鏡動作，所以如上圖所示調整雙腳及腰盤和雙眼位置，重心向下越過第1影格的高度將人物重心略為向下調整姿勢，並且拉大雙腳之間的步伐差距，完成調整改變姿勢之後都要按下 S 鍵將修改動作記錄為「關鍵影格」，讓 Maya 程式可以幫你調整其他所有影格分鏡的相關物件頻道盒資訊欄數值內容，以製作出流暢銳利清析的影格內容。

接下來就是第9影格的走路姿勢關鍵影格製作內容，第9影格是所有走路分鏡影格姿勢重心最高的一個影格，所以首先我們將人物模型的腰盤及雙眼移動到最高重心，使模型的右腳完全伸直，並且腳趾尖開始

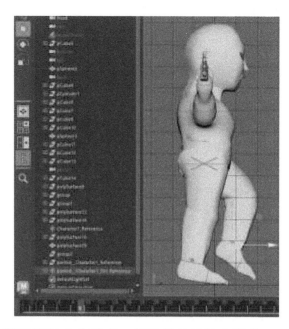

離地的動作，而左腳及腳趾尖會呈現一個準備落地的姿態動作，如右上圖所示內容，然後按下 S 鍵記錄此姿勢調整成「關鍵影格」，至此我們就完成「走路動畫」的邁步單側循環動畫影格的姿勢內容。

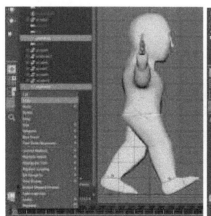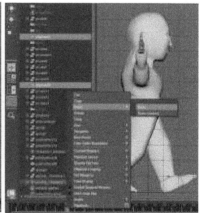

　　檢查了一下動畫，發現第9影格重心變成最高之後，Maya 就沒有修改向第12影格前進時的重心高度，本來朝向第12影格的姿勢重心內容應該慢慢滑落變成第1影格的姿勢高度，所以如上二圖所示，我們又點選第1影格的「腰盤」及「雙眼」，並且在

第1影格上使用「複製(Copy)」功能，然後點選第12影格之後使用「貼上(Paste > Paste)」的功能，修改了第12影格的重心內容成第1影格內容的同高度重心及左右腳交換的姿勢。

在時間軸條上拖曳第1～12影格走路姿勢內容發現第11及第13影格右眼眼睛位置高度又沒跟著改變，因此調整第11影格裡的頻道盒資訊欄內「翻轉Y(Translate Y)」的數值與左眼高度一模一樣，就這樣徹底完成物件模型走路換腳跨步動畫影格內容，成為一種單邊的邁步動畫完整循環動作動畫。

接下來我們只需要複製這個走路的循環動作動畫內容，就能完成「雙腳循環」交替走路的影格動畫完整內容，而第3影格的右腳位置其實等於第15影格的左腳位置(複製貼上及調校位置之前已經示範過了)，右腳的第6影格就等於左腳的第18影格，右腳的第9影格等於左腳的第21影格位置，右腳的第12影格等於左腳的第24影格，這樣就完成左腳的單邊循環步伐。

最後我們再製作左腳的第3影格等於右腳的第15影格，左腳的第6影格複製給右腳的第18影格，左腳的第9影格複製給右腳的第21影格，最後左腳的第12個影格複製給右腳的第24影格內容，我們就完成雙腳的走路交替循環動作，以上這些文字的敘述有點冗長，詳細的操作截圖步驟在下一頁連續動作內容截圖之內，這裡就不再重覆贅述這些連續截圖，請讀者自行參閱下頁開始的走路動畫雙腳動作連續操作動作截圖。

這些連續操作過程之中貼上動作按下 S 鍵記錄關鍵影格交互動作之前，幾乎都需要「反相」修改頻道盒資訊欄「翻轉X(Translate X)」的數值資料內容，方法在前面已經講解過了，這裡不過重覆使用而已，貼上之後調校「翻轉 X」數值才按

下 S 鍵記錄關鍵影格內容，完成走路動畫的正確「關鍵影格」
製作工作。

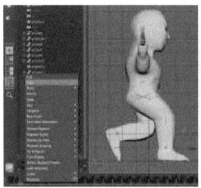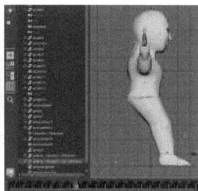

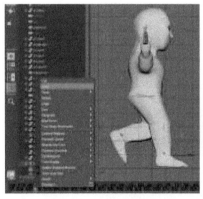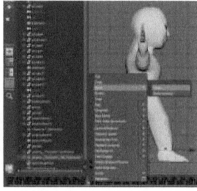

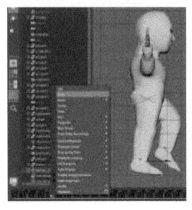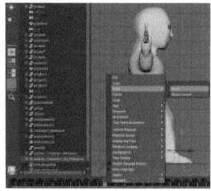

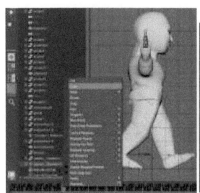 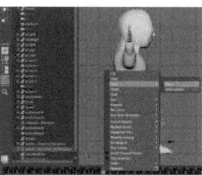

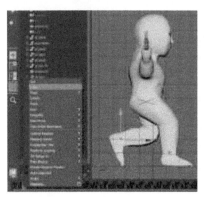 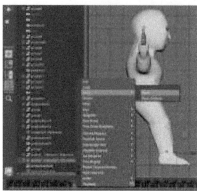

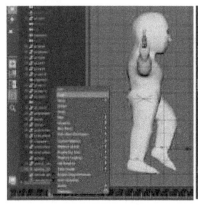 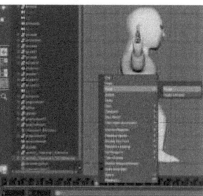

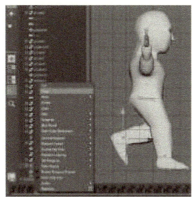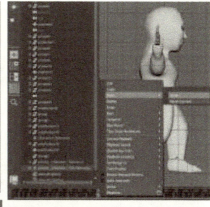

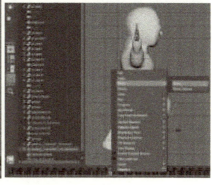

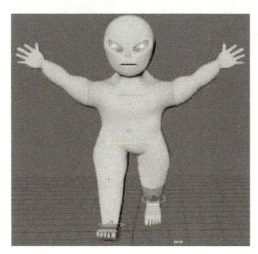

　　上述所有複製動作完成之後，可能還需要調整模型動畫的「腰盤」及「雙眼」的位置（如左圖所示），因為照理來說動畫的腰盤重心位置及雙眼每一影格都有所不同，按照1=12、2=13、3=14、4=15、5=16、6=17、7=18、8=19、9=20、10=21、11=22、12=23複製相關影格的「腰盤」及「雙眼」在空間中的位置到目標影格，完成第1～24影格的走路動畫，完成之後我們動畫就完成一個邁步的完整循環動作，

再來如上頁左圖所示，我們點選模型的雙腳腳踝及腰盤的
IK 控制器和雙眼的物件模型，然後點選「視窗>動畫編輯器>圖
形編輯器(Windows > Animation Editors > Graph Editor)」，
打開圖形編輯器(如下圖所示步驟開啟)

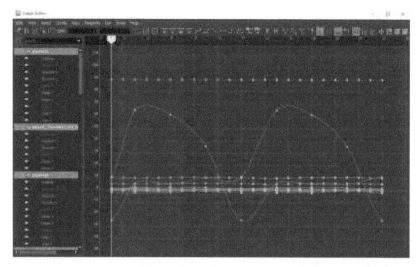

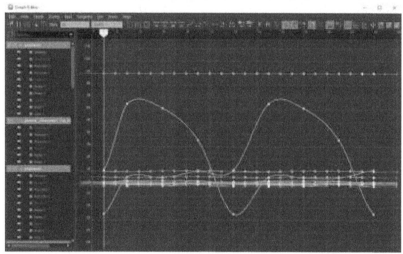

　　上二圖就是我們物件模型點選部位在「圖形編輯器」裡面的分佈曲線路徑圖，而上二圖就是使用 滑鼠左鍵 圈選第1～24影格的所有點選部位的曲線軌跡圖，並且按下 Ctrl＋C 把動作曲線給複製起來，然後在第25影格之後按 Ctrl＋V 剪貼上去，完成整個走路動畫循環圖的複製剪貼工作。

關於「復興馬雅」一書的動畫製作章節寫作就到此結束，再來就是 Maya 各種特效製作章節的寫作，本來我應該一層層由模型腳部往上製作到頭臉部的各種部位動作的製作，但是為了這些小小的重覆性製作工作混書籍頁數篇幅，實在是有點浪費時間及資源。

之前為了製作示範「走路(Walk)」動畫的製作，我特地去研究了一下 Maya 的外掛綁定應用程式「Advanced Skeleton」的安裝與應用，發現到這是一套很強的外掛綁定作業應用程式，如果讀者是要製作什麼大型的動畫專案，個人建議使用者或許應該去加深了解這個外掛綁定應用程式。

「Advanced Skeleton」不但可以免費使用而且功能強大，甚至連物件模型的臉部表情都可以綁定設定及控制，用來製作大型的動畫專案應該很適合使用並且省下很多擺姿勢的功夫，可大大加強物件模型的綁定功能及減輕動畫製作難度及工作量，讓你可以更加輕鬆寫意的製作各種動畫。。

接下來使用到「約束(Constrain)」選單功能的動畫製作就不再示範了(例如：從地上撿起東西來拋擲的相關動作)，這樣的動畫就需要使用上「約束(Constrain)」的選單相關功能才能夠完成，但是使用紙本書籍示範動畫製作有點浪費篇幅，因此不如讀者自行上網看看別人的教學影片還省時省力不浪費。

據可靠的專業消息指出，做電影動畫的製作工作，總共分為18個部份的專業工作，因此一個人單獨完成10分鐘以上的動畫全部工作，或講解全部動畫的專業工作並不實際好用，所以我個人建議 Maya 的使用者，最好專精從事於其中一項動畫主要的工作職銜就好，一個人全能包辦並沒有什麼製作效率，而且並不現實實用，只會累死自己最後搞得興緻缺缺。

聽說有專門學3D動畫的畢業生，下載利用別人已經建模並綁定完成的檔案來製作畢業作品，短短1分多鐘的動畫，就花了他整整3個月的課餘時間做動畫，也曾經有人花了3年8個月的時間，獨自製作出一部得過不少獎項的動畫影片，而動畫影片長度也不過僅僅16分鐘多一點，所以獨立一個人製作一部動畫影片絕對很花時間，並不是很經濟實惠效率。

　　一般來說動畫師在製作動畫之前，通常都會使用攝影機自我拍攝製作動畫內容自導自演的編劇動作內容影片，供自己工作上的模仿及參考，以利動畫製作工作的順利遂行作業，而動畫製造大概至少劃分為三類工作內容，人物動畫師、生物動畫師及遊戲動畫師，他們製作的動畫內容都有不同的重點著重曲向，這一點使用者在製作動畫之前要仔細思考才開始製作動畫。

　　總而言之製作動畫的工作，就不是一個適合一個人獨立完成的製作作業，不管你有多麼的精通或熟練 Maya 軟體的所有功能，或其他相關所有工作內容的知識與技藝，獨自一個人完成所有動畫工作的內容，顯然不是一種明智的選擇，因為製作動畫那龐大的工程工作量，一定會搞得你焦頭爛額甚至爆肝。

　　希望各位 Maya 動畫的製作工作者們，可以清楚的認知到這一點的重要性，並讓自己儘量專精著眼於 Maya 動畫製作的工作之中，你個人比較喜歡製作的工作部份，使自己能夠專精於完全使用 Maya 來開發進行自己所需要負責的立體動畫工作製作內容，而不是全方位精通的一個3D通才，因為那會使你無法及沒有時間發揮出個人的藝術天分，最後搞得你折戟沉沙泯滅在茫茫的藝術人才海洋裡，這是我個人的一點小小忠告，因為我自己就是這樣一個樣樣通樣樣鬆而上不上下不下的通才。

「特別效果加持功能(FX)」

「FX 特效功能 F5 鍵」選單集就是 Maya 軟體提供的各種特效功能的製作選單，可以幫助我們為電影動畫畫面，提供各種其他建模方式不易實踐的真實現實及夢幻詭異般的特效畫面處理，因此使用者可以依照自己的想法為動畫影片添加 Maya 程式提供的各種畫面特效處理功能，讓自己的電影動畫影片更加的繽紛出彩。

左側邊圖就是 Maya2023「FX 選單集」提供的相關特效製作功能，「FX 特效選單集」裡面總共提供了：「粒子特效(nParticles)」、「流體特效(Fluids)」、「布料特效(nCloth)」、「毛髮特效(nHair)」、「約束功能(nConstraint)」、「快取功能(nCache)」、「效應場/解算器(Fields/Solvers)」、「效果功能(Effects)」、「混融特效功能(MASH)」

（※MASH 特效基本上沒有什麼人特別去翻譯它的原名，而因為它可以多變及轉化特效的功能特性，所以我就不自量力的為它取了一個中文形容詞叫「混融特效」，來描述它的多變轉化變化的特效性質使用方式）

※由於書籍寫作頁數篇幅有限的關係之下，再加上靜態書籍展現出來的動態效果會很沒有張力及浪費寫作篇幅，而且動畫特效加持的添加及調整作業並沒有什麼一定的規律，還需要使用者仔細適應並調校每種所需特效物件屬性欄數值的改變，反覆多次的實際實驗使用之下，才可能取得一個如想像中的良好特殊影像效果。

所以如果要仔細講解每種特效功能的流利運用，將會是很浪費巨量的寫作篇幅頁數來張貼各種特效變化的連環範例圖示，而且還表現不出完整的特效功能說明，因此本章節只會講述幾項重點特效及說明特效物件屬性的細部文字說明，並不會張貼附上各種特效的範例截圖，特效加持章節的寫作是屬於各位 Maya 使用者需要自己去慢慢挖掘深入研究學習調校適應的一個章節，因此老孤在這裡特別聲明在前，不便之處敬請見諒。

Maya 提供的特效功能選單，理論上不用分這麼多方面的特效功能，按照「波粒二象性」的世界觀角度來看，其實應該只需要發展「粒子特效」及「波形特效」二大類就能將所有特效全部包含在內了。可是畢竟現代物理學界還沒有完全確定所有存在於世的「粒子」，因此「粒子特效」沒有辦法100%模擬世界上所有東西種類的組成粒子來做實質特效，所以沒有辦法開發出完善的粒子特效功能，因此才需要分別開發出這麼多種類的特效功能，來應付形形色色的特效加持功能的運用。

使用粒子特效需要創建粒子發射器，然後再依據粒子特效提供的各種屬性來修改「粒子束」的相關呈現，而使用流體特效則需要創建2D 或3D 的特效容器空間，進而使用流體特效提供的各種屬性欄來變化特效的顯示，而容器空間是用來約束包涵流體特效效果不會逸散出特效展現的界限與範圍，而且目前我所測試過的特效，不知道是我菜的原因，還是特效都有這個屬性，會更新所有動畫時間軸條上的影格，無法指定特定的影格做特效渲染，或許各位讀者往後更加深入 Maya 軟體的實踐使用之後，能夠得到一個令人滿意的使用方法。

由於 Maya 提供了這麼多的特別效果加強功能，而很明顯在這麼薄薄的一本入門指南書籍裡面，我不可能真的一一示範每項特效功能的使用方式，因此在這告訴各位讀者，本書只能示

範一些目前了解過的特效，至於其它未能講解的特效功能，可能需要使用者自己慢慢摸索，而且可能也有不少第三方特效軟體插件可以在 Maya 中使用他們獨特的設計，因此可能沒有多少人可以真的完全專精 Maya 所有特效功能的使用，所以身為3D 繪圖界菜鳥的我，當然也不可能每一種特效功能都能來教學。

「粒子特效(nParticles)」

粒子特效可以說是特效裡面最為重要與基本擁有的，因為有一種世界觀認為組成世界的元素，就是一顆顆截然不同的粒子，而 n 粒子是基於 Maya 動力學模擬框架開發，透過一些功能使使用者可以模擬出效果逼真的火焰、煙霧及流體物等特效。

正如前面段落所言，粒子特效需要擁有「粒子發射器」做為創建產生粒子的節點，用來發射 Maya 的 n 粒子，所

以我們第一步驟就是需要「創建發射器」，右上圖工具架上所示的第一個圖示為「增加發射器」，第二個圖示為「發射器」的圖示，使用粒子特效之前必須「創建發射器」如下截圖中所示的工作面板圖及大綱視圖所示就是「粒子發射器」的物件：

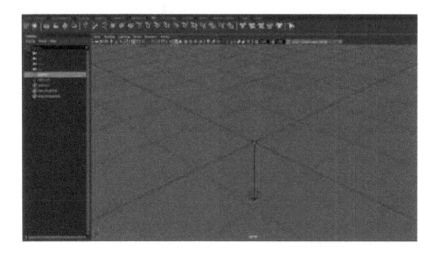

創建粒子發射器並不只是一個簡單的物件構建動作而已，Maya 程式會產生三個物件，分別是「n 粒子發射器」、「n 粒子對象」及「動力學對象」而且「粒子特效」會直接含蓋渲染你的動畫時間軸條上的所有影格內容。

右圖就是 n 粒子發射器提供的屬性編輯選單內容，供使用者調整套用所需要的粒子特效屬性內容設定。

右圖屬性設定欄有「發射器種類 (Emitter Type)」及「速率 (粒子數「Particles」/秒「Sec」)」…等，各種不同的粒子種類屬性模擬特效，在這裡我就不一一測試截圖解說各種變化 n 粒子特效屬性的調配使用，留

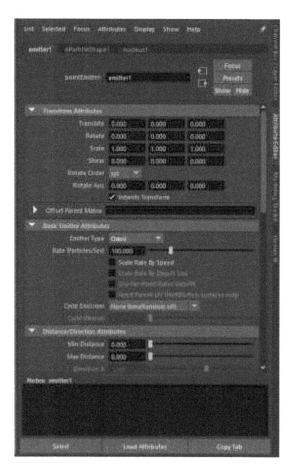

待使用者日後一一去挖掘其中的變化使用之道。

因為基本粒子組成世界觀來解釋特效的話，粒子特效是可以有講不完的各種變化排列組合使用方式，解釋這些變化的運用有點畫地為牢、歧路亡羊模糊書籍入門引導教學焦點(只有那

種字典形態的書籍寫作，才需要擁有應有盡有的詳細記載各式各樣的排列組合變化運用方式）

　　總歸一句話，n粒子特效的各種運用方式，就是視使用者對各種粒子發射器的功能屬性欄的熟悉與設定配置，需要長時間去浸淫此中粒子特效的各種變化使用方法，目前沒有人真的有辦法一一變化截圖解說清楚，解說清楚了讀者也得不到任何能力的長進，只是徒然增長了一點見聞（盡信書不如無書），白白把讀者引入被教死的境地。

　　唯有使用者完全了解Maya粒子特效提供的各種屬性的設定及使用，才可能做到得心應手的使用粒子特效，而且目前物理學界並沒有完全探究出所有組成世界的粒子，因此我也在懷疑Maya2023提供的粒子特效也會有它的使用瓶頸，而且應該尚還達不到完美無瑕的粒子特效完全模擬的境界，所以我也就不費那個勁去一一變化使用屬性截圖來教學各式各樣的粒子特性。

Emitter Type Volume ▼

　　粒子特效頻道盒物件屬性標籤欄卷中上圖的「發射器種類(Emitter Type)」中的「體積發射器屬性(Volume)」共有5種，分別是「立方體(Cube)」、「球體(Sphere)」、「圓柱體(Cylinder)」、「圓錐體(Cone)」、「圓環(Torus)」、如下列5張物件圖所示的內容，在此列舉以供各位使用者參考。

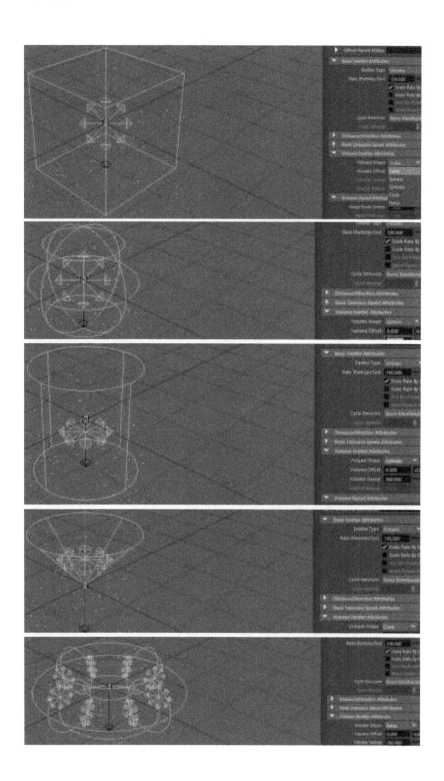

右圖為大綱視圖中的「粒子特效」產生的物件，點選 n 粒

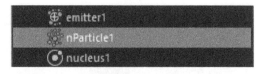

子物件之後，可以在頻道盒內的物件屬性視窗中看到下列的各種屬性功能表單，在此就花點時間小小介紹一下這些屬性。

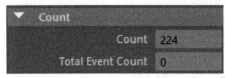

　　左圖為「計數」屬性欄卷，「計數(Count)」用來顯示場景中目前 n 粒子的數量，「事件總數(Total Event Count)」用來顯示粒子的事件數量。

　　右圖為「壽命」屬性欄卷，「壽命模式(Lifespan Mode)」

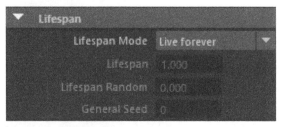

總共如下左圖所示，共有4種模式用來設定 n 粒子在場

景中的存在時間，有「永生(Live forever)」、「恆定(Constant)」、「隨機范圍(Random range)」、「僅壽命 PP(lifespanPP only)」可選。

　　左上圖第2欄為「壽命(Lifespan)」用來指定粒子的壽命值，而「壽命隨機(Lifespan Random)」用于標識每個粒子的壽命隨機變化范圍，「常規種子(General Seed)」用來表示生成隨機數的種子。

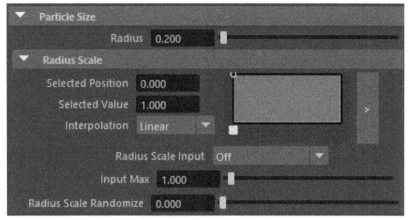

上圖為「粒子大小」屬性欄卷，它的功能如下所示。

屬性內設有「半徑比例」屬性欄卷。

「半徑(Radius)」：用來設定粒子的半徑大小。

「半徑比例輸入(Radius Scale Input)」：用來設定屬性用於映射「半徑比例」漸變的值。

「輸入最大值(Input Max)」：設定漸變使用范圍的最大值。

「半徑比例隨機化(Radius Scale Randomize)」：用來設定每粒子屬性值的隨機倍增。

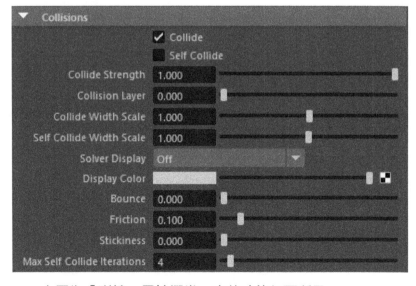

上圖為「碰撞」屬性欄卷，它的功能如下所示。

「碰撞(Collide)」：屬性被勾選時，目前的 n 粒子對象將與共用同一個 Maya Nucleus 解算器的被動對象，nCloth 對象和其他 n 粒子對象發生碰撞。

「自碰撞(Self Collide)」：啟動這個選項時，n 粒子對象生成的粒子將互相碰撞。

「碰撞強度(Collide Strength)」：指定 n 粒子與其他 Nucleus 對象之間的碰撞強度。

「碰撞層(Collision Layer)」：將目前的 n 粒子對象指定給特定的碰撞層。

「碰撞寬度比例(Collide Width Scale)」：指定相對於 n 粒子半徑值的碰撞厚度。

「自碰撞寬度比例(Self Collide Width Scale)」：指定相對於 n 粒子半徑值的自碰撞厚度。

「解算器顯示(Solver Display)」：指定場景視圖中將顯示目前 n 粒子對象的 NuCleus 解算器訊息，Maya 提供了「停用(Off)」、「碰撞厚度(Collision Thickness)、「自碰撞厚度(Self Collision Thickness)」這3個選項供使用者選擇使用。

「顯示顏色(Display Color)」：指定碰撞體積的顯示顏色。

「反彈(Bounce)」：指定 n 粒子在進行自碰撞或與共用同一個 Maya Nucleus 解算器的被動對象，nCloth 或其他 nParticle 對象發生碰撞時的偏轉量或反彈值。

「摩擦力(Friction)」：指定 n 粒子在進行自碰撞或共用同一個 Maya Nucleus 解算器的被動對象，nCloth 和其他 nParticle 對象發生碰撞時的相對運動阻力程度。

「粘滯(Stickiness)」：指定了當 nCloth，n 粒子和被動對象發生碰撞時，n 粒子對象粘貼到其他 Nucleus 對象的傾向。

「最大自碰撞迭代次數(Max Self Collide Iterations)」：指定目前 n 粒子對象的動力學自碰撞所模擬的計算次數。

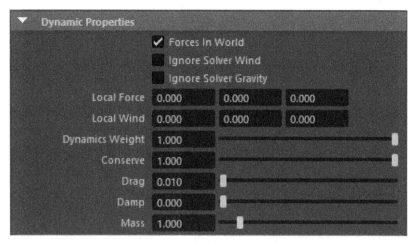

上圖是「動力學特性」屬性欄卷，它的功能如下所示。

「世界中的力(Forces In World)」：啟動該選項可以使用 n 粒子進行額外的世界空間的重力計算。

「忽略解算器風(Ignore Solver Wind)」：啟動該選項時，將禁用目前 n 粒子對象的解算器「風」。

「忽略解算器重力(Ignore Solver Gravity)」：啟動該選項時，將禁用目前 n 粒子對象的解算器「重力」。

「局部力(Local Force)」：將一個類似於 Nucleus 重力的力按照指定的量和方向應用於 n 粒子對象，該力僅應用於局部，並不影響指定給同一解算器的其他 Nucleus 對象。

「局部風(Local Wind)」：將一個類似於 Nucleus 風的力按照指定的量和方向應用於 n 粒子對象，風將僅應用於局部，並不影響指定給同一解算器的其他 Nucleus 對象。

「動力學權重(Dynamics Weight)」：可用於調整場、碰撞、彈簧和目標對粒子產生的效果，值為0將使連接至粒子對象的場、碰撞、彈簧和目標沒有效果，值為1將提供全效，輸入小於1的值將設定比例效果。

「保持(Conserve)」：用於控制粒子對象的速率在影格與影格之間的保持程度。

「阻力(Drag)」：指定施加於目前 n 粒子對象的阻力大小。

「阻尼(Damp)」：指定目前 n 粒子的運動的阻尼量。

「質量(Mass)」：指定目前 n 粒子對象的基本質量。

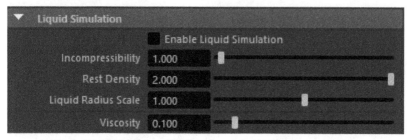

上圖是「液體模擬」屬性欄卷，它的功能如下所示。

「啟動液體模擬(Enable Liquid Simulation)」：啟動這個選項時，「液體模擬」屬性將添加到 n 粒子對象，這樣 n 粒子就可以重疊，從而形成液體的連續曲面。

「不可壓縮性(Incompressibility)」：指定液體 n 粒子抗壓縮的量。

「靜止密度(Rest Density)」：指定 n 粒子於對象處於靜止狀態時液體中的 n 粒子的排列情況。

「液體半徑比例(Liquid Radius Scale)」：指定基於 n 粒子「半徑」的 n 粒子重疊量，較低的值得增加 n 粒子之間的重疊，對於多數液體而言，0.5這個值可以取得良好結果。

「粘度(Viscosity)」：代表液體流動的阻力，或材質的厚度和不流動程度，如果該值很大，液體將像柏油一樣流動，如果該值很小，液體將更水一樣流動。

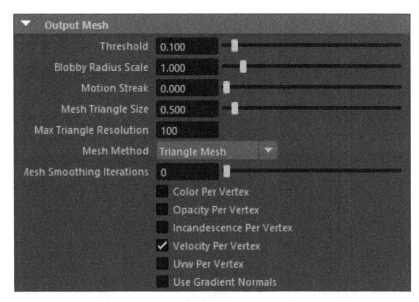

上圖為「輸出網格」屬性欄卷，它的功能如下所示。

「閾值(Threshold)」：用於調整 n 粒子創建的曲面平滑度。

「滴狀半徑比例(Blobby Radius Scale)」：指定 n 粒子「半徑」的比例縮放量，以便在 n 粒子上創建適當平滑的曲面。

「運動條紋(Motion Streak)」：根據 n 粒子運動的方向及其在一個時間步內移動的距離拉長單個 n 粒子。

「網格三角形大小(Mesh Triangle Size)」：決定創建 n 粒子輸出網格所使用的三角形尺寸。

「最大三角形分辨率(Max Triangle Resolution)」：指定創建輸出網格所使用的柵格大小。

「網格方法(Mesh Method)」：指定生成 n 粒子輸出網格等值面所使用的多邊形網格的類型，如右圖所示有「三角形網格 (Triangle Mesh)」、「四面體 (Tetrahedra)」、「銳角四面體(Acute Tetrahedra)」和「四邊形網格(Quad Mesh)」這4種可選。

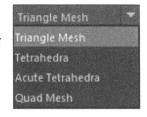

「網格平滑迭代次數(Mesh Smoothing Iterations)」：指定應用於 n 粒子輸出網格的平滑度，平滑迭代次數可增加三角形各邊的長度，使拓撲更均勻，並生成更為平滑的等值面。輸出網格的平滑度隨著「網格平滑迭代次數」值的增大而增加，但計算時間也得隨之增加。

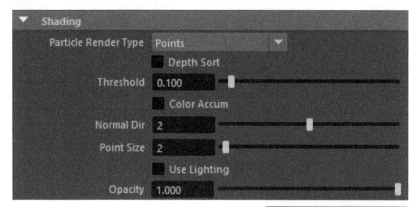

上圖為「著色」屬性欄卷，它的功能如下所示。

「粒子渲染類型(Particle Render Type)」：用於設定 Maya 使用何種類型來渲染 n 粒子，如右圖所示，在這裡 Maya 提供了多達10種類型供使用者選擇，使用不同的粒子渲染類型，n 粒子在場景中的顯示也不盡相同，n 粒子類型共有「多點(MultiPoint)」、「多條紋(MultiStreak)」、「數值(Numeric)」、「點(Points)」、「球體(Spheres)」、「精靈(Sprites)」、「條紋(Streak)」、「滴狀曲面(Blobby Surface)」、「雲(Cloud)」和「管狀體(Tube)」的顯示效果。

「深度排序(Depth Sort)」：用於設定布爾屬性是否對粒子進行深度排序計算。

「閾值(Threshold)」：控制 n 粒子生成曲面的平滑度。

「法線方向(Normal Dir)」：用於更改 n 粒子的法線方向。

「點大小(Point Size)」：用於控制 n 粒子的顯示大小。

「不透明度(Opacity)」：用於控制 n 粒子的不透明程度。

「流體特效(Fluids)」

「流體特效」是 Maya 提供的特效功能之一，主要是用來解決在3D 軟體中實現大氣、燃燒、爆炸、水面、煙霧、雪崩…等特效的功能表現，屬於使用「流體動力學」的一種計算實踐展示的功能，用來完善我們 Maya3D 特效功能的表現，使我們的特效影像畫面更加的擬真與完善，進而強化 Maya 軟體的特效擬真功能，使它能夠更加完美的實踐我們所需要的畫面逼真效果。

正如粒子特效需要有 n 粒子發射器來產生各式各樣的 n 粒子組成的特效效果，同樣的產生原理之下，流體特效也需要有「容器」來承載「流體」特效的特效變化模擬範圍，因此使用「流體」特效的第一個使用步驟，就是在工作面板空間中創造出可以承載各種流體特效的「2D 或3D 流體特效容器」，而這些特效「容器」無疑就是，各種流體特效的影像模擬計算範圍，超出這個「容器」適用的範圍，就不屬於這個「流體特效」。

下列諸圖就是我使用功能創建「2D 容器」與「3D 容器」的工作面板及大綱視圖和流體特效的屬性編輯設置選單，請讀者自己參閱研究各種變化流體特效的使用方式，畢竟能示範的範例多不勝數，因此示範多少都沒有太大的寫作意義，使用者需要自行去完全了解流體特效的各種屬性調配使用，才有可能真正的完全掌控這個特性功能的使用。

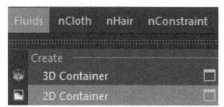

左圖為創造2D 平面容器的流體特效選項功能，它將創造出一個2D 平面容器的物件，以承載相關的「平面流體特效」功能，這個創造容器的功能如下圖所示的那樣，將在工作面板上呈現相對的「容器物件」。

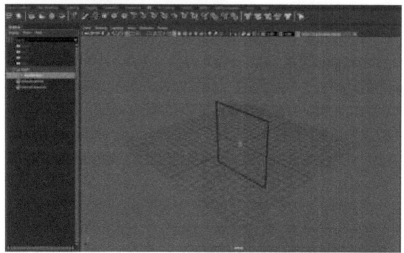

右圖為創造3D 立體容器的流體特效選項功能，它將創造出一個3D 立體容器的

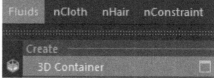

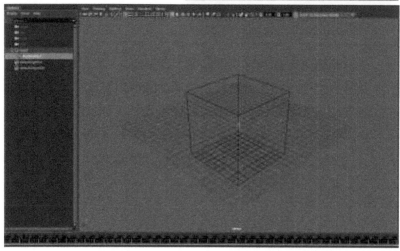

物件，以承載相關的「立體流體特效」功能，這個創造容器的功能如上圖所示的那樣，將在工作面板上呈現相對的「容器物件」。

　　流體特效容器就是流體特效功能的「計算空間範圍」，所以一般來說，「流體容器」的佔用空間不宜過大，以免嚴重佔用系統硬體計算資源，因此流體特效容器的創建最好就是剛好覆蓋你所需要的流體特效範圍就好。

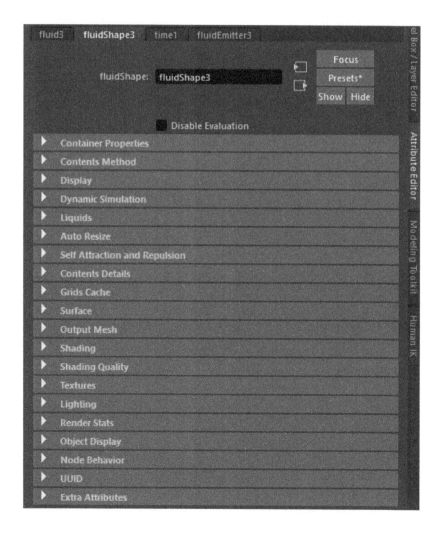

2D 流體容器與3D 流體容器的命令參數幾乎一樣，只是在流體的空間計算上有所區分，上頁末圖就是「流體容器」的設定屬性功能欄的全部欄位選項圖，接下來我們就來稍微的講解一下上圖的功能屬性選項設定功能。

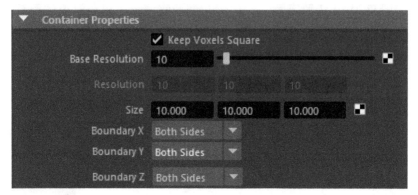

上圖為「容器特性(Container Properties)」屬性欄卷。

「保持體素為方形(Keep Voxels Square)」：選擇該選項時，可以使用「基本分辨率」屬性表同時調整流體 X、Y 和 Z 的分辨率。

「基本分辨率(Base Resolution)」：保持體素為方形」處於啟用狀態時可用。值越大，容器的柵格越密集，流體的計算精度越高。

「分辨率(Resolution)」：以體素為單位定義流體容器的分辨率。

「大小(Size)」：以厘米為單位定義流體容器的大小。

「邊界 X/Y/Z(Boundary X/Y/Z)」：用來控制流體容器的邊界處處理特性值的方式，如右圖所示有「無(None)」、「兩側(Both Sides)」、「-X/Y/Z 側(-X/Y/Z Side)」、「X/Y/Z 側(X/Y/Z Side)」、和「折回(Wrapping)」，這機種方式可選。

「無(None)」：使流體容器的所有邊界保持開放狀態，以便流體行為就像邊界不存在一樣。

「兩側(Both Sides)」：關閉流體容器兩側的邊界，以使它們類似於兩堵牆。

「-X/Y/Z 側」：分別關閉-X、-Y 或-Z 邊界，從而使其類似於牆。

「X/Y/Z 側」：分別關閉 X、Y 或 Z 邊界，從而使其類似於牆。

「折回(Wrapping)」：導致流體從流體容器的一側流出，從另一側進入，如果需要一片風霧，但又不希望在流動區域不斷補充「密度」，將會非常有用。

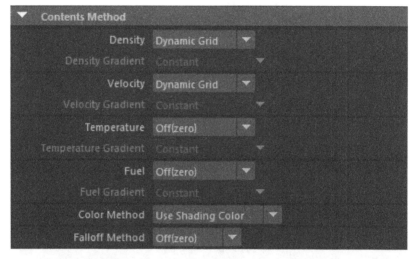

上圖為「內容方法(Contents Method)」屬性欄卷。

「密度(Density)/速度(Velocity)/溫度(Temperature)/燃料(Fuel)」：分別有「禁用(零)/Off(zero)」、「靜態柵格(Static Grid)」、「動態柵格(Dynamic Grid)」和「漸變(Gradient)」這幾種慧式選擇，分別控制這4個屬性，如右圖所示。

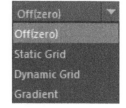

「禁用(零)/Off(zero)」：在整個流體中毀特性值設定為0，設定為「禁用」時，該特性對動力學模擬沒有效果。

「靜態柵格(Static Grid)」：為特性創建柵格，允許使用者用特定特性值填充每個體素，但是它們不能由於任何動力學模擬而更改。

「動態柵格(Dynamic Grid)」：為特性創建柵格，允許使用者使用特定特性值填充每個體素，以便用於動力學模擬。

「漸變(Gradient)」：使用選定的漸變以使用特性值填充流體容器。

「顏色方法(Color Method)」：只在定義了「密度」的位置顯示和渲染，有「使用著色顏色(Use Shading Color)」、「靜態柵格(Static Grid)」、和「動態柵格(Dynamic Grid)」3種方式可選，如右圖所示。

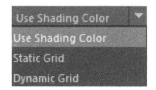

「衰減方法(Falloff Method)」：將衰減邊添加到流體的顯示中，以避免流體出現在體積部分。

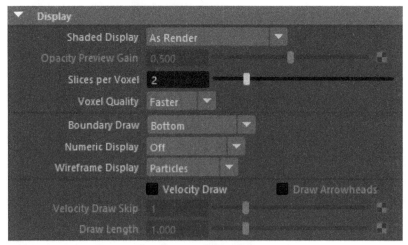

　上圖為「顯示(Display)」屬性欄卷。

「著色顯示(Shaded Display)」：定義當 Maya 處於著色顯示模式時，流體容器中顯示哪些流體特性。

「不透明度預覽增益(Opacity Preview Gain)」：當「著色顯示」設定為「密度」、「溫度」、「燃料」等選項時，觸發該設定，用於調節硬體顯示的「不透明度」。

「每個體素的切片數(Slices per Voxel)」：定義當 Maya 處於著色顯示模式時，每個體素顯示的切片數，切片是值在半個平面上的顯示，較高的值會產生更多的細節，但會降低螢幕繪制的速度，預設值為2，最大值為12。

「體素質量(Voxel Quality)」：該值設定為「更好」，在硬體顯示中顯示質量會更高，如果將其設定為「更快」，顯示質量會較低，但繪制速度會更快。

「邊界繪制(Boundary Draw)」：定義流體容器在3D 視圖中的顯示方式，如右圖所示，有「底(Bottom)」、「精簡(Reduced)」、「輪廓(Outline)」、「完全(Full)」、「邊界框(Bounding box)」、和「無(None)」這6個選項可選。

「數值顯示(Numeric Display)」：在「靜態柵格」或「動態柵格」的每個體素中顯示選定特性（「密度」、「溫度」、或「燃料」）的數值。

「線框顯示(Wireframe Display)」：設定流體處於線框顯示下的顯示方式，有「禁用(Off)」、「矩形(Rectangles)」和「粒子(Particles)」3個選項。

「速度繪制(Velocity Draw)」：選擇該選項，可顯示流體的速度向量。

「繪制箭頭(Draw Arrowheads)」：選擇該選項，可在速度向量上顯示箭頭，取消選擇該選項，可提高繪制速度和減少視覺混亂。

「速度繪制跳過(Velocity Draw Skip)」：增加該值可減少所繪制的速度箭頭數，如果該值為1，則每隔一個箭頭省略(或跳過)一次，如果該值為0，則繪制所有箭頭，在使用高分辨率的柵格上增加該值，可減少視覺混亂。

「繪制長度(Draw Length)」：定義速度向量的長度(應用於速度幅值的因子)。值越大，速度分段或箭頭就越長，對於具有非常小的力的模擬，速度場可能具有非常小的幅值，在這種情況下，增加該值將有助於可視化速度流。

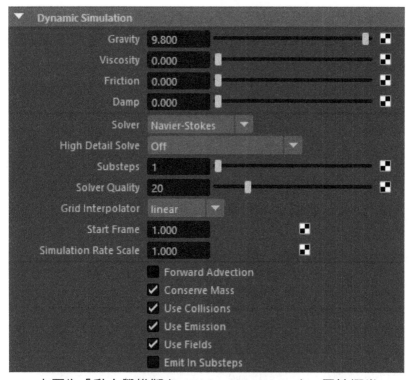

上圖為「動力學模擬(Dynamic Simulation)」屬性欄卷。

「重力(Gravity)」：用來模擬流體所受到的地球引力。

「粘度(Viscosity)」：表示流體流動受到的阻力，或材質的厚度及非液態程度，該值很大時，流體像焦油一樣流動，該值很小時，流體像水一樣流動。

「摩擦力(Friction)」：定義在「速度」解算中使用的內部摩擦力。

「阻尼(Damp)」：在每個時間步上定義阻尼接近於0的「速度」分散量，值為1時，流完全被抑制，當邊界處於開放狀態以防止強風逐漸增大並導致不穩定性時，少量的阻尼可能會很有用。

「解算器(Solver)」：Maya 所提供的解算器有「None」、「Navier-Stokes」和「Spring Mesh」這3種，使用 Navier-Stokes 解算器適合模擬煙霧流體動畫，使用 Spring Mesh 解偵器則適合模擬水面波浪動畫。

「高細節解算(High Detail Solve)」：此選項可減少模擬期間密度，速度和其他屬性的擴散，例如：它可以在不增加分辨率的情況下，使流體模擬看起來更詳細，並允許模擬翻滾的漩渦，「高細節解算」非常適合創建爆炸、翻滾的雲和巨浪似的煙霧等效果。

「子步(Substeps)」：指定解算器在每影格執行計算的次數。

「解算器質量(Solver Quality)」：提高「解算器質量」會增加解算器計算流體流的不可壓縮性所使用的步驟數。

「柵格插值器(Grid Interpolator)」：選擇要使用哪種插值算法以便從體素柵格內的點檢索值。

「開始幕(Start Frame)」：設定在哪個幕之後開始流模擬。

「模擬速度比例(Simulation Rate Scale)」：縮放在發射和解算中使用的時間步數。

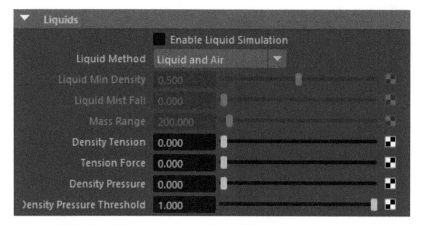

上圖為「液體(Liquids)」屬性欄卷。

「啟用液體模擬(Enable Liquid Simulation)」:如果啟用,可以使用「液體」屬性來創建外觀和行為與真實液體類似的流體效果模擬。

「液體方法(Liquid Method)」:指定用於液體效果的液體模擬方法,如右圖所示,有「液體和空氣(Liquid and Air)」和「基於密度的質量(Density Based Mass)」這兩種方式。

「液體最小密度(Liquid Min Density)」:使用「液體和空氣」模擬方法時,指定解算器用於區分液體和空氣的密度值,液體密度將計算為不可壓縮的流體,而空氣是完全可壓縮的,值為0時,解算器不區分液體和空氣,並將所有流體視為不可壓縮,從而使其行為像單個流體。

「液體噴霧(Liquid Mist Fall)」:將一種向下的力應用於流體計算中。

「質量范圍(Mass Range)」:定義質量和流體密度之間的關係,「質量范圍」值較高時,流體中的密集區域比低密度區域要重得多,從而模擬類似於空氣和水的關係。

「密度張力(Density Tension)」：增加該值可以使流體的形態變圓滑。

「張力力量(Tension Force)」：應用一種力，該力基於柵格中的密度模擬曲面張力，通過在流體中添加少量的速度來修改動量。

「密度壓力(Density Pressure)」：應用一種向外的力，以便抵消「向前平流」可能應用於流體密度的壓縮效果，特別是沿容器邊界，這樣，該屬性會嘗試保持總體流體體積，以確保不損失密度。

「密度壓力閾值(Density Pressure Threshold)」：指定密度值，達到該值時，將基於每個體素應用「密度壓力」，對於密度小於「密度壓力閾值」的體素，不應用「密度壓力」。

上圖為「自動調整大小(Auto Resize)」屬性欄卷。

「自動調整大小(Auto Resize)」：選擇該選項，當容器外邊界附近的體素具有正密度時，「自動調整大小」會動態調整2D 和3D流體容器的大小。

「調整閉合邊界大小(Resize Closed Boundaries)」：選擇該選項，流體容器特沿其各自「邊界」屬性設定為「無」、「兩側」的軸調整大小。

「調整到發射器大小(Resize To Emitter)」：選擇該選項，流體容器使用流體發射器的位置在場景中設定其偏移和分辨率。

「調整大小的子步(Resize in Substeps)」：選擇該選項，已自動調整大小的流體容器會調整每個子步的大小。

「最大分辨率(Max Resolution)」：用於設定流體容器的總分辨率上限。

「動態偏移(Dynamic Offset)」：計算的流體局部空間轉換。

「自動調整閾值大小(Auto Resize Threshold)」：根據容器的「密質」值來計算流體的外部邊界並相應地調整流體容器的大小。

「自動調整邊界大小(Auto Resize Margin)」：使流體更自然地朝著流體容器的邊界運動。

　　上圖為「自吸引和排斥(Self Attraction and Repulsion)」屬性欄卷。

「自作用力(Self Force)」：用於設定流體的「自作用力」是基於「密度」還是「溫度」來計算。

「自吸引(Self Attract)」：設定吸引力的強度。

「自排斥(Self Repel)」：設定排斥力的強度。

「平衡值(Equilibrium Value)」：設定可確定體素是生成吸引力還是排斥力的目標值，密度或溫度值小於設定的「平衡值」的體素會生成吸引力，密度或溫度值大於「平衡值」的體素會生成排斥力。

「自作用力距離(Self Force Distance)」：設定體素中應用自作用力的最大距離。

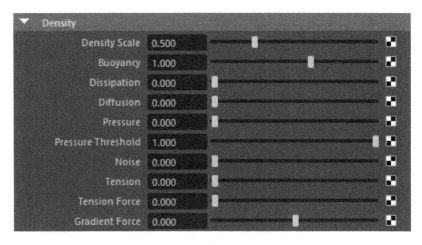

上圖為「內容詳細訊息(Contents Details)」屬性欄卷，展開之後可以看到該屬性欄卷內又分為「密度」、「速度」、「湍流」、「溫度」、「燃料」和「顏色」這6個屬性欄卷。

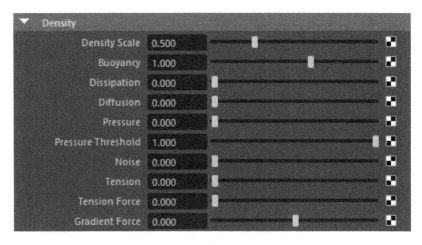

上圖為「密度(Density)」屬性欄卷。

「密度比例(Density Scale)」：將流體容器中的「密度」值乘以比例值，使用小於1的「密度比例」會使「密度」顯得更透明，使用大於1的「密度比例」會使「密度」顯得更不透明。

「浮力(Buoyancy)」：控制流體所受到的向上的力，值越大，單位時間內流體上升的距離越遠。

「消散(Dissipation)」：定義「密度」在柵格中逐漸消失的速率。

「擴散(Diffusion)」：定義在「動態柵格」中「密度」擴散到相鄰體素的速率。

「壓力(Pressure)」：應用一種向外的力，以便抵消向前平流可能應用於流體密度的壓縮效果，特別是沿容器邊界，這樣，該屬性會嘗試保持總體流體體積，以確保不損失密度。

「壓力閾值(Pressure Threshold)」：指定密度值，達到該值時將基於每個體素應用「密度壓力」。

「噪波(Noise)」：基於體素的速度變化，隨機化每個模擬步驟的「密度」值。

「張力(Tension)」：使其邊緣處更加清晰一些。

「張力力量(Tension Force)」：應用一種力，該力基於柵格中的密度模擬曲面張力。

「漸變力(Gradient Force)」：沿密度漸變或法線的方向應用力。

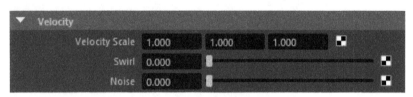

上圖為「速度(Velocity)」屬性欄卷。

「速度比例(Velocity Scale)」：根據流體的 X/Y/Z 方向來縮放速度。

「漩渦(Swirl)」：在流體中生成小比例漩渦和渦流。

「噪波(Noise)」：對速度值應用隨機化以便在流體中創建湍流。

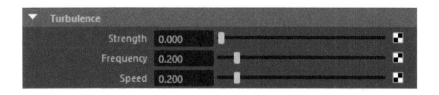

上圖為「湍流(Turbulence)」屬性欄卷。

「強度(Strength)」：增加該值可增加湍流應用的力的強度。

「頻率(Frequency)」：降低頻率會使湍流的漩渦更大，這是湍流函數中的空間比例因子，如果湍流強度為零，則不產生任何效果。

「速度(Speed)」：定義湍流模式隨時間更改的速率。

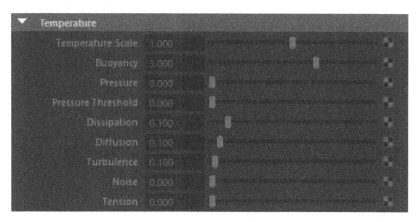

上圖為「溫度(Temperature)」屬性欄卷。

「溫度比例(Temperature Scale)」：與容器中定義的「溫度」值相乘，得到流體動畫效果。

「浮力(Buoyancy)」：解算定義內設的浮力強度。

「壓力(Pressure)」：模擬由於氣體溫度增加而導致的壓力的增加，從而使流體快速展開。

「壓力閾值(Pressure Threshold)」：指定溫度值，達到該值時，將基於每個體素應用「壓力」，對於溫度低於「壓力閾值」的體素，不應用「壓力」。

「消散(Dissipation)」：定義「溫度」在柵格中逐漸消散的速率。

「擴散(Diffusion)」:定義「溫度」在「動態柵格」中的體素之間擴散的速率。

「湍流(Turbulence)」:應用於「溫度」的湍流上的乘數。

「噪波(Noise)」:隨機化每個模擬步驟中體素的溫度值。

「張力(Tension)」:將溫度推進到圓化形狀,使溫度邊界在流體中更明顯。

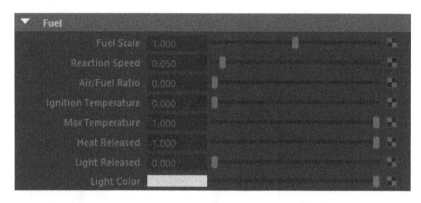

上圖為「燃料(Fuel)」屬性欄卷。

「燃料比例(Fuel Scale)」:與容器中定義的「燃料」值相乘來計算流體動畫結果。

「反應速度(Reaction Speed)」:定義在溫度達到或高於「最大溫度」值時,反應從值1轉化到0的快速程度,值為1.0會導致瞬間反應。

「空氣/燃料比(Air/Fuel Ratio)」:設定完全燃燒設定體積的燃料所需的密度量。

「點燃速度(Ignition Temperature)」:定義將發生反應的最低溫度。

「最大溫度(Max Temperature)」:定義一個溫度,超過該溫度後,反應會以最快的速度進行。

「釋放的熱量(Heat Released)」:定義整個反應過程將有多少熱量釋放到「溫度」柵格。

「釋放的光(Light Released)」：定義反應過程釋放了多少光，這將直接添加到著色的最終白熾燈強度中，而不會輸入到任何柵格中。

「燈光顏色(Light Color)」：定義反應過程所釋放的光的顏色。

　　上圖為「顏色(Color)」屬性欄卷。

「顏色消散(Color Dissipation)」：定義「顏色」在柵格中消散的速率。

「顏色擴散(Color Diffusion)」：定義在「動態柵格」中「顏色」擴散到相鄰體素的速率。

　　上圖為「柵格快取(Grids Cache)」屬性欄卷。

「讀取密度(Read Density)」：如果快取包含「密度」柵格，則從快取讀取「密度」值。

「讀取速度(Read Velocity)」：如果快取包含「速度」柵格，則從快取讀取「速度」值。

「讀取溫度(Read Temperature)」：如果快取包含「溫度」柵格，則從快取讀取「溫度」值。

「讀取燃料(Read Fuel)」：如果快取包含「燃料」柵格，則從快取讀取「燃料」值。

「讀取顏色(Read Color)」：如果快取包含「顏色」柵格，則從快取讀取「顏色」值。

「讀取紋理坐標(Read Texture Coordinates)」：如果快取包含紋理坐標，則從快取讀取它們。

「讀取衰減(Read Falloff)」：如果快取包含「衰減」柵格，則從快取讀取它們。

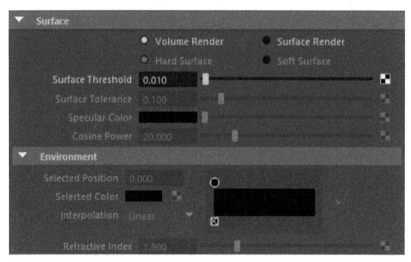

上圖為「表面(Surface)」屬性欄卷。

「體積渲染(Volume Render)」：將流體軟體渲染為體積雲。

「表面渲染(Surface Render)」：將流體軟體渲染為曲面。

「硬曲面(Hard Surface)」：選擇該選項，可使材質的透明度在材質內部保持恆定(如玻璃或水)，此透明度僅由「透明度」屬性和在物質中移動的距離確定。

「軟曲面(Soft Surface)」：選擇該選項，可基於「透明度」和「不透明度」屬性時不斷變化的「密度」進行求值。

「表面閾值(Surface Threshold)」：閾值用於創建隱式表面。

「表面容差(Surface Tolerance)」：確定對表面取樣的點與
「密度」對應的精確「表面閾值」的接近程度。

「鏡面反射顏色(Speaular Color)」：控制由於自發光的原因從
「密度」區域發出的光的數量。

「餘弦冪(Cosine Power)」：控制曲面上鏡面反射高光(也稱為
「熱點」)的大小，最小值為2，值越大，高光就越緊密集中。

上圖為「輸出網格(Output Mesh)」屬性欄卷。

「網格方法(Mesh Method)」：指定用於生成輸出網格等曲面的
多邊形網格的類型。

「網格分辨率(Mesh Resolution)」：使用此屬性可調整流體輸
出網格的分辨率。

「網格平滑迭代次數(Mesh Smoothing Iterations)」：指定應
用於輸出網格的平滑量。

「逐頂點顏色(Color Per Vertex)」：選擇該選項，在將流體對
象轉化為多邊形網格時會生成逐頂點顏色數據。

「逐頂點不透明度(Opacity Per Vertex)」：選擇該選項，在將
流體對象轉化為多邊形網格時會生成逐頂點不透明度數據。

「逐頂點白熾度(Incandescence Per Vertex)」：選擇該選項，
在將流體對象轉化為多邊形網格時會生成逐頂點白熾度數據。

「逐頂點速度(Velocity Per Vertex)」：選擇該選項，在將流
體對象轉化為輸出網格時會生成逐頂點速度數據。

「逐頂點UVW(UVW Per Vertex)」：選擇該選項在將流體對象轉化為多邊形網格時會生成 UV 和 UVW 顏色集。

「使用漸變法線(Use Gradient Normals)」：選擇該選項，可使流體輸出網格上的法線更平滑。

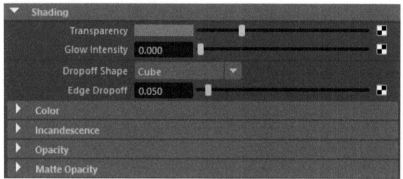

上圖為「著色(Shading)」屬性欄卷。

「透明度(Transparency)」：控制流體的透明程度。

「輝光強度(Glow Intensity)」：控制輝光的亮度(流體周圍光的微弱光暈)。

「衰減形狀(Dropoff Shape)」：定義一個形狀用於定義外部邊界，以創建軟邊流體，衰減形狀有「球體(Sphere)」、「立方體(Cube)」、「圓錐體(Cone)」、「雙圓錐體(Double Cone)」、「X漸變(X Grandient)」、「Y漸變(Y Grandient)」、「Z漸變(Z Grandient)」、「-X漸變(-X Grandient)」、「-Y漸變(-Y Grandient)」、「-Z漸變(-Z Grandient)」的流體顯示結果。

「邊衰減(Edge Dropoff)」：定義「密度」值向由「衰減形狀」定義的邊衰減的速率。

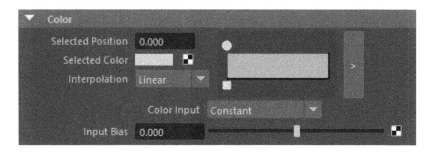

　　上圖為「顏色(Color)」屬性欄卷。

「選定位置(Selected Position)」：該值指示選定顏色在漸變上的位置。

「選定顏色(Selected Color)」：表示漸變上選定位置的顏色。

「插值(Interpolation)」：控制漸變上位置之間的顏色混合方式。

「顏色輸入(Color Input)」：定義用於映射顏色值的屬性。

「輸入偏移(Input Bias)」：控制「顏色輸入」在漸變色上的位置。

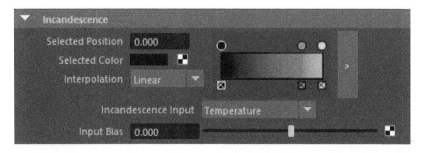

　　上圖為「白熾度(Incandescence)」屬性欄卷，「白熾度」屬性欄卷內的參數與「顏色」屬性欄卷內的參數極為相似，在此不再重複講解。

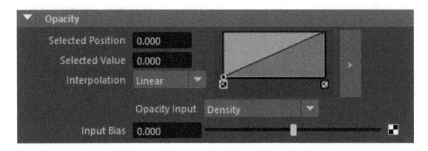

上圖為「不透明度(Opacity)」屬性欄卷,「不透明度」屬性欄卷內的參數與「顏色」屬性欄卷內的參數極為相似,在此不再重複講解。

上圖為「蒙版不透明度(Matte Opacity)」屬性欄卷。

「蒙版不透明度模式(Matte Opacity Mode)」:設定 Maya 如何使用「蒙版不透明度」的值。
「蒙版不透明度(Matte Opacity)」:影響流體的蒙版計算方式。

上圖為「著色質量(Shading Quality)」屬性欄卷。

「質量(Quality)」:增加該值,可以增加渲染中使用的每條光線的采樣數,從而提高渲染的著色質量。

「對比度容差(Contrast Tolerance)」：該值越大，流體的著色質量越高，渲染時間越長。

「采樣方法(Sample Method)」：控制如何在渲染期間對流體采樣。

「渲染插值器(Render Interpolator)」：在對光線進行著色時，選擇以流體體素內的分數點檢索值時要使用的插值算法。

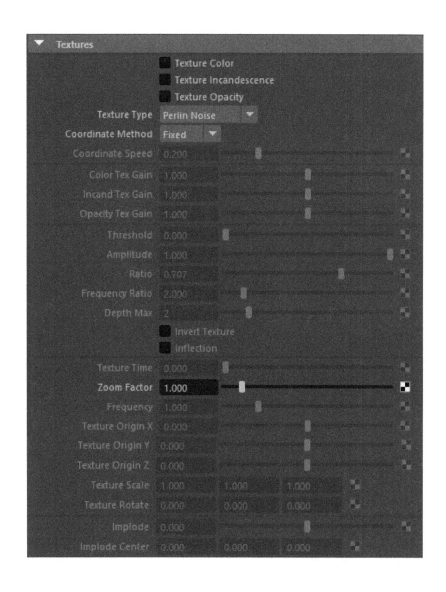

上圖為「紋理(Textures)」屬性欄卷。

「紋理顏色(Texture Color)」：選擇此選項，可將目前紋理應用到顏色漸變的「顏色輸入」值。

「紋理白熾度(Texture Incandescence)」：選擇此選項，可將目前紋理應用到「白熾度輸入」值。

「紋理不透明度(Texture Opacity)」：選擇此選項，可將目前紋理應用到「不透明輸入」值。

「紋理類型(Texture Type)」：選擇如何在容器中對「密度」進行紋理操作，有 Perlin Noise、Billow、Volume Wave、Wispy、SpaceTime 和 Mandelbrot 這6個選項，如右圖所示。

「坐標方法(Coordinate Method)」：選擇如何定義紋理坐標。

「坐標速度(Coordinate Speed)」：控制速度移動坐標的快速程度。

「顏色紋理增益(Color Tex Gain)」：確定有多少紋理會影響「顏色輸入」值。

「白熾度紋理增益(Incand Tex Gain)」：確定有多少紋理會影響「白熾度輸入」值。

「不透明度紋理增益(Opacity Tex Gain)」：確定有多少紋理會影響「不透明度輸入」值。

「閾值(Threshold)」：添加到整個分形的數值，使分形更均勻明亮。

「振幅(Amplitude)」：應用於紋理中所有值的比例因子，以紋理的平均值為中心，增加「振幅」時，亮的區域會更亮，而暗的區域會更暗。

「比率(Ratio)」：控制分形噪波的頻率，增加該值可增加分形中細節的精細度。

「頻率比(Frequency Ratio)」：確定噪波頻率的相對空間比例，控制紋理所完成的計算量。

「最大深度(Depth Max)」：控制紋理所完成的計算量。

「紋理時間(Texture Time)」：控制紋理變化的速率和變化量。

「頻率(Frequency)」：確定噪波的基礎頻率，隨著該值的增加，噪波會變得更加詳細。

「紋理原點(Texture Origin X Y Z)」：噪波的零點，更改此值，將使噪波穿透空間。

「紋理比例(Texture Scale)」：確定噪波在局部 X、Y 和 Z 方向的比例。

「紋理旋轉(Texture Rotate)」：設定流體內設紋理的 X、Y 和 Z 旋轉值，流體的中心是旋轉的樞軸點，此效果類似於在紋理放置節點上設定旋轉。

「內爆(Implode)」：圍繞由「內爆中心」定義的點以同心方式包裹噪波函數。

「內爆中心(Implode Center)」：定義中心點，將圍繞該點定義內爆效果。

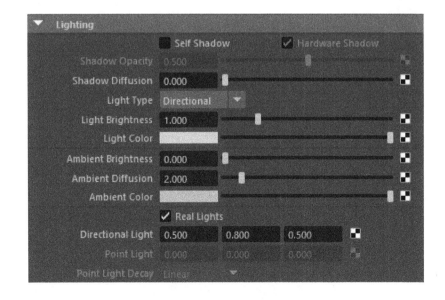

上圖為「照明(Lighting)」屬性欄卷。

「自陰影(Self Shadow)」：選擇該選項，可計算自身陰影。

「硬體陰影(Hardware Shadow)」：選擇該選項，以便在模擬期間(硬體繪制)使流體實現自身陰影效果(流體將明影投射到自身)。

「陰影不透明度(Shadow Opacity)」：使用此屬性可使流體投射的陰影變亮或變暗。

「陰影擴散(Shadow Diffusion)」：控制流體內部陰影的柔和度，以模擬局部燈光散射。

「燈光類型(Light Type)」：設定在場景視圖中顯示流體時，與流體一起使用的內部燈光類型。

「燈光亮度(Light Brightness)」：設定流體內部燈光的亮度。

「燈光顏色(Light Color)」：設定流體內部燈光的顏色。

「環境光亮度(Ambient Brightness)」：設定流體內部環境光的亮度。

「環境光擴散(Ambient Diffusion)」：控制環境光如何擴散到流體密度。

「環境色(Ambient Color)」：設定內部環境光的顏色。

「真實燈光(Real Lights)」：使用場景中的燈光進行渲染。

「平行光(Directional Light)」：設定流體內部平行光的 X、Y 和 Z 構成。

「點光源(Point Light)」：設定流體內部點光源的 X、Y 和 Z 構成。

「流體發射器」

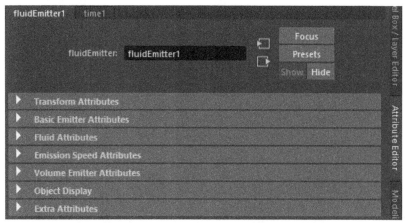

上圖為「流體發射器」的各種屬性欄卷項目截圖，使用
「流體發射器」可以很方便地控制流體產生的速率、流體的發
射位置，以及流體發射器的類型，在「屬性編輯器」中，選擇
fluidEmitter1選項卡，可以查看流體發射器的所有命令屬性欄
卷功能 。

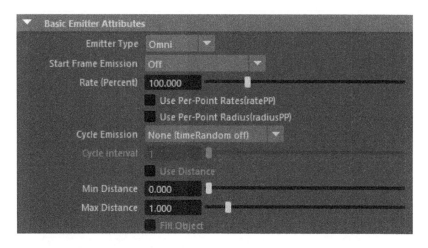

上圖為「基本發射器屬性(Basic Emitter Attributes)」
屬性欄卷。

「發射器類型(Emitter Type)」：如右圖所示，
Maya 為使用者提供了「泛向(Omni)」、「表面
(Surface)」、「曲線(Curve)」、「體積(Volume)」
這4種類型發射器。

「開始幕發射(Start Frame Emission)」：流體
在設定的開始幕時發射，並在所有高級幕中繼續，從而使模擬
持續進行。

「速率(百分比)(Rate(Percent))」：縮放容器內所有流體柵格
的各個發射器速率。

「循環發射(Cycle Emission)」：循環發射會以一定的間隔(以
幕為單位)重新啟動隨機數流。

「循環間隔(Cycle Interval)」：指定隨機數流在兩次重新啟動
期間的幕數。

「使用距離(Use Distance)」：選擇該選項，將使用曲面和曲線
發射器的「最小距離」和「最大距離」值設定發射距離。

「最小距離(Min Distance)」：從發射器創建新的特性值的最小
距離，不適用於體積發射器。

「最大距離(Max Distance)」：從發射器創建新的特性值的最大
距離，不適用於體積發射器。

「填充對象(Fill Object)」：選擇該選項時，流體特性將發射
到選定幾何體的體積中。

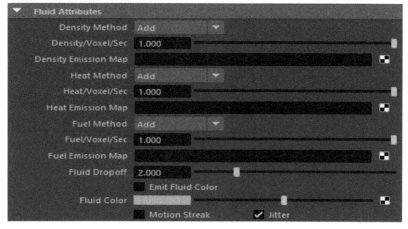

上圖為「流體屬性(Fluid Attributes)」屬性欄卷。

「密度方法(Density Method)」：確定如何在流體中設定密度發射值。

「密度/體素/秒(Density/Voxel/Sec)」：設定每秒內將「密度」值發射到柵格體素的平均速率。

「密度發射貼圖(Density Emission Map)」：可以使用貼圖來控制流體密度發射。

「熱量方法(Heat Method)」：確定如何在流體中設定熱量發射值。

「熱量/體素/秒(Heat/Voxel/Sec)」：設定每秒內將「溫度」值發射到柵格體素的平均速率，負值會從柵格中移除熱量。

「熱量發射貼圖(Heat Emission Map)」：使用二維紋理來映射熱量發射。

「燃料方法(Fuel Method)」：確定如何在流體中設定燃料發射值。

「燃料/體素/秒(Fuel/Voxel/Sec)」：設定每秒內將「燃料」值發射到柵格體素的平均速率。

「燃料發射貼圖(Fuel Emission Map)」：選擇要映射燃料發射的二維紋理。

「流體衰減(Fluid Dropoff)」：設定流體發射的衰減值。

「發射流體顏色(Emit Fluid Color)」：選擇該選項，可將顏色發射到流體顏色柵格中。

「流體顏色(Fluid Color)」：單擊顏色樣例，然後從「顏色選擇器」中選擇發射的流體顏色。

「運動條紋(Motion Streak)」：選擇該選項，將對快速移動的流體發射器中的流體條紋進行平滑處理，使其顯示為連續條紋而不是一系列發射圖章。

「抖動(Jitter)」：選擇該選項，可在發射體積的邊緣提供更好的抗鋸齒效果。

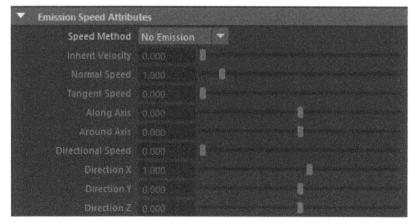

　　上圖為「發射速度屬性(Emission Speed Attributes)」屬
性欄卷。

　「速度方法(Speed Method)」：確定如何在流體中設定速度發射
值。

　「繼承速度(Inherit Velocity)」：設定流體從動畫發射器生成
的平移速度繼承的速度量。

　「法線速率(Normal Speed)」：設定當從曲面發射流體時，沿曲
面法線的發射速度。

　「切線速率(Tangent Speed)」：設定當從曲線發射流體時，沿
曲線切線的發射速度。

　「沿軸(Along Axis)」：設定沿所有體積發射器的中心軸的發射
速度。

　「繞軸(Around Axis)」：設定圍繞所有體積發射器的中心軸的
速度。

　「平行光速率(Directional Speed)」：添加由「方向 X」、「方向
Y」和「方向 Z」屬性指定的方向上的速度。

　「方向 X/Y/Z(Direction X/Y/Z)」：設定相對於發射器的位置和
方向的發射速度方向。

上圖為「體積發射器屬性(Volume Emitter Attributes)」
屬性欄卷。

「體積形狀(Volume Shape)」:指示當發射器類
型為體積時,該發射器將使用體積形狀,Maya
為使用者提供了多種體積形狀可選,如右圖所
示。

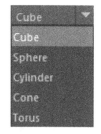

「體積偏移(Volume Offset)」:發射體積中心距
發射器原點的平移偏移的父屬性。

「體積掃描(Volume Sweep)」:控制體積發射的圓弧。

「截面半徑(Section Radius)」:僅應用於圓環體體積。

「規一化衰減(Normalized Dropoff)」:選擇該選項,體積發射
器的衰減相對於發射器的比例(而不是世界空間)是固定的。這
樣可以確保當流體容器和發射器一起縮放時,流體模擬可保持
一致。

「創建海洋」

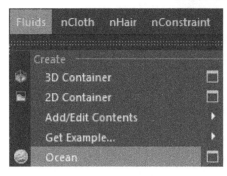

使用流體特效可以快速製作出非常真實的海洋表面效果，
如左圖所示，選擇執行「流體 > 海洋(Fluids > Ocean)」，功
能，就可在場景中生成帶有動畫效果的海洋。

　　上圖為「海洋(Ocean)」物件屬性欄卷，以下內容就是流體
海洋物件功能的各項屬性說明。

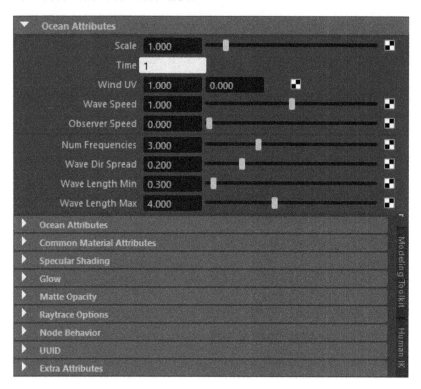

　　上圖為「海洋屬性(Ocean Attributes)」屬性欄卷，可以
看到其內中設有「波高度(Wave Height)」、「波湍流(Wave
Turbulence)」和「波峰(Wave Peaking)」這3個屬性欄卷。

「比例(Scale)」：控制海洋波紋的大小。

「時間(Time)」：控制場景中海洋紋理的速率和變化量。

「風 UV(Wind UV)」：控制波浪移動的(平均)方向，從而模擬出
風的效果，該項表示為 UV 紋理空間中的 U 值和 V 值。

「波速率(Wave Speed)」：定義波浪移動的速率。

「觀察者速率(Observer Speed)」：通過移動模擬的觀察者來取消橫向的波浪運動。

「頻率數(Num Frequencies)」：控制「最小波長」和「最大波長」之間插值頻率的數值。

「波方向擴散(Wave Dir Spread)」：根據風向定義波方向的變化，如果為0，則所有波浪向相同方向移動，如果為1，則波浪向隨機方向移動，風向不一致加上波浪折射等其他效果，就會導致波方向的自然變化。

「最小波長(Wave Length Min)」：控制波的最小長度(以米為單位)。

「最大波長(Wave Length Max)」：控制波的最大長度(以米為單位).

　　上圖為「波高度(Wave Height)」屬性欄卷，這裡的參數主要來控制海洋波浪高度。

「選定位置(Selected Position)」：控制右側圖表的節點位置。

「選定值(Selected Value)」：控制右側圖表的數值。

「插值(Interpolation)」：控制曲線上位置標記之間值的混合方式。

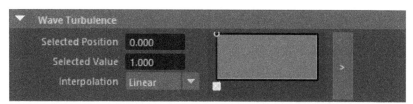

　　上圖為「波湍流(Wave Turbulence)」屬性欄卷。

「波湍流」屬性欄卷內的命令參數與「波高度」的參數設定極為相似，故不再重複講解。

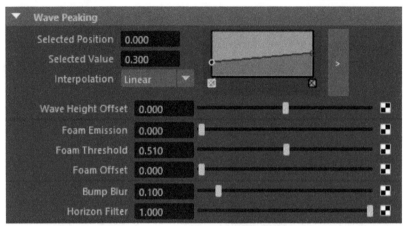

上圖為「波峰(Wave Peaking)」屬性欄卷。

「波高度偏移(Wave Height Offset)」：海洋總體置換上的簡單偏移。

「泡沫發射(Foam Emission)」：控制生成的超出「泡沫閾值」的泡沫密度。

「泡沫閾值(Foam Threshold)」：控制生成泡沫所需的「波振幅」以及泡沫持續的時間。

「泡沫偏移(Foam Offset)」：在所有位置添加一致的泡沫。

「凹凸模糊(Bump Blur)」：定義在計算著色凹凸法線中使用的采樣，值越大，產生的波浪越小，波峰越平滑。

「地平線過濾器(Horizon Filter)」：基於視圖距離和角度增加「凹凸模糊」，以便沿海平線平滑或過濾抖動和顫動，地平線過濾器預設為1.0。

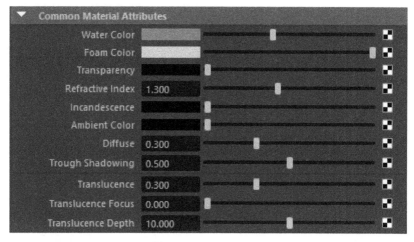

　　上圖為「公用材質屬性(Common Material Attributes)」
屬性欄卷。

「水顏色(Water Color)」：用來設定海洋表面的基本顏色。

「泡沫顏色(Foam Color)」：設定泡沫的顏色。

「透明度(Transparency)」：控制海洋材質的透明程度。

「折射率(Refractive Index)」：定義海洋材質的折射率。

「白熾度(Incandescence)」：使材質顯現為乳白色，如同其自
身在發光一般。

「環境色(Ambient Color)」：預設情況下「環境色」為黑色，
這意味著它不會影響材質的總體顏色，當環境色變得更明亮
時，將通過使材質顏色變亮和混合兩種顏色，來對材質顏色產
生影響。

「漫反射(Diffuse)」：控制場景中從對象散射的燈光的量，大
多數材質將吸收一些照射到材質上的燈光，並散射其餘燈光。

「波谷陰影(Trough Shadowing)」：使波谷中的漫反射顏色更
暗，該選項可模擬更明亮波峰處的某些照明條件，從而散射燈
光，該屬性適用於波浪顏色處於藍綠色范圍內的情況。

「半透明(Translucence)」：模擬漫穿透半透明對象的燈光。

「半透明聚焦(Translucence Focus)」：模擬穿過半透明對象的燈光在多個前進方向上進行散射的方式。

「半透明深度(Translucence Depth)」：定義可使半透明衰退為元的對象穿透深度。

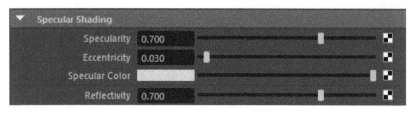

上圖為「鏡面反射著色(Specular Shading)」屬性欄卷。

「鏡面反射度(Specularity)」：控制鏡面高光的亮度，該值為鏡面反射顏色的倍增。

「偏心率(Eccentricity)」：控制鏡面高光(熱點)的大小。

「鏡面反射顏色(Specular Color)」：定義材質上鏡面高光的顏色。

「反射率(Reflectvity)」：使用「反射率」，使對象像鏡子一樣反射燈光。

上圖為「環境(Environment)」屬性欄卷。

「選定位置(Selected Position)」：該值指示選定顏色在漸變上的位置。

「選定顏色(Selected Color)」：表示漸變上選定位置的顏色。

「插值(Interpolation)」：控制漸變上位置之間的顏色融合方式。

上圖為「輝光(Glow)」屬性欄卷。

「輝光強度(Glow Intensity)」：用於控制輝光的強度。
「鏡面反射輝光(Specular Glow)」：用於控制鏡面高光輝光，如水上閃爍的高光效果。

「創建池塘」

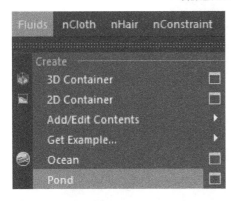

　　左圖的選單功能「流體 > 池塘(Fluids > Pond)」的選項，可以創造「池塘」的物件。

「運用範例」

Maya 的流體特效功能也提供了一些專案範例可以運用在流體特效之上，如上圖所示，使用者只需要點選選單選項功能中的「流體 > 取得範例 > 流體 或 海洋/池塘(Fluids > Get Example… > Fluid or Ocean/Pond)」功能就可以讀取 Maya 提供的下二圖之中的各種應用範例的檔案。

「布料特效(nCloth)」

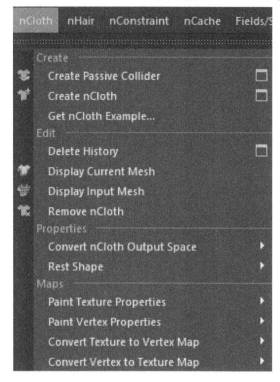

布料特效是一種很特殊的動畫特效，由於動畫外在衣著物體會隨著動畫模型的各種運動狀態，進而產生各式各樣不同的隨機衣物皺褶，而且使用者很難使用傳統設定「關鍵幕(Key Frame)」動畫的製作方式來製作外在衣著的各種變化動畫特效，因此為了解決這方面的相關問題，所以 Maya 專門發展出「布料特效(nCloth)」這個專門從事這方面工作的特效功能。

以下內容就是 Maya 各種布料特效(nCloth)的相關功能介紹，請使用者自行參閱其中的內容學習使用布料特效的功能，由於本書篇幅有限的關係，所以我就不再張貼各式各樣的特效效果圖來當做案例解說圖，因此請使用者自行調校測試各種布料特效的功能屬性發揮，慢慢熟練這一方面的特效技巧。

右圖就是「FX 工具架」上提供  的布料特效的5種功能圖示，它的說明如下所示：

1. 從選定網格 nCloth：將場景中選定的要型設定為 nCloth 對象。

2. 創建被動碰撞對象：將場景中選定的模型設定為可以被
nCloth 或 n 粒子碰撞的對象。

3. 移除 nCloth：將場景中的 nCloth 對象還原設定為普通模型。

4. 顯示輸入網格：將 nCloth 對象在視圖中恢復為布料動畫計算
之前的幾何形態。

5. 顯示目前網格：將 nCloth 對象在視圖中恢復為布料動畫計算
之後的目前幾何形態。

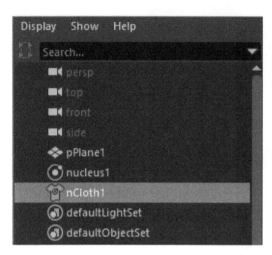

利用 Maya 的
「多邊形
(Polygon)」建模工
具架的「平面
(Plane)」建模功
能，先在視窗工作面
板上製作一個平面物
件，然後使用前面所
講的第1項功能，將
我們的平面物件轉換成 nCloth 的布料物件，並且如左上圖所示
的大綱視圖中所示點選 nCloth1布料物件，再到頻道盒中觀看該
「布料物件」的各種功能屬性欄卷的內容。

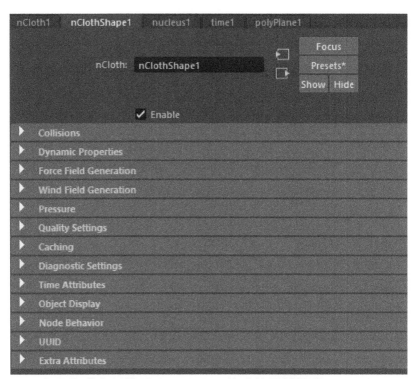

上圖為「布料物件(nCloth)」的功能屬性欄卷。

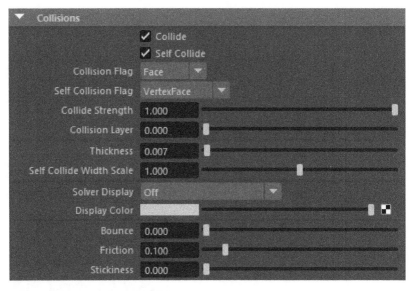

上圖為「碰撞(Collisions)」屬性欄卷。

「碰撞(Collide)」：如果勾選該選項，那麼目前 nCloth 對象會與被動對象、nParticle 對象以及共享相同的 Maya Nucleus 解算器的其他 nCloth 對象發生碰撞，如果取消選擇該項，那麼目前 nCloth 對象不會與被動對象，nParticle 對象或任何其他 nCloth 對象發生碰撞。

「自碰撞(Self Collide)」：如果勾選該選項，那麼目前 nCloth 對象會與它自己的輸出網格發生碰撞，如果取消勾選該項，那麼目前 nCloth 不會與它自己的輸出網格發生碰撞。

「碰撞標誌(Collision Flag)」：指定目前 nCloth 對象的哪個組件會參與其碰撞。

「自碰撞標誌(Self Collision Flag)」：指定目前 nCloth 對象的哪個組件會參與其自碰撞。

「碰撞強度(Collide Strength)」：指定 nCloth 對象與其他 Nucleus 對象之間的碰撞強度，在使用預設值1時，對象與自身或其他 Nucleus 對象發生完全碰撞，「碰撞強度」值處於0和1之間會減弱完全碰撞，而該值為0會禁用對象的碰撞。

「碰撞層(Collision Layer)」：將目前 nCloth 對象指定給某個特定碰撞層。

「厚度(Thickness)」：指定目前 nCloth 對象的碰撞體積的半徑或深度，nCloth 碰撞體積是與 nCloth 的頂點，邊和面的不可渲染的曲面偏移，Maya Nucleus 解算器在計算自碰撞或被動對象碰撞時，會使用這些頂點、邊和面。厚度越大，nCloth 對象所模擬的布料越厚實，布料運動越緩慢。

「自碰撞寬度比例(Self Collide Width Scale)」：為目前 nCloth 對象指定自碰撞比例值。

「解算器顯示(Solver Display)」：如右圖所示，指定會在場景視圖中為目前 nCloth 對象顯示哪些 Maya Nucleus 解算器訊息，有「禁用 (Off)」、「碰撞厚度(Collision

Thickness)」、「自碰撞厚度(Self Collision Thickness)」、
「拉伸鏈接(Stretch Links)」、「彎曲鏈接(Bend Links)」、和
「權重(Weighting)」這6個選項。

「顯示顏色(Display Color)」：為目前 nCloth 對象指定解算器
顯示的顏色，預設為黃色，也可以將此顏色設定為其他色彩。

「反彈(Bounce)」：指定目前 nCloth 對象的彈性或反彈度。

「摩擦力(Friction)」：指定目前 nCloth 對象的摩擦力的量。

「粘滯(Stickiness)」：指定當 nCloth、nParticle 和被動對象
發生碰撞時，nCloth 對象粘到其他 Nucleus 對象的傾向性。

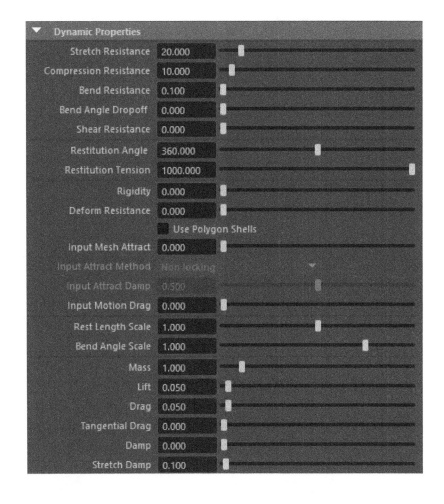

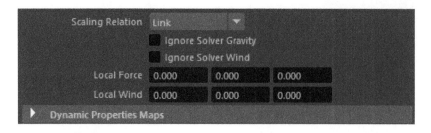

上圖為「動力學特性(Dynamic Properties)」屬性欄卷。

「拉伸阻力(Stretch Resistance)」：指定目前 nCloth 對象在受到張力時抵制拉伸的量。

「壓縮阻力(Compression Resistance)」：指定目前 nCloth 對象抵制壓縮的量。

「彎曲阻力(Bend Resistance)」：指定在處於應力下時 nCloth 對象在邊上抵制彎曲的量，高彎曲阻力使 nCloth 變得僵硬，這樣它就不會彎曲，也不會從曲面的邊懸垂下去，而低彎曲阻力使 nCloth 的行為就像是懸掛在下方的桌子邊線上的一塊桌布。

「彎曲角度衰減(Bend Angle Dropoff)」：指定「彎曲阻力」如何隨目前 nCloth 對象的彎曲角度而變化。

「斜切阻力(Shear Resistance)」：指定目前 nCloth 對象抵制斜切的量。

「恢復角度(Restitution Angle)」：沒有力作用在 nCloth 上時，指定在目前 nCloth 對象無法再返回到其靜止角度之前，可以在邊上彎曲的程度。

「恢復張力(Restitution Tension)」：在沒有力作用在 nCloth 上時，指定目前 nCloth 對象中的鏈接無法再返回到其靜止角度之前，可以拉伸的程度。

「剛性(Rigidity)」：指定目前 nCloth 對象希望充當剛體的程度，值為1使 nCloth 充當一個剛體，而值在0到1之間會使 nCloth 成為介於布料和剛體之間的一種混合。

「變形阻力(Deform Resistance)」：指定目前 nCloth 對象希望保持其目前形狀的程度。

「使用多邊形殼(Use Polygon Shells)」：如果勾選該選項，則會將「剛性」和「變形阻力」應用到 nCloth 網格的各個多邊形殼。

「輸入網格吸引(Input Mesh Attract)」：指定將目前 nCloth 吸引到其輸入網格的形狀的程度，較大的值可確保在模擬過程中 nCloth 變形和碰撞時，nCloth 會盡可能接近地返回到其輸入網格形狀，反之，較小的值表示 nCloth 不會返回到其輸入網格形狀。

「輸入吸引阻尼(Input Attract Damp)」：指定「輸入網格吸引」的效果的彈性，較大的值會導致 nCloth 彈性降低，因為阻尼會消耗能量，較小的值會導致 nCloth 彈性更大，因為阻尼影響不大。

「輸入運動阻力(Input Motion Drag)」：指定應用於 nCloth 對象的運動力的強度，該對象被吸引到其動畫輸入網格的運動。

「靜止長度比例(Rest Length Scale)」：確定如何基於在開始幕處確定的長度動態縮放靜止長度。

「彎曲角度比例(Bend Angle Scale)」：確定如何基於在開始幕處確定的彎曲角度動態縮放彎曲角度。

「質量(Mass)」：指定目前 nCloth 對象的基礎質量。

「升力(Lift)」：指定應用於目前 nCloth 對象的升力的量。

「阻力(Drag)」：指定應用於目前 nCloth 對象的阻力的量。

「切向阻力(Tangential Drag)」：偏移阻力相對於目前 nCloth 對象的曲面切線的效果。

「阻尼(Damp)」：指定減慢目前 nCloth 對象的運動的量，透過消耗能量，阻尼會逐漸減弱 nCloth 的移動和振動。

上圖為「力量生成(Force Field Generation)」屬性欄卷。

「力場(Force Field)」：設定「力場」的方向，表示力是從 nCloth 對象的哪一部分生成的。

「場幅值(Field Magnitude)」：設定「力場」的強度。

「場距離(Field Distance)」：設定與力的曲面的距離。

上圖為「風場生成(Wind Fidle Generation)」屬性欄卷。

「空氣推動距離(Air Push Distance)」：指定一個距離，在該距離內，目前 nCloth 對象的運動創建的風會影響處於同一 Nucleus 系統中的其他 nCloth 對象。

「空氣推動漩渦(Air Push Vorticity)」：指定在由目前 nCloth 對象推動的空氣流動中循環或旋轉的量，以及在由目前 nCloth 對象的運動創建的風的流動中卷曲的量。

「風陰影距離(Wind Shadow Distance)」：指定一個距離，在該距離內，目前 nCloth 對象會從其系統中的其他 nCloth、nParticle 和被動對象阻止其 Nucleus 系統的動力學風。

「風陰影擴散(Wind Shadow Diffusion)」：指定目前 nCloth 對
象在阻止其 Nucleus 系統中的動力學風時，動力學風圍繞目前
nCloth 對象卷曲的量。

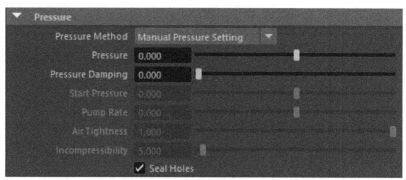

上圖為「壓力(Pressure)」屬性欄卷。

「壓力方法(Pressure Method)」：用於設定使用何種方式來計
算壓力。

「壓力(Pressure)」：用於計算壓力對目前 nCloth 對象的曲面
法線方向應用力。

「壓力阻尼(Pressure Damping)」：指定為目前 nCloth 對象減
弱空氣壓力的量。

「開始壓力(Start Pressure)」：指定在目前 nCloth 對象的模
擬的開始幕處，目前 nCloth 對象內部的相對空氣壓力。

「泵速率(Pump Rate)」：指定將空氣壓力添加到目前 nCloth 對
象的速率。

「空氣緊密度(Air Tightness)」：指定空氣可以從目前 nCloth
對象漏出的速率，或目前 nCloth 對象的表面的可滲透程度。

「不可壓縮性(Incompressibility)」：指定目前 nCloth 對象的
內部空氣體積的不可壓縮性。

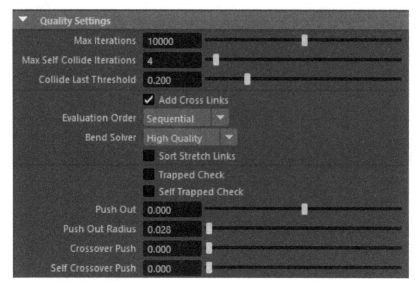

上圖為「質量設定(Quality Settings)」屬性欄卷。

「最大迭代次數(Max Iterations)」：為目前 nCloth 對象的動力學特性指定每個模擬步驟的最大迭代次數。

「最大自碰撞迭代次數(Max Self Collide Iterations)」：為目前 nCloth 對象指定每個模擬步驟的最大自碰撞迭代次數，迭代次數是在一個模擬步長內發生的計算次數，隨著迭代次數增加，精確度會提高，但計算時間也會增加。

「碰撞上一閾值(Collide Last Threshold)」：設定碰撞迭代次數是否為每個模擬步長中執行的最後一個計算。

「添加交叉鏈接(Add Cross Links)」：向目前 nCloth 對象添加交叉鏈接，對於包含3個以上頂點的面，這樣會創建鏈接，從而使每個頂點連接到每個其他頂點，與對四邊形進行三角化相比，使用交叉鏈對四邊形進行平衡會更好。

「求值順序(Evaluation Order)」：如右圖所示，指定是否以「順序(Sequential)」或「平行(Parallel)」的方式，對目前 nCloth 對象的鏈接求值。

「彎曲解算器(Bend Solver)」：如右圖所
示，設定用於計算「彎曲阻力」的解算器方
法，有「簡單(Simple)」、「高質量(High
Quality)」和「翻轉跟蹤(Flip Tracking)」
這3個選項。

「向外推(Push Out)」：是指將相交或穿透的對象向外推，直至
達到目前 nCloth 對象曲面中最近點的力，如果值為1，則將對
象向外推一個步長，如果值較小，則會將其向外推更多步長，
但結果會更平滑。

「向外推影嚮半徑(Push Out Radius)」：指定目前 nCloth 對象
的「向外推」屬性所影嚮的半徑范圍。

「交叉推力(Crossover Push)」：指沿著與目前 nCloth 對象交
叉的輪廓應用於對象的力。

「自交叉推力(Self Crossover Push)」：沿目前 nCloth 對象與
其自身交叉的輪廓應用力。

「應用 nCloth 範例」

Maya 軟體提供
了多個完整的布料
動畫場景檔案，供
使用者打開學習，
並應用於具體的動

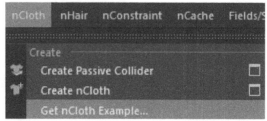

畫專案項目中，如右上圖所示，執行選項欄功能的「布料 > 取
得布料範例(Get nCloth Example…)」功能，就能呼叫出下圖
的各種布料相關運用專案範例。

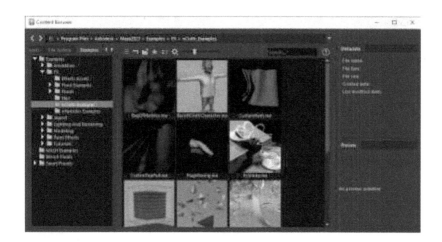

「效應場/解算器(Fields/Solvers)」
「空氣場(Air)」

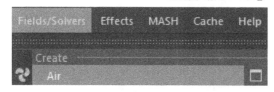

「效應場」是為調整動力學對象(如液體、柔體、nParticle 和 nCloth)的運動效果而設置出來的力，例如可以將漩渦場連接到發射的 n 粒子以創建漩渦運動，使用空氣場可以吹動場景中的 n 粒子以創建飄散運動。

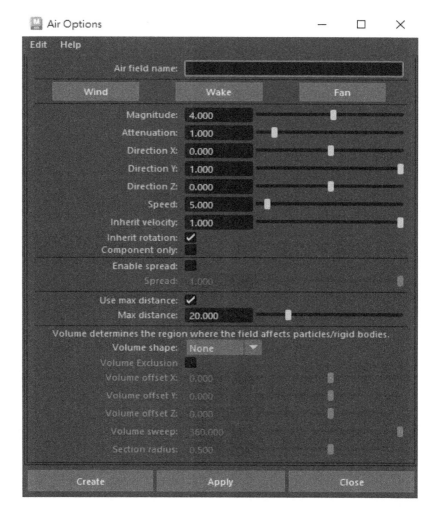

上圖為「空氣場」，主要用來模擬風對場景中的粒子或者 nCloth 對象所產生的影響運動，其命令參數如下所示。

「風(Wind)」：將「空氣」場屬性設整為與風的效果近似的一種預設。

「尾跡(Wake)」：將「空氣」場屬性設定為模擬尾跡運動的一種預設。

「扇(Fan)」：將「空氣」場屬性設定為與本地風扇效果近似的一種預設。

「幅值(Magnitude)」：設定空氣場的強度，該選項設定沿空氣移動方向的速度。

「衰減(Attenuation)」：設定場的強度隨著到受影響對象的距離增加而減小的量。

「方向 X(Direction X)/方向 Y(Direction Y)/方向 Z(Direction Z)：用於設定空氣吹動的方向。

「速率(Speed)」：控制連接的對象與空氣速度匹配的快慢。

「繼承速度(Inherit velocity)」：當空氣場移動或以移動對象作為父對象時，其速率受父對象速率的影響。

「繼承旋轉(Inherit rotation)」：空氣場正在旋轉或以旋轉對象作為父對象時，則氣流會經歷同樣的旋轉，空氣場旋轉中的任何更改都會更改空氣場指向的方向。

「僅組件(Component only)」：用於設定空氣場僅在其「方向」、「速率」和「繼承速度」中所指定的方向應用力。

「啟用擴散(Enable spread)」：指定是否使用「擴散」角度，如果「啟用擴散」選項被勾選，空氣場將只影響「擴散」設定指定的區域內的連接對象。

「擴散(Spread)」：表示與「方向」設定所成的角度，只有該角度內的對象才會受到空氣場的影響。

「使用最大距離(Use max distance)」：用於設定空氣場所影響的范圍。

「最大距離(Max distance)」：設定空氣場能夠施加影響的與該場之間的最大距離。

「體積形狀(Volume shape)」：Maya 提供了多達6種的空氣形狀以供使用者選擇，共有「無(None)」、「立方體(Cube)」、「球體(Sphere)」、「圓柱體(Cylinder)」、「圓錐體(Cone)」、「圓環(Torus)」等6種可選。

「體積排除(Volume Exclusion)」：勾選該選項時，體積定義空間中對粒子或剛體沒有任何影響。

「體積偏移 X(Volume offset X)/體積偏移 Y(Volume offset Y)/體積偏移 Z(Volume offset Z)」：設定從場的不同方向上來偏移體積。

「體積掃描(Volume Sweep)」：定義除立方體外的所有體積的旋轉范圍，該值可以是介於0和360度之間的值。

「截面半徑(Section radius)」：定義圓環體的實體部分的厚度（相對於圓環體的中心環的半徑），中心環的半徑由場的比例確定。

「阻力場(Drag)」

「阻力」場主要用來設定阻力效果，其命令參數如下所示。

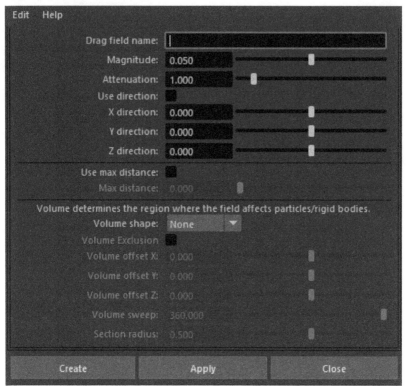

「幅值(Magnitude)」：設定阻力場的強度，幅值越大，對移動對象的阻力就越大。

「衰減(Attenuation)」：設定場的強度隨著到受影響對象的距離增加而減小的量。

「使用方向(Use direction)」：根據方向設定阻力。

「X 方向(X direction)/Y 方向(Y direction)/Z 方向(Z direction)」：用於設置阻力的方向。

「重力(Gravity)」

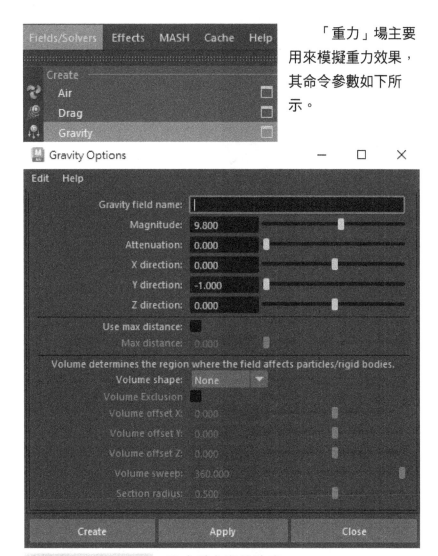

「重力」場主要用來模擬重力效果，其命令參數如下所示。

「幅值(Magnitude)」：設定重力場的強度。

「衰減(Attenuation)」：設定場的強度隨著到受影響對象的距離增加而減小的量。

「X 方向(X direction)/Y 方向(Y direction)/Z 方向(Z direction)」：用來設定重力的方向。

「牛頓(Newton)」

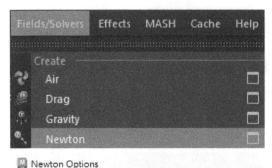

　　「牛頓」場主要用來模擬拉力效果，其命令參數如下所示。

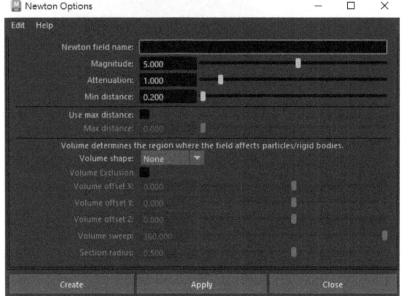

「幅值(Magnitude)」：設定牛頓場的強度，該數值越大，力就越強，如果為正數，則會向場的方向拉動對象，如果為負數，則會向場的相反方向推動對象。

「衰減(Attenuation)」：設定場的強度隨著到受影響對象的距離增加而減小的量。

「最小距離(Min distance)」：設定牛頓場中能夠施加場的最小距離。

「徑向(Radial)」

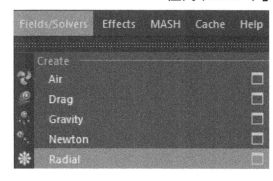

　　「徑向」場與「牛頓」場有點相似，也是用來模擬推力及拉力，其命令參數如下所示。

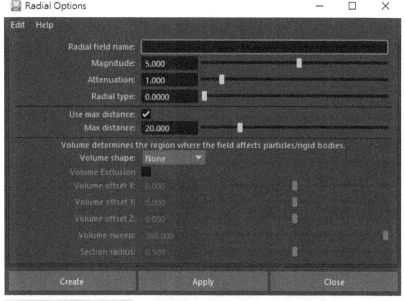

「幅值(Magnitude)」：設定徑向場的強度，數值越大，受力越強，正數會推離對象，負數會向指向場的方向拉近對象。

「衰減(Attenuation)」：設定場隨與受影響對象的距離的增加而減小的強度。

「徑向類型(Radial type)」：指定徑向場的影響如何隨著「衰減」減小，如果值為1，當對象接近與場之間的「最大距離」時，將導致徑向場的影響會快速降到零。

「湍流(Turbulence)」

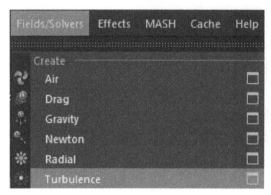

　　「湍流」場主要用來模擬混亂氣流對 n 粒子或 nCloth 對象所產生的隨機運動效果，其命令參數如下所示。

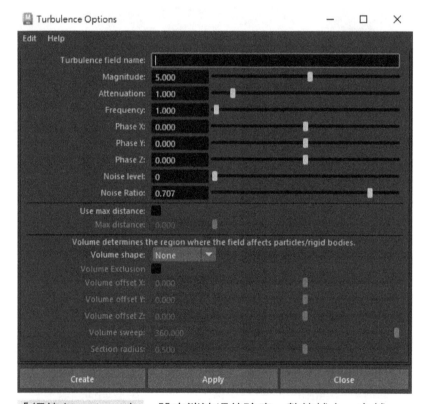

「幅值(Magnitude)」：設定湍流場的強度，數值越大，力越強，可以使用正值或負值，在隨機方向上移動受影響對象。

「衰減(Attenuation)」：設定場的強度隨著到受影響對象的距離增加而減小的量。

「頻率(Frequency)」：設定湍流場的頻率，較高的值會產生更頻繁的不規則運動。

「相位 X(Phase X)/相位 Y(Phase Y)/相位 Z(Phase Z)」：設定湍流場的相位移，這決定了中斷的方向。

「噪波級別(Noise level)」：該數值越大，湍流越不規則。

「噪波比(Noise Ratio)」：用於指定噪波連續查找的權重。

「統一(Uniform)」

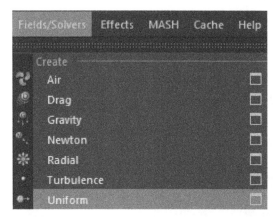

「統一」場也可以用來模擬推力及拉力，其命令參數如下所示。

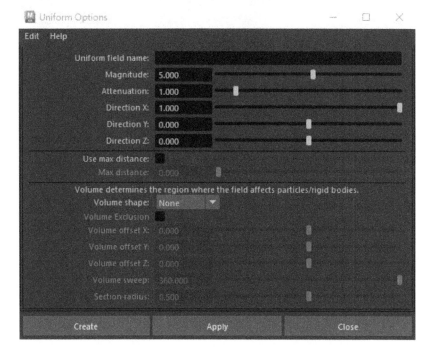

「幅值(Magnitude)」：設定統一場的強度，數值越大，力越大，正值會推開受影響的對象，負值會將對象拉向場。

「衰減(Attenuation)」：設定場的強度隨著到受影響對象的距離增加而減小的量。

「方向 X(Direction X)/方向 Y(Direction Y)/方向 Z(Direction Z)」：指定統一場推動對象的方向。

「漩渦(Vortex)」

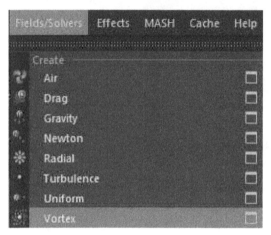

「漩渦」場用來模擬類似漩渦的旋轉力，其命令參數如下所示。

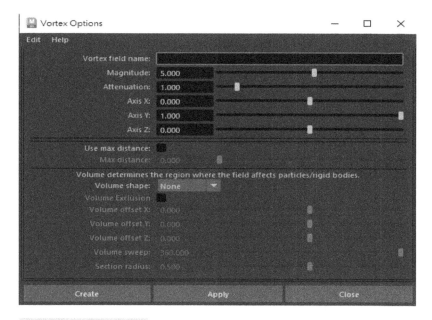

「幅值(Magnitude)」：設定漩渦場的強度，該數值越大，強度越大，正值會按逆時針方向移動受影響的對象，而負值會按順時針方向移動對象。

「衰減(Attenuation)」：設定場的強度隨著到受影響對象的距離的增加而減小的量。

「軸 X(Axis X)/軸 Y(Axis Y)/軸 Z(Axis Z)」：用於指定漩渦場對其周圍施加力的軸。

「創建 n 粒子液體」

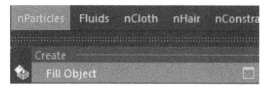

使用 Maya 的 n 粒子系統還可以用於模擬高質量的液體運動動畫，具體操作如下。

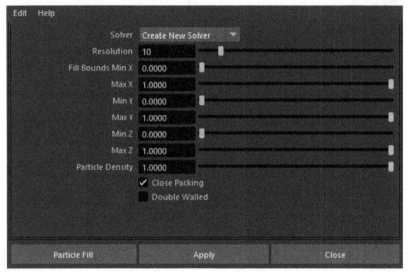

「解算器(Solver)」：指定 n 粒子所使用的動力學解算器。

「分辨率(Resolution)」：用於設定液體填充的精度，值越大，粒子越多，模擬的效果越好。

「填充邊界最小值 X/Y/Z(Fill Bounds Min X/Min Y/Min Z)」：設定沿相對於填充對象邊界的 X/Y/Z 軸填充的 n 粒子填充下邊界，值為0時表示填滿，為1時則為空。

「填充邊界最大值 X/Y/Z(Fill Bounds Max X/Max Y/Max Z)」：設定沿相對於填充對象邊界的 X/Y/Z 軸填充的 n 粒子填充上邊界，值為0時表示填滿，為1時則為空。

「粒子密度(Particle Density)」：用於設定 n 粒子的大小。

「緊密填充(Close Packing)」：勾選該選項，將以六角形填充排列盡可能緊密地定位 n 粒子，否則就以一致柵格晶格排列填充 n 粒子。

「雙壁(Double Walled)」：如果要填充對象的厚度已經建模，則勾選該選項。

「燈光光源照射與攝影機擺放及設定」

在現實的世界之中，如果沒有燈光照射、反射及「光粒子」存在的話，我們的眼睛根本看不到任何的物體與顏色。

顏色有分光學三原色「紅、綠、藍(RGB)及顏料三原色「青、洋紅、黃(CMY)」，兩種不同的三原色調配出各種的可見色(人類眼睛可見的顏色分別大概有九種：黑、紅、橙、黃、綠、藍、靛、紫、白)。這些在「混蒼生」一書之中的「色彩」裡面略有所提，所以在這裡我就不再贅述他們的原理。

總而言之，燈光的照射使用決定了我們能「看見」物體形狀及可見顏色的回饋，當然除此之外還有物體材質的選用也決定了一部份的視覺感受因素。(我曾經聽過「偏橘黃色的燈光」照射在「淡藍色的布幕」上，會產生「純白色」的視覺效果，是舞台劇場上的一種常見燈光照射場景的運用手法)

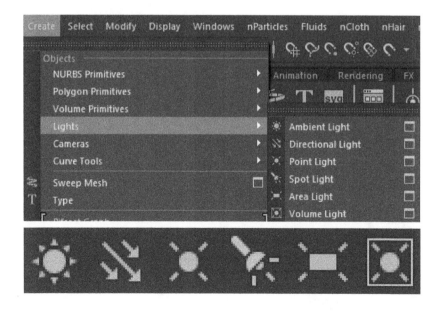

如上圖所示，Maya 的「創建>燈光(Create > Lights)」目前總共提供了6種燈光照射渲染方式，分別是「環境周圍光(Ambient Light)」、「定向平行光(Directional Light)」、「點狀放射光源(Point Light)」、「焦點聚光燈(Spot Light)」、「區域光源(Area Light)」及「體積光源(Volume Light)」。

　　左圖就是工作面版區點選工作面板「使用燈照」的顯示狀況，因為我們的場景檔案還沒有使用任何燈照光源，所以就渲染顯示不出燈照的效果，一片漆黑的物件模型，而底下的六個圖示，就是分別使用6種燈光照射渲染而出的畫面。

　　右圖所示就是「環境周圍光(Ambient Light)」的預設燈照渲染效果，至於頻道盒裡面的屬性欄項目，使用者需要自己慢慢研究精深燈照各種屬性的調節學問，畢竟「燈光師」也是一門專門的技藝職銜。

　　左圖所示就是「定向平行光(Direntional Light)」的預設光源燈照渲染結果，畫面中的「箭頭物件」就是「定向平行光(Direntional Light)」的光源物件。

右圖所示就是「點狀放射光源(Point Light)」的預設光源燈照渲染結果，畫面中的「綠色小點」就是「點狀放射光源(Point Light)」的光源實體控制物件，請自行研究使用頻道盒中的屬性資訊欄功能。

左圖所示就是「焦點聚光燈(Spot Light)」的預設光源燈照渲染結果，畫面中的「綠色物件」就是「焦點聚光燈(Spot Light)」的光源實體控制物件，請視自己場景的需要選用並研究頻道盒內的屬性欄功能來控制燈照的使用。

右圖所示就是「區域光源(Area Light)」的預設光源燈照渲染結果，畫面中的「綠色方框」就是「區域光源(Area Light)」的光源實體控制物件，請視自己場景的需要選用並研究頻道盒內的屬性欄功能來控制燈照的使用。

左圖所示就是「體積光源(Volume Light)」的預設光源燈照渲染結果，畫面中的「綠色物件」就是「體積光源(Volume Light)」的光源實體控制物件，請自行研究使用頻道盒中的屬性資訊欄功能，這種光源似乎很接近「營火篝火堆」的光照效果。

「三點照明」

三點照明是一般電影攝影及廣告攝影經常佈置使用的照明方法，這種燈光布置方式可以通過比較少燈光光源設置來得到比較立體的光影效果，三點照明就是在場景中設置3個光源，這3個光源每一個都有其具體的功能作用，三點照明分別為主光源、輔助光源及背光。

主光源用來給場景提供最主要的照明方式，從而產生最明顯的投影效果，輔助光源則用來模擬間接照明，也就是主光照射環境中所產生的反射光線，背光則用來強調產生場景畫面主體與背景的分別差距，一般在場景中主體後面進行照明，透過作用於主體邊緣產生的微弱光影輪廓而加強場景的深度體現。

下面諸圖就是頻道盒內的各式燈光物件屬性設定資訊欄的簡略燈光屬性設定功能欄，使用者可以在裡面調校自己所需要的照明效果，「光源種類(Type)」、「光源顏色(Color)」、「光源強度(Intensity)」…等，及一些特殊光源種類的個別特色屬性

的調節，這些都需要使用者自己慢慢學會使用調整，創造出自己所需要的照明效果。

「環境光」

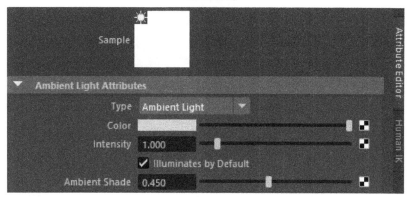

「類型(Type)」：此處用於切換目前所選燈光的類型。

「顏色(Color)」：設定燈光的顏色。

「強度(Intensity)」：設定燈光的光照強度。

「環境光明暗處理(Ambient Shade)」：設定平行光與泛向(環境)光的比例。

「區域光」

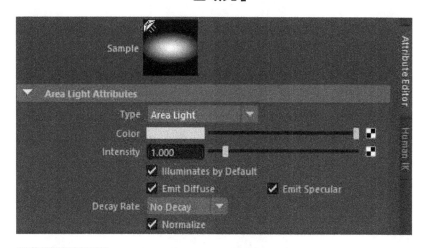

「類型(Type)」：此處用於切換目前所選燈光的類型。

「顏色(Color)」：設定燈光的顏色。

「強度(Intensity)」：設定燈光的光照強度。

「衰退速率(Decay Rate)」：控制燈光的強度隨著距離下降的速度。

「平行光」

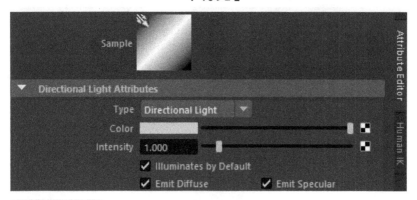

「類型(Type)」：此處用於切換目前所選燈光的類型。

「顏色(Color)」：設定燈光的顏色。

「強度(Intensity)」：設定燈光的亮度。

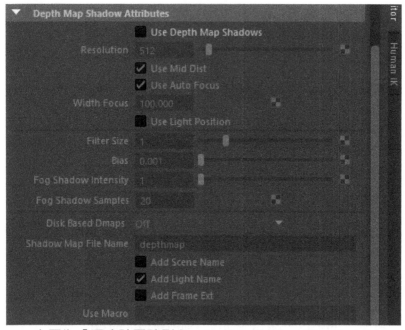

上圖為「深度貼圖陰影(Depth Map Shadow Attributes)」屬性欄卷。

「使用深度貼圖陰影(Use Depth Map Shadows)」：該選項處於啟用狀態時，燈光會產生深度貼圖陰影。

「分辨率(Resolution)」：燈光的陰影深度貼圖的分辨率，過低的數值會產生明顯的鋸齒像素化效果，過高的值則會增加不必要的渲染時間。

「使用中間距離(Use Mid Dist)」：如果禁用，Maya 會為深度貼圖中的每個像素計算燈光與最近陰影投射曲面之間的距離。

「使用自動聚焦(Use Auto Focus)」：如果啟用，Maya 會自動縮放深度貼圖，使其僅填充燈光照明區域中包含陰影投射對象的區域。

「寬度聚焦(Width Focus)」：用於在燈光照明的區域內縮放深度貼圖的角度。

「過濾器大小(Filter Size)」：控制陰影邊的柔和度。

「偏移(Bias)」：深度貼圖移向或遠離燈光的偏移。

「霧陰影強度(Fog Shadow Intensity)」：控制出現在燈光霧中的陰影的黑暗度，有效范圍為1到10，預設值為1。

「霧陰影采樣(Fog Shadow Samples)」：控制出現在燈光霧中的陰影的粒度。

「基於磁碟的深度貼圖(Disk Based Dmaps)」：透過該選項，可以將燈光的深度貼圖儲存到磁碟，並在後續渲染過程中重用它們。

「陰影貼圖檔案名(Shadow Map File Name)」：Maya 儲存到磁碟的深度貼圖檔案的名稱。

「添加場景名稱(Add Scene Name)」：將場景名添加到 Maya 儲存到磁碟的深度貼圖檔案的名稱中。

「添加燈光名稱(Add Light Name)」：將燈光名添加到 Maya 儲存到磁碟的深度貼圖檔案的名稱中。

「添加幕(幀)擴展名(Add Frame Ext)」：如果啟用，Maya 會為每個幕(幀)儲存一個深度貼圖，然後將幕(幀)擴展名添加到深度貼圖檔案的名稱中。

「使用巨集(Use Macro)」：僅當「基於磁碟的深度貼圖」設定
為「重用現有深度貼圖」時才可用，它是指巨集腳本的路徑和
名稱，Maya 會運行該巨集腳本，以在從磁碟中讀取深度貼圖時
更新該深度貼圖。

　　上圖為「光線跟蹤陰影(Raytrace Shadow Attributes)」
屬性欄卷。

「使用光線跟蹤陰影(Use Ray Trace Shadows)」：勾選該複選
項，Maya 將使用光線跟蹤陰影計算。

「燈光角度(Light Angle)」：控制陰影邊的柔和度。

「陰影光線數(Shadow Rays)」：控制軟陰影邊的粒度。

「光線深度限制(Ray Depth Limit)」：光線深度指定可以反射
和/或折射光線但仍然導致對象投射陰影的最長時間，在這些點
之間(光線會改變方向)的透明對象將不會對光線的終止造成影
響。

「點光源」

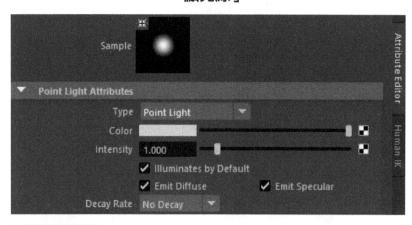

「類型(Type)」：用於切換目前所選燈光的類型。

「顏色(Color)」：設定燈光的顏色。

「強度(Intensity)」：設定燈光的光照強度。

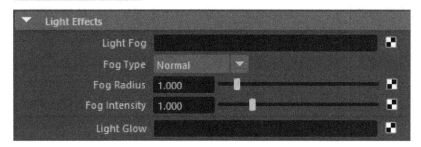

上圖為「燈光效果(Light Effects)」屬性欄卷。

「燈光霧(Light Fog)」：用來設定霧效果。

「霧類型(Fog Type)」：有「正常」、「線性」和「指數」3種類型可選。

「霧半徑(Fog Radius)」：設定霧的半徑。

「霧密度(Fog Intensity)」：設定霧的密度。

「燈光輝光(Light Glow)」：用來設定輝光特效。

「聚光燈」

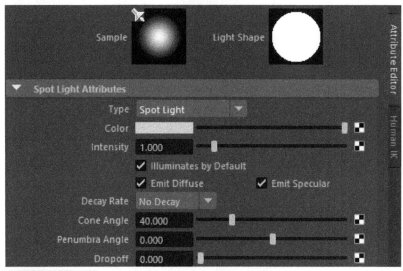

「類型(Type)」：用於切換目前所選燈光的類型。

「顏色(Color)」：設定燈光的顏色。

「強度(Intensity)」：設定燈光的光照強度。

「衰退速率(Decay Rate)」：控制燈光的強度隨著距離而下降的速度。

「圓錐體角度(Cone Angle)」：聚光燈光束邊到邊的角度(度)。

「半影角度(Penumbra Angle)」：聚光燈光束的邊的角度(度)，在該邊上，聚光燈的強度以線性方式下降到零。

「衰減(Dropoff)」：控制燈光強度從聚光燈光束中心到邊緣的衰減速率。

「體積光」

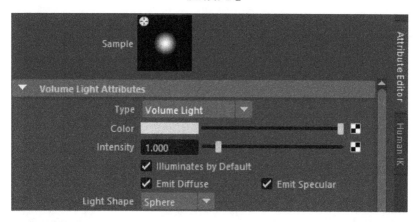

「類型(Type)」：用於切換目前所選燈光的類型。

「顏色(Color)」：設定燈光的顏色。

「強度(Intensity)」：設定燈光的光照強度。

「燈光形狀(Light Shape)」：體積光的燈光形狀設定有「長方體(Box)」、「球體(Sphere)」、「圓柱體(Cylinder)」和「圓錐體(Cone)」這4種，如下圖所示。

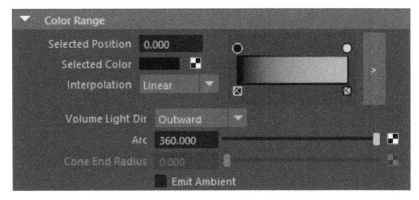

上圖為「顏色范圍(Color Range)」屬性欄卷。

「選定位置(Selected Position)」：指活動顏色條目在漸變中的位置。

「選定顏色(Selected Color)」：指活動顏色條目的顏色。

「插值(Interpolation)」：指控制顏色在漸變中的混合方式。

「體積光方向(Volume Light Dir)」：體積內的燈光的方向。

「弧(Arc)」：透過指定旋轉度數，使用該選項來創建部分球體、圓錐體、圓柱體燈光形狀。

「圓錐體結束半徑(Cone End Radius)」：該選項僅適用於圓錐體燈光形狀。

「發射環境光(Emit Ambient)」：勾選該複選項後，燈光將以多向方式影響曲面。

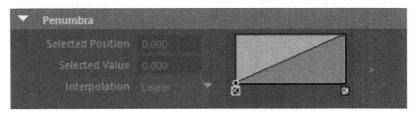

上圖為「半影(Penumbra)」屬性欄卷。

「選定位置(Selected Position)」：該值會影響圖形中的活動條目，同時在圖形的 X 軸上顯示。

「選定值(Selected Value)」：該值會影響圖形中的活動條目，同時在圖形的 Y 軸上顯示。

「插值(Interpolation)」：控制計算值的方式。

「輝光特效」

　　輝光效果是 Maya 燈光的重要特效之一，常常用來模擬攝影機鏡頭所產生的鏡頭光斑，在渲染作品時適當添加輝光效果，可以給人一種視覺錯覺，讓觀眾覺得他們所看到的影像作品是透過鏡頭拍攝的，而非是在電腦上制作完成的，當然也不是所有的燈光效果都有支援「輝光特效」，如果你所創建的燈光物件屬性欄中有上圖中的「燈光效果>輝光(Light Effects > Light Glow)」設定功能的話，那麼你就能點選輝光的「棋盤格」設定圖示，進入下列諸圖中輝光特效的設定屬性欄卷：

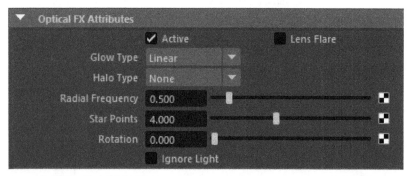

　　上圖為「光學效果(Optical FX Attributes)」屬性欄卷。

「活動(Active)」：啟用或禁用光學效果。

「鏡頭光斑(Lens Flare)」：模擬照明攝影機鏡頭的曲面的強光源。

「輝光類型(Glow Type)」：用來設定輝光的效果，Maya2023為使用者提供了5種輝光類型，分別為「線性(Linear)」、「指數(Exponential)」、「球(Ball)」、「鏡頭光斑(Lens Flare)」和「邊緣光暈(Rim Halo)」。

「光暈類型(Halo Type)」：與「輝光類型相似，Maya2023提供了同樣多的「光暈類型」供使用者使用，並且也分為「線性(Linear)」、「指數(Exponential)」、「球(Ball)」、「鏡頭光斑(Lens Flare)」和「邊緣光暈(Rim Halo)」這5種類型。

「徑向頻率(Radial Frequency)」：控制輝光徑向噪波的平滑度。

「星形點(Star Points)」：表示輝光星形過濾器效果的點數。

「旋轉(Rotation)」：控制圍繞燈光的中心旋轉輝光噪波和星形效果。

「忽略燈光(Ignore Light)」：如果已啟用，則會自動設定著色器輝光的閾值。

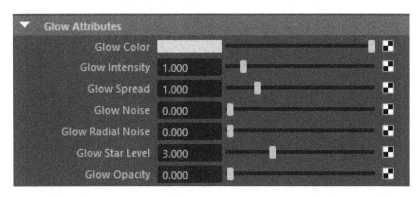

上圖為「輝光屬性(Glow Attributes)」屬性欄卷。

「輝光顏色(Glow Color)」：燈光的輝光的顏色。

「輝光強度(Glow Intensity)」：控制輝光亮度。

「輝光擴散(Glow Spread)」：控制輝光效果的大小。

「輝光噪波(Glow Noise)」：控制應用於輝光的2D噪波的強度。

「輝光徑向噪波(Glow Radial Noise)」：將輝光的擴散隨機化。

「輝光星形級別(Glow Star Level)」：模擬攝影機星形過濾器效果。

「輝光不透明度(Glow Opacity)」：控制輝光暗顯對象的程度。

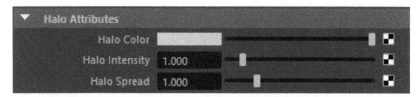

上圖為「光暈屬性(Halo Attributes)」屬性欄卷。

「光暈顏色(Halo Color)」：控制光暈的顏色。

「光暈強度(Halo Intensity)」：控制光暈的亮度。

「光暈擴散(Halo Spread)」：控制光暈效果的大小。

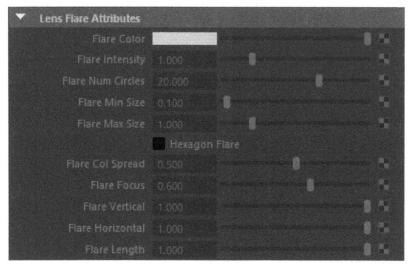

上圖為「鏡頭光斑屬性(Lens Flare Attributes)」屬性欄
卷。

「光斑顏色(Flare Color)」：控制鏡頭光斑圈的顏色。

「光斑強度(Flare Intensity)」：控制光斑效果的亮度。

「光斑圈數(Flare Num Circles)」：表示鏡頭光斑效果中的圈
數。

「光斑最小/大值(Flare Min/Max Size)」：在這兩個值之間隨
機化圓形大小。

「六邊形光斑(Hexagon Flare)」：生成六邊形光斑元素。

「光斑顏色擴散(Flare Col Spread)」：控制基於「光斑顏色」隨機化的各個圓形的色調度。

「光斑聚焦(Flare Focus)」：控制圓邊的銳度。

「光斑垂直/水平(Flare Vertical/Horizontal)」：用來控制光斑的生成角度。

「光斑長度 (Flare Length)」：相對於燈光位置控制光斑效果長度。

　　以上所有的內容就是老孤這個初學者，目前所知的「燈光照明」相關知識與使用物件的屬性欄設定功能，由於這些燈光照射的屬性值，需要依照使用者的各種幻想想像情況，再依據個人作品的所需來調整燈光照射效果，達到自己想要渲染展現輸出的成果，所以我不可能也沒必要一一截圖示範展示各種燈光照射功能屬性值的設定差異所在，所以就沒有張貼各種數值設定圖像來應用強化以上的文字說明效果

　　也由於我個人並沒有「燈光照明」的實際前線工作經驗的磨練砥礪與從事加持，因此也算是另外的一種理論上紙上談兵的相關教學說明，畢竟從我開始接觸 Maya 3D 繪圖應用程式及寫作「復興馬雅」所接觸到的使用時間，也僅僅不到半年的功夫而已，因此不可能有什麼個人精湛到令人咋舌的技巧可以傳授給各位讀者們知曉，畢竟我寫作此書的目地是想引領更多電腦影音創作愛好者入門學習使用 Maya，以達成我引人入溝的邪惡目地，讓越來越多的使用者透過「復興馬雅」此書學會使用 Maya 這套軟體來創作各種3D影像的技藝，進而使我自己擁有更多的機會減少一個人默默創作各種3D影像檔案來運用的目標，再也不需要每個所需的3D動畫影像，都需要我自己動手去繪製創作來運用，達成我可以擺爛偷懶的目地。

「攝影機相關功能設定」

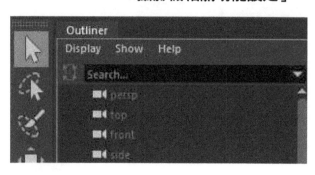

如左圖中的「大綱視圖(Outliner)」所示，一般我們新建一個 Maya 場景檔案之時都會有內附4台隱藏式的「攝影機」一直在觀察、拍攝及監控著我們的「四視圖」工作面板的視角角度攝影機，如上圖所示的取名，「透視視圖(persp)」、「頂視圖(top)」、「前視圖(front)」及「左側視圖(side)」共有4台攝影機一直存在著，使我們可以輕易在各個視圖工作面板上「自由切換」顯示工作面板，以方便我們的各種 Maya 操作控制的作業。

其中應該只有「透視視圖(persp)」的攝影機是活動式的，其他3台攝影機都是固定在空間中的某方位上，至於放大推近(Zoom In)顯示與縮小拉遠(Zoom Out)顯示，應該不太會改變攝影機的位置，而是調整攝影機的拍攝聚焦焦點方式來呈現影像。

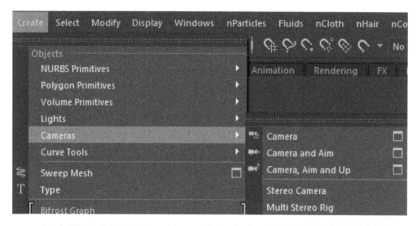

如上圖及左圖所示，Maya 總共含有5種可選的攝影機種類，

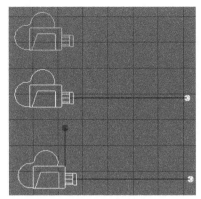

要創造出攝影機可以點選「創建
>攝影機(Create > Cameras)」，
「攝影機(Camera)」是普通的攝
影機，而「攝影機和目標
(Camera and Aim)」是具有設定
注視拍攝目標的攝影機，「攝影
機，目標和向上(Camera,Aim
and Up)」是具有設定注視及上
方把手的攝影機(可方便左右位移運鏡)，如果你是要跟拍有固
定焦點及注視目標的話，使用後二種攝影機比較方便。

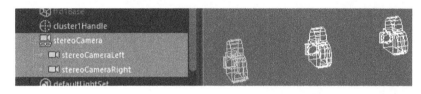

上圖所示就是「立體攝影機(Stereo Camera)」功能，使用
這個功能，Maya 會一次性的創造出三台攝影機。

上圖所示就是「多功能立體綁定(Multi Stereo Rig)」，使
用這個功能，Maya 會一次性的創造出九台攝影機供讀者調用。

下圖就是「攝影機」的詳細功能屬性視窗，這是屬於專業
攝影器材屬性功能的設定，以方便會玩攝影機的專業使用者操
控，以擷取攝影機提供的各種設定功能拍攝而出的各種運鏡方
式取得的畫面輸出，達到使用者想要擷取的螢幕影格結果。

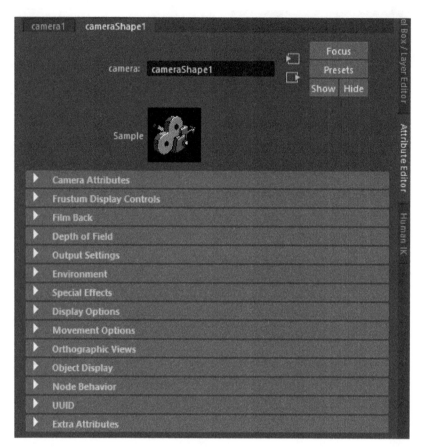

上圖中是攝影機物件的總設定屬性卷,使用者想要完全了解運用 Maya 提供的攝影機功能,就需要去了解上圖中的所有屬性欄卷的功能,以下諸圖就是我目前所知的屬性欄卷說明,請各位讀者參考閱讀之後漸漸精深了解攝影機功能設定。

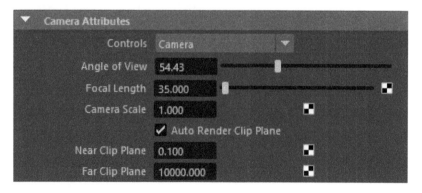

上圖為「攝影機屬性(Camera Attributes)」屬性欄卷。

「控制(Controls)」：可以進行目前攝影機類型的切換，包含「攝影機」、「攝影機和目標」和「攝影機，目標和上方向」這3個選項。

「視角(Angle of View)」：用於控制攝影機所拍攝畫面的寬廣程度。

「焦距(Focal Length)」：增加「焦距」可拉遠攝影機鏡頭，並放大對象在攝影機視圖中的大小，減小「焦距」可拉遠攝影機鏡頭，並縮小對象在攝影機視圖中的大小。

「攝影機比例(Camera Scale)」：根據場景縮放攝影機的大小。

「自動渲染剪裁平面(Auto Render Clip Plane)」：此選項處於啟用狀態時，會自動設定近剪裁平面和遠剪裁平面。

「近剪裁平面(Near Clip Plane)」：用於確定攝影機不需要渲染的距離攝影機較近的範圍。

「遠剪裁平面(Far Clip Plane)」：超過該值的范圍，則攝影機不會連行渲染計算。

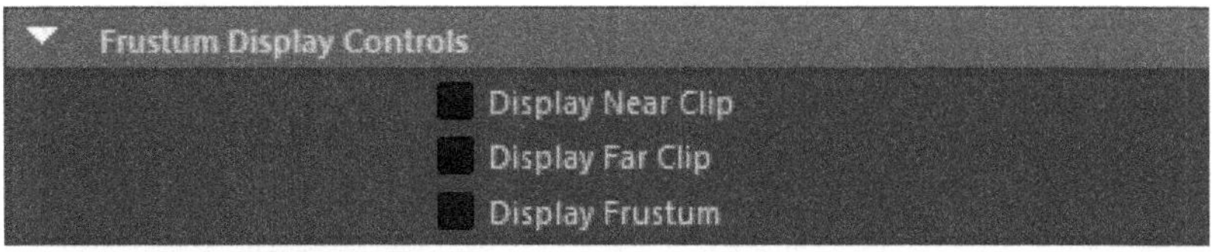

上圖為「視錐顯示控件(Frustum Display Controls)」屬性欄卷。

「顯示近剪裁平面(Display Near Clip)」：啟用此選項可顯示近剪裁平面。

「顯示遠剪裁什面(Display Far Clip)」：啟用此選項可顯示遠剪裁平面。

「顯示視錐(Display Frustum)」：啟用此選項可顯示視錐。

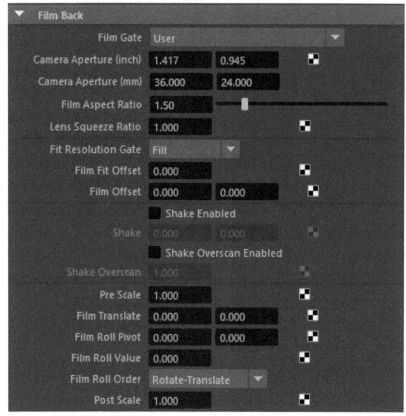

上圖為「底片背(Film Back)」屬性欄卷。

「底片閘(Film Gate)」：允許使用者選擇某個預設的攝影機類型，Maya 會自動設定「攝影機光圈」、「底片縱橫比」和「鏡頭擠壓比」，若要單獨設定這些屬性，可以設定「使用者」底片閘，除了「使用者」選項，Maya 還提供了10種其他選項供使用者選擇，如右圖所示。

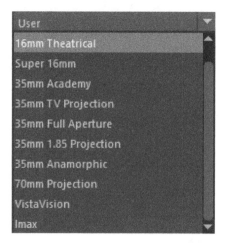

「攝影機光圈(英寸)攝影機光圈(mm)(Camera Aperture

inch/mm)」：用來控制攝影機「底片閘」的高度和寬度。

「底片縱橫比(Film Aspect Ratio)」：攝影機光圈的寬度和高度的比。

「鏡頭擠壓比(Lens Squeeze Ratio)」：攝影機鏡頭水平壓縮圖像的程度。

「適配分辨率閘(Fit Resolution Gate)」：控制分辨率閘相對於底片閘的大小。

「底片偏移(Film Offset)」：更改該值可以生成2D軌跡，「底片偏移」的測量單位是英寸，預設設定為0。

「已啟用振動(Shake Enabled)」：使用「振動」屬性以應用一定量的2D轉換到底片背，曲線或表達式可以連接到「振動」屬性來渲染真實的振動效果。

「振動過掃描(Shake Overscan Enabled)」：指定了底片光圈的倍數，此過掃描用於渲染較大的區域，並在攝影機不振動時需要用到，此屬性會影響輸出渲染。

「前縮放(Pre Scale)」：該值用於模擬2D攝影機縮放，在此字段中輸入一個值，該值將在底片滾動之前應用。

「底片平移(Film Translate)」：該值用於模擬2D攝影機平移。

「底片滾轉樞軸(Film Roll Pivot)」：此值用於攝影機的後期投影矩陣計算。

「底片滾轉值(Film Roll Value)」：以度為單位指定了底片背的旋轉量，旋轉圍繞指定的樞軸點發生，該值用於計算底片滾動矩陣，是後期投影矩陣的一個組件。

「底片滾轉順序(Film Roll Order)」：指定如何相對於根軸的值應用滾動，有「旋轉平移(Rotate-Translate)」和「平移旋轉(Translate-Rotate)」兩種方式可選。

「後縮放(Post Scale)」：此值代表模擬的2D攝影機縮放，在此字段中輸入一個值，在底片滾轉之後應用該值。

　　上圖為「景深(Depth of Field)」屬性欄卷。

「景深(Depth Of Field)」：如果啟用，取決於對象與攝影機的距離，焦點將聚焦於場景中的某些對象，而其他對象會渲染計算為模糊效果。

「聚焦距離(Focus Distance)」：顯示為聚焦的對象與攝影機之間的距離，在場景中使用線性工作單位測量，減小「聚焦距離」也將降低景深，有效范圍為0到無限大，預設值為5。

「F 制光圈(F Stop)」：用於控制景深的渲染效果。

「聚焦區域比例(Focus Region Scale)」：用於成倍數地控制「聚焦距離」的值。

　　上圖為「輸出設定(Output Settings)」屬性欄卷。

「可渲染(Renderable)」：如果啟用，攝影機可以在渲染期間創建圖像檔案、遮罩檔案或深度檔案。

「圖像(Image)」：如果啟用，該攝影機將在渲染過程中創建圖像。

「遮罩(Mask)」：如果啟用，該攝影機將在渲染過程中創建遮

罩。

「深度(Depth)」：如果啟用，攝影機將在渲染期間創建深度檔案，深度檔案是一種數據檔案類型，用於表示對象到攝影機的距離。

「深度類型(Depth Type)」：確定如何計算每個像素的深度。

「基於透明度的深度(Transparency Based Depth)」：根據透明度確定哪些對象離攝影機最近。

「預合成模板(Pre-Compositing template)」：使用此屬性，可以在「合成」中使用預合成。

上圖為「環境(Environment)」屬性欄卷。

「背景色(Background Color)」：用於控制渲染場景的背景顏色。

「圖像平面(Image Plane)」：用於為渲染場景的背景指定一個圖像檔案。

「攝影機動畫」

接下來我們利用「創建>攝影機>攝影機(Create > Cameras > Camera)」的功能，如下圖所示開啟大綱視圖(Outliner)點選新創建出來的攝影機物件(看你需不需要為攝影機物件更改命名)並且在「側視圖(Side View)」製作一個簡單的路徑動畫為材料，來示範製作一段攝影機捕捉功能形成的小動畫(只有幾秒鐘的透視圖工作面板動畫的效果)，如下連環截圖所示，利用「透視視圖」的各個攝影機拍攝角度設定成關鍵影格，來形成幾秒鐘的「攝影機動畫」製作效果。

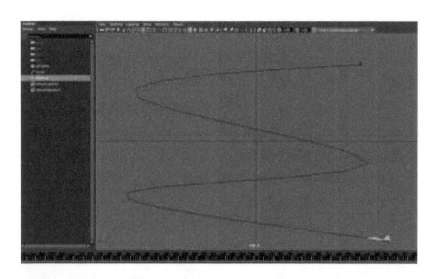

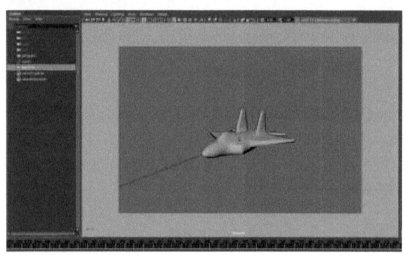

　　如上圖透視視圖工作面板所示，我們開啟面板「影片(Film Gate)」的功能，讓我們的攝影畫面周邊出現類似拍攝畫面的鏡頭方框，然後選擇路徑動畫時間軸的第一影格並且在透視圖工作面板上取得一個你想要拍攝的角度，然後在第一影格上按下 S 鍵，將第一影格設定為「關鍵影格(Key Frame)」。

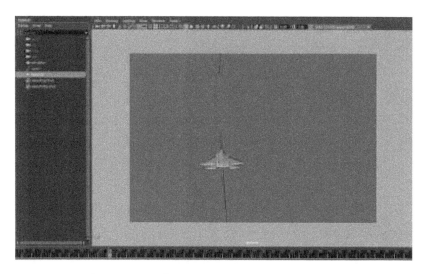

　　再來如上圖所示，將時間軸條上的影格拉到一個你想拍攝的影格角度上，並且重覆上述功能記錄「關鍵影格」畫面。

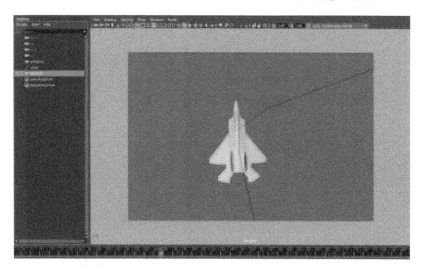

　　如上圖所示及之前一樣的工作步驟，並且記錄下一個「關鍵影格」的拍攝畫面，完成這一個分鏡的攝影機角度動作捕捉。接下來如下列諸範例圖所示，在拖動「時間軸」決定影格及攝影機拍攝角度之後，將下列諸圖都記錄成「關鍵影格」，直到動畫時間軸條到達最後一個影格。

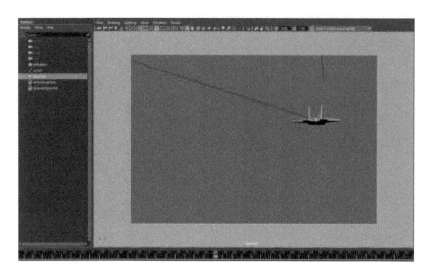

如同上一個作業步驟一樣。

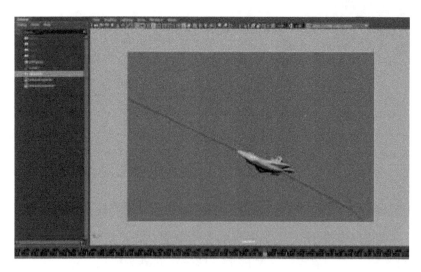

如同上一個作業步驟一樣。

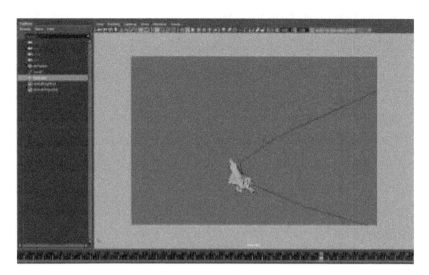

如同上一個作業步驟一樣。

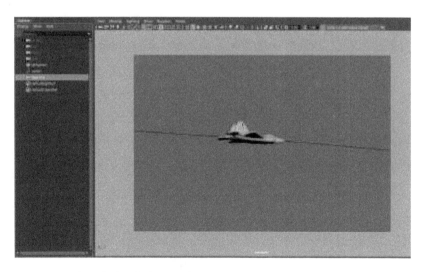

如同上一個作業步驟一樣。

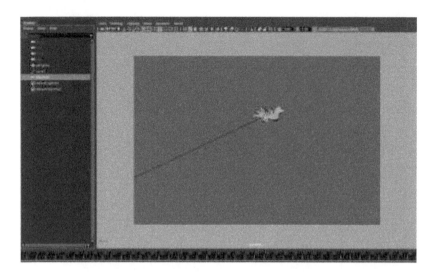

　如上述諸圖所示，當你按照這些步驟完成這一小段路徑動畫的各分鏡「關鍵影格」的記錄製作之後，整部幾秒鐘的飛機飛行特寫鏡頭畫面就完成攝影機動畫製作的工作了，其他沒有記錄「關鍵影格」的影格畫面，Maya 程式都會自動幫你演算補齊影格內容，使你製作出來的幾秒小動畫在顯示上沒有什麼特殊的違和感，這就是一種實現「攝影機動畫」的製作方式。

　在工作面板環境之下創建不同攝影機以及點選「大綱視圖（Outliner）」選定已經設定完成攝影機，攝影截取某些工作畫面而組成的「關鍵影格」記錄範圍，也可以用來編輯而成為我們的攝影機動畫組成的相關「關鍵影格」，來佔用動畫時間軸條上的一些影格影像，最後形成一部攝影機拍攝組成的動畫。

　而透過攝影機種種設定的功能，我們可以加以渲染展現輸出創作上所需要的影像感覺，增進我們視覺上的不同感受，可惜的是我本人沒有研究過攝影機的各種功能，這方面沒有辦法提供什麼特殊幫助，只有記載一些我所知道的資訊而已。

「音樂音效及字幕的一些二三事」

左圖所示就是「動畫>聲音(Animation > Audio)」選單的功能，大家可以看到總共含有6項功能，不過我想 Maya 應該沒有提供什麼專門編輯聲音的相關功能編輯器可以運用，這裡所需要的聲音檔案可能都是由其他專門編輯音樂音效的軟體輸出匯入(Import)，進來 Maya 合成的方式編輯使用，這方面可能使用專業的剪輯軟體還比使用 Maya 來做這種合成工作輕鬆與合適。

雖然 Maya 也有提供「聲音(Audio)」選單功能，但是我想應該不會有太全面相關功能應用，因為 Maya 畢竟是一套3D 繪圖軟體，不容易連各種音效聲音創作編輯都能包辦，所以使用者如果要實作這方面的實際編輯創作工作，我想使用 Maya 軟體來做這方面的創作實務工作是一件不太有效率及明智的選擇。

坊間當然也有各式各樣聲音合成創作的應用軟體程式，我個人聽說過比較專業有名的專門做這方面工作的軟體，就是 Pro Tools 及亞洲地區市佔率比較高的 Cakewalk 出品的 Sonar(聲納)程式，當然世界上也不是只有這兩套軟體而已，我相信 Adobe 或 Autodesk 公司自己也有出品相關影音編輯製作程式，這些東西都需要別領域的專業從事人士去挖掘拓荒及摸索。

因為這些軟體在台灣算是比較冷門的專業工作應用軟體，除了專門從事這方面相關工作的人士，很少會有人沒事專門去學習這類軟體的專業使用與精通，因此可能市面上也找不到太多相關方面的電腦軟體教學使用書籍，因此我個人只能提供一些這方面雞零狗碎不太專業的知識與讀者們共享。

　　所謂音效音樂這些應用軟體程式其中最重要的功能應該是各種「樂器」組合出來的聲音模擬，目前樂器大致上應該可以分類為三大種類樂器，分別是「管樂器(吸吹)」、「弦樂器(撥弄)」及「打擊樂器(敲擊)」，樂器材質是各式各樣可以弄出特別聲音的「音色與頻率」震動在空氣中傳播並影響我們的聽覺感官功能，使我們受感覺官能影響產生各式各樣不同的情緒。

　　人類耳朵能感覺到的聲音音頻震動大致介於20～20000HZ(赫芝)聲音波動頻率之間，而我們將絕大部份人的耳朵能接收到的音效聲波振動頻率範圍劃分定義為不同「音階」，所以「音階」的劃分也與各個國家民族文化的發展有所異同，音階的定義最主要就是不同「頻率」發出的高低聲音有所不同而產生，但中國最早的音階系統受文化迷信「五(五德終始論)」這個數字所致，分別規範這些不同音階高低為五個音，取名代稱分別稱為「宮、商、角、徵、羽」五音。

　　但後來五個音階的排列組合數出旋律的粗糙及不敷使用，又或者其他的聲音無法定義音階來模仿演奏定義歸屬所致，又另外添加了二個音階的排列劃分「變徵、變宮」，變成了目前基本上常用的七音音階，就是我們俗稱唱名「Do(兜)、Re(蕊)、Mi(瞇)、Fa(發)、Sol(搜)、La(拉)、Ti(兮)」。

　　但是其實唱什麼音色都沒有什麼關係，只是唱出音色音調的頻率應該要漸漸由低頻音升到高頻音，才是完整的音階唱

名，這方面應該不太可能更動修改。而目前比較流行的音階劃分是半音音階，每半音頻率劃分為一個音，總共有十二個音色的劃分，猶如鋼琴鍵盤上的5黑鍵7白鍵共12鍵所組成的一個音階，來發出不同的頻率振盪來表示聲音。

所謂的「作曲」行為其實就是利用各種物件所產生的聲音來形成種種的排列組合，利用聲音的「音長(節奏)」、「音色(樂器)」、「音頻(波形)」所排列組合發出的聲音力量「輕重」、「大小」及「高低」等種種情況，用來影響人類耳朵感覺，進而讓人可以聽到並且感染影響情感，最後所出產感染感覺的各種聲音組成旋律的工作，而「作詞」就是一種形容「音樂」的順口順耳朗誦拽文的慣性經驗藝術創作行為而已。

通常音樂音效的製作創作都是依靠日積月累的生活記憶點滴資訊量的累積，進而有感而發的想要用聲音來描繪創造出，足以形容渲洩自己情感的音樂音色曲調音階旋律，最後演化轉變出各種聲音，用來敘述自己想表達的感官感覺形成所謂音樂故事的「主旋律」創造。

或者腦袋「靈感」靈光一閃而組合出「主旋律」的曲調定調而出之後，再加上一些不同旋律的背景音效來襯托幻想場景畫面，就像排演一場戲劇一樣，有主角有配角(生旦淨末丑「五角」)有前景有後景，利用各種不同聲音的排列組合來影響感官甚至思想進而改變人的各種情緒。

而字幕的相關製作與撥放，通常都需要手工來配對影像聲音的時間軸來安排設定顯示而出，也就是鑲嵌進影音檔案時間軸之內的畫面顯示功能，影音檔案字幕的顯示應該只是一件小門小戶的額外功能，所以不太可能有專業的軟體專門負責製作這種工作。

如果你不嫌麻煩的話，你也可以使用 Maya 來做字幕的相關功能，只不過那個工作量應該會操死弄殘你，畢竟那根本就不是打字這麼輕鬆的作業，而是一個一個字去輸入製作顯示而出的各種建模工作的展現，所以一般是不會採用 Maya 程式來製作各種字幕公報作業，而是另外採用一套強力好用的編輯剪輯影音特效及字幕工作的專門軟體來製作這方面的相關工作。

　　至於這類綜合編輯影像、聲音、特效及字幕素材的剪輯相關軟體，老孤目前完全都沒有涉獵過這方面的多媒體應用工作，所以無法給出什麼中肯的建議，這方面或許應該去問問那些專門從事這方面工作的影音工作者（例如：各種網紅及知名的 Youtuber）。

　　這些東西是他們日常經常在使用的軟體，所以應該不陌生才對，字幕的輸入應該是需要定義出現在影音檔的字型種類、字體大小、字幕內容及出現的「影音檔時間點」和「顯示的時間長度」之類的設定控制，所以通常都要看過好幾遍影音檔內容之後才能完全定稿敲定，所以上字幕不是一件輕鬆有趣的工作，反而有點枯躁與無聊，以上就是我個人所知的相關聲音及字幕的常識，希望對各位讀者有起到相關的啟蒙作用。

　　至於要推薦何種應用軟體來完成這方面音樂字幕的創造製作，這些都已經超出本書的寫作范圍，而且我個人也沒有相關的工作經驗可以提供給各位讀者參考，不過我可以肯定知道的是以 Adobe、Autodesk、Apple、Microsoft…等知名寫作大型商用軟體的公司底蘊，一定會有相關的多媒體影音作業製作的軟體出產，或許各位讀者可以考慮去翻翻那些公司所出產的各種軟體，我相信有可能會找到一套你所心儀的產品。

「渲染展現(Rendering)及輸出檔案」

正如「緣起」章節的內容所述，Maya 就是一套 MEL 程式語言的影像介面化(GUI)編輯及模擬系統，因此你的作品在還沒有渲染輸出成大眾化公共規格可接受使用的影像檔案格式之前，都只能在 Maya 應用系統程式裡面模擬執行，根本還算不上是什麼實際可利用的公共規格檔案資源內容。

渲染(Render)的另一個意思就是「著色」，又因為它的工作性質功能，你也可以將它理解為「輸出影像檔」，因此原因之下，所以各個場景檔案頂多都只能算是一種類似半成品般的檔案存在，需要使用 Maya 提供的各種渲染器程式的渲染設定輸出來展現成果，最後再執行檔案輸出成大眾化公共規格可以接受的各種影音視訊檔案格式來加以實做運用，如果需要詳細解說 Maya 製作影音檔案的一條龍先後步驟順序的話，那就是：「建構模型物件」->「場景燈光照射」->「材質上色和模型紋理」->「攝影機擺放及功能」->「渲染場景物件輸出效果呈現」

渲染章節其實也沒有什麼特別需要說明的東西，因為這些都是很專業的名詞術語解釋，如果你沒有多少實際測試渲染輸出的比對經驗之下，實在是很難搞懂這些專有名詞的種種功能與差別，這裡我只想給各位讀者幾個觀念來供你參考這方面的渲染問題。

所謂的「渲染」其實就是依據 Maya 的「渲染設定(如右圖所示)」的面板功能，透過調整各種參數來控制最終影像的照明

層程度、計算時間、影像質量…等綜合因素，讓你的電腦在一個合理時間內計算出滿意的影像，這些綜合參數的設定就是「渲染」，上頁左邊的各種工具架(Shelf)上的圖示，就是渲染工具架上的相關功能：Maya 除了本身的預設渲染器功能之外，也有專門提供另外第三方軟體設計的渲染器以供安裝使用，以下就是 Maya 預設的渲染設定選單畫面：

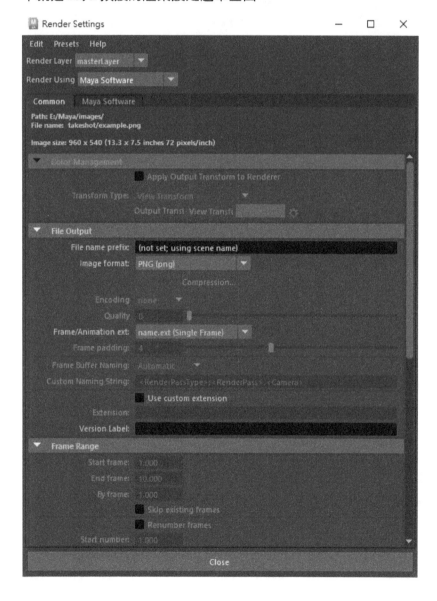

上圖渲染設定中的「使用渲染器
(Render Using)」設定，一般來說都是
使用「馬雅軟體(Maya Software)」的

設定，但是由於我有購買使用 Autodesk 公司測試 Maya2023可以
相容使用的型號「nVidia T600繪圖卡」，因此如左上使用渲染
器選項圖中，我想我應該可以使用「馬雅硬體2.0(Maya
Hardware 2.0)」的設定，使用繪圖卡硬體內部的功能來加強加
速渲染輸出，因此我個人使用的渲染器設定為「馬雅硬體
2.0(Maya Hardware 2.0)」，下列就是 Maya 渲染器的各項設定
的詳細說明內容。

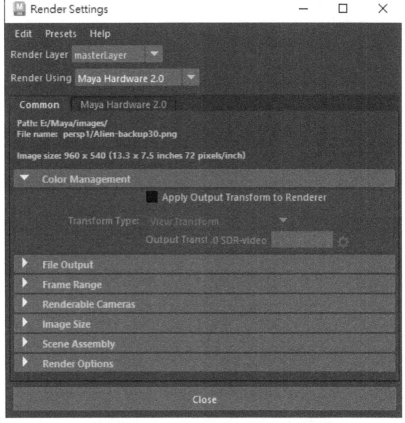

上圖為「渲染設定(Render Settings)」的「公用
(Common)」選項卡，「公用」選項卡主要為使用者提供了檔案輸

出方面的具體設定，分為「顏色管理(Color Management)」、
「檔案輸出(File Output)」、「幕(幀)范圍(Frame Range)」、
「可渲染攝影機(Renderable Cameras)」、「圖像大小(Image
Size)」、「場景集合(Scene Assembly)」和「渲染選項(Render
Options)」這幾個屬性欄卷，下面就來設明解釋這些屬性欄卷
的相關功能解說。

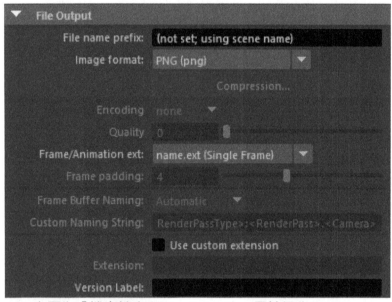

　　上圖為「檔案輸出(File Output)」屬性欄卷。

「檔案名前綴(File name prefix)」：設定渲染序列幕(幀)的名
稱，如果未設定，將使用該場景的名稱來命名。

「圖像格式(Image format)」：保存渲染圖像檔案的銘式。

「壓縮(Compression…)」：點擊該按鈕，可以為 AVI(Windows)
或 QuickTime 影片(Mac OS X)檔案選擇壓縮方法。

「幕(幀)/動畫擴展名(Frame/Animation ext)」：設定渲染圖像
檔案名的格式。

「幕(幀)填充(Frame padding)」：幕(幀)編號擴展名的位數。

「自定義命名字符串(Custom Nameing String)」：使用該字段可以自己選擇渲染標記來自定義 OpenEXR 檔案中的通道命名。

「使用自定義擴展名(Use custom extension)」：可以對渲染圖像檔案名使用自定義檔案格式擴展名。

「版本標簽(Version Label)」：可以將版本標簽添加到渲染輸出檔案名中。

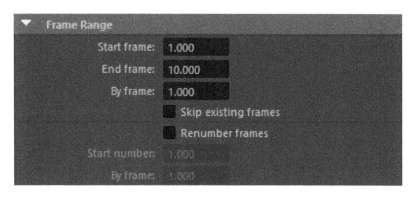

　　上圖為「幕(幀)范圍(Frame Range)」屬性欄卷。

「開始幕/結束幕(Start frame/End frame)」：指定要渲染的第一個幕(開始幕)和最後一個幕(結束幕)。

「幕數(By frame)」：要渲染的幕之間的增量。

「跳過現有幕(Skip existing frames)」：啟用此選項後，渲染器將檢測並跳過已渲染的幕，此功能可以節省渲染時間。

「重建幕編號(Renumber frames)」：可以更改動畫的渲染圖像檔案的編號。

「開始編號(Start number)」：希望第一個渲染圖像檔案名具有的幕編號擴展名。

「幕數(By frame)」：希望渲染圖像檔案名具有的幕編號擴展名之間的增量。

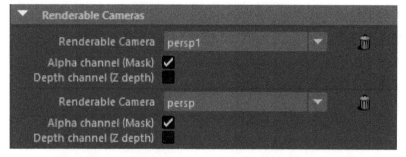

上圖為「可渲染攝影機(Renderable Cameras)」屬性欄
卷。

「可渲染攝影機(Renderable Camera)」：設定使用哪個攝影機
進行場景渲染。

「Alpha 通道(遮罩)(Alpha channel(Mask))」：控制渲染圖像是
否包含遮罩通道。

「深度通道(Z 深度)(Depth channel(Z depth))」：控制渲染圖
像是否包含深度通道。

上圖為「圖像大小(Image Size)」屬性欄卷。

「預設(Preset)」：從下頁右圖的下拉列表中選擇底片或影片行
業標準分辨率。

「保持寬度/高度比率(Maintain
width/height ratio)」：在設定寬
度和高度方面成比例地縮放圖像大
小的情況下使用。

「保持比率(Maintain ratio)」：指
定要使用的渲染分辨率的類型，如
「像素縱橫比(Pixel aspect)」或
「設備縱橫比(Device aspect)」。

「寬度/高度(Width/Height)」：設
定渲染圖像的寬度/高度。

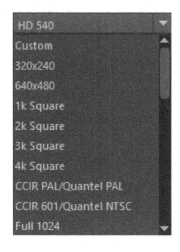

「大小單位(Size units)」：設定指定圖像大小要采用的單位，
從像素、英寸、cm、mm、點和派卡中選擇。

「分辨率(Resolution)」：使用「分辨率單位」設定中指定的單
位指定圖像的分辨率，TIFF、IFF 和 JPEG 格式可以存儲該訊
息，以便在第三方應用程式(如 Adobe Photoshop)中打開圖像時
保持它。

「分辨率單位(Resolution units)」：設定指定圖像分辨率時要
采用的單位，從像素/英寸或像素/cm 中選擇。

「設備縱橫比(Device aspect ratio)」：可以查看渲染圖像的
顯示設備的縱橫比，設備縱橫比表示圖像縱橫比乘以像素縱橫
比。

「像素縱橫比(Pixel aspect ratio)」：可以查看渲染圖像的顯
示設備的各個像素的縱橫比。

Common	Maya Software
▶	Anti-aliasing Quality
▶	Field Options
▶	Raytracing Quality
▶	Motion Blur
▶	Render Options
▶	Memory and Performance Options
▶	IPR Options
▶	Paint Effects Rendering Options

　　上圖為「馬雅軟體(Maya Software)」屬性欄卷,「Maya軟體」選項卡主要為使用者提供檔案渲染質量方面的設定,分為「抗鋸齒質量(Anti-aliasing Quality)」、「場選項(Field Options)」、「光線跟蹤質量(Raytracing Quality)」、「運動模糊(Motion Blur)」、「渲染選項(Render Options)」、「記憶體與性能選項(Memory and Performance Options)」、「IPR選項(IPR Options)」和「Paint Effects渲染選項(Paint Effects Rendering Options)」這幾個屬性欄卷。

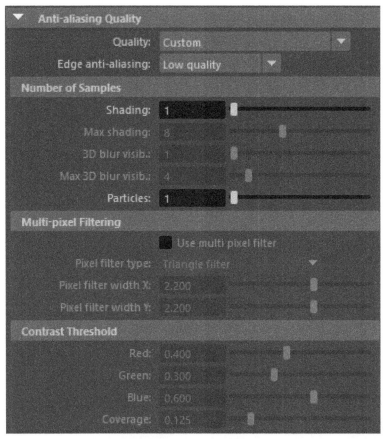

上圖為「抗鋸齒質量(Anti-aliasing Quality)」屬性欄卷。

「質量(Quality)」：從右圖下拉列表中選擇一個預設的抗鋸齒質量，品質等級分別為「自定義(Custom)」、「預覽質量(Preview quality)」、「中間質量(Intermediate quality)」、

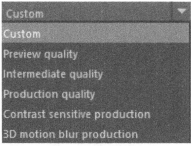

「產品級質量(Production quality)」、「對比度敏感產品級(Contrast sensitive production)」、「3D 運動模糊產品級(3D motion blur production)」等選項可選。

「邊緣抗鋸齒(Edge anti-aliasing)」：控制對象的邊緣在渲染過程中如何進行抗鋸齒處理，從下拉列表中選擇一種質量選項，質量越低，對象的邊緣越顯出鋸齒狀，但渲染速度較快，質量越高，對象的邊緣越顯得平滑，但渲染速度較慢。

「著色(Shading)」：控制所有曲面的著色采樣數。

「最大著色(Max shading)」：用於所有曲面的最大著色采樣數。

「3D 模糊可見性(3D blur visib)」：當一個移動對象通過另一個對象時，Maya 精確計算移動對象可見性所需的可見性采樣數。

「最大3D 模糊可見性(Max 3D blur visib)」：在啟用「運動模糊」的情況下，為獲得可見性而對一個像素進行采樣的最大次數。

「粒子(Particles)」：粒子的著色采樣數。

「使用多像素過濾器(Use multi pixel filter)」：選擇該選項，Maya 對渲染圖像中的每個像素使用其相鄰像素進行插值來處理，過濾或柔化整個渲染圖像。

「像素過濾器寬度 X/像素過濾器寬度 Y(Pixel filter width X)/(Pixel filter width Y)」：當「使用多像素過濾器」處於啟用狀態，控制對渲染圖像中每個像素進行插值的過濾器寬度，如果大於1，就使用來自相鄰像素的訊息，值越大，圖像越模糊。

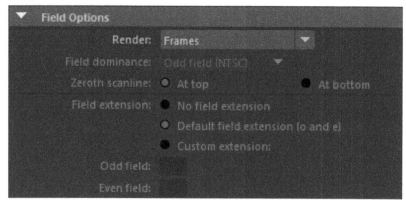

上圖為「場選項(Field Options)」屬性欄卷。

「渲染(Render)」：控制 Maya 是否將圖像渲染為幕或場，用於輸出到影片。

「場順序(Field dominance)」：控制 Maya 按何種順序進行場景渲染。

「第零條掃描線(Zeroth scanline)」：控制 Maya 渲染的第一個場的第一行是在圖像頂部還是在底部。

「場擴展名(Field extension)」：設定場擴展名以何種方式來命名。

　　　　上圖為「光線跟蹤質量(Raytracing Quality)」屬性欄卷。

「光線跟蹤(Raytracing)」：選擇該選項，Maya 在渲染期間將對場景進行光線跟蹤，光線跟蹤可以產生精確反射、折射和陰影。

「反射(Reflections)」：燈光光線可以反射的最大次數。

「折射(Refractions)」：燈光光線可以折射的最大次數。

「陰影(Shadows)」：燈光光線可以反射或折射且仍然導致對象投射陰影的最大次數，值為0表示禁用陰影。

「偏移(Bias)」：如果場景包含3D 運動模糊對象和光線跟蹤陰影，可能會在運動模糊對象上發現暗區域或錯誤的陰影，若要解決此問題，可以考慮將「偏移」值設定在0.05到0.1之間。

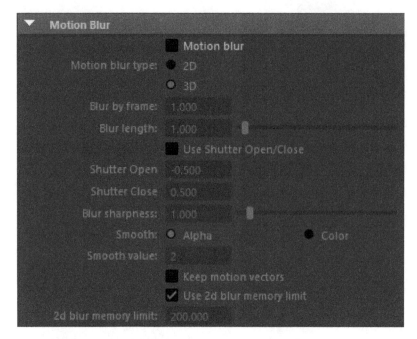

　　上圖為「運動模糊(Motion Blur)」屬性欄卷。

「運動模糊(Motion blur)」：選擇該選項，Maya 渲染將計算運動模糊效果。

「運動模糊類型(Motion blur type)」：設定 Maya 對對象進行運動模糊處理的方法。

「模糊幕數(Blur by frame)」：對移動對象進行模糊處理的量，值越大，應用於對象的運動模糊越顯著。

「模糊長度(Blur length)」：縮放移動對象模糊處理的量，有效范圍是0到無限，預設值為1。

「快門打開/快門關閉(Use Shutter Open/Close)」：用於設定快門打開和關閉的值。

「模糊銳度(Blur sharpness)」：控制運動模糊對象的銳度。

「平滑值(Smooth value)」：用於設定 Maya 計算運動對要產生模糊效果的平滑程度，值越大，運動模糊抗鋸齒效果會越強，有效范圍是0到無限，預設值為2。

「保持運動向量(Keep motion vectors)」：選擺該選項，Maya
保存所有在渲染圖像中可見對象的運動向量訊息，但是不會模
糊圖像。

「使用2D 模糊記憶體限制(Use 2D blur memory limit)」：可以
指定用於2D 模糊操作的記憶體的最大數量，Maya 使用所有可用
記憶體以完成2D 模糊操作。

「2D 模糊記憶體限制(2d blur memory limit)」：可以指定操作
使用的記憶體的最大數量。

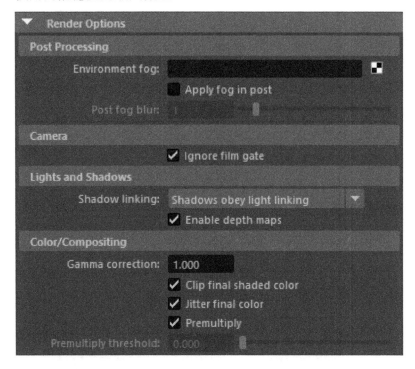

　　上圖為「渲染選項(Render Options)」屬性欄卷。

「環境霧(Environment fog)」：創建環境霧節點。

「後期應用霧(Apply fog in post)」：以後期處理的方式為渲
染出來的圖像添加霧效果。

「後期霧模糊(Post fog blur)」：允許環境霧效果看起來好像
正在從幾何體的邊上溢出，增加該值將獲得更多的模糊效果。

「忽略底片閘(Ignore film gate)」：選擇該選項，Maya 將渲染在「分辨率門」中可見的場景區域。

「陰影鏈接(Shadow linking)」：縮短場景所需的渲染時間，采用的方法是鏈接燈光與曲面，以便只有指定的曲面包含在給定燈光的陰影或照明的計算中。

「啟用深度貼圖(Enable depth maps)」：選擇該選項，Maya 會對所有啟用了「使用深度貼圖陰影」的燈光進行深度貼圖陰影計算，如果禁用，Maya 不渲染深度貼圖陰影。

「Gamma 校正(Gamma correction)」：根據 Gamma 公式顏色校正渲染圖像。

「片段最終著色顏色(Clip final shaded color)」：選擇該選項，渲染圖像中的所有顏色值將保持在0和1之間，這樣可以確保圖像的任何部分都不會曝光過度。

「抖動最終顏色(Jitter final color)」：選擇該選項，圖像的顏色將抖動以減少條紋。

「預乘(Premultiply)」：如果此選項處於啟用狀態，Maya 將進行預乘計算。

「預乘閾值(Premultiply threshold)」：如果此選項處於啟用狀態，每個像素的顏色值僅在像素的 alpha 通道值高於在此設置的閾值時才輸出。

　　以上就是我目前所了解到的「渲染(Render)」輸出影像的各種重要功能屬性的說明，可以用來將你所製作出來的各種 Maya 場景檔案渲染輸出成各式各樣的影音檔案，使各位 Maya 使用者之前辛辛苦苦花費漫長作業時間所製作的3D 動畫繪圖場景檔案，可以合成渲染具現化輸出成各種公用規格支援撥放的影像檔案，使你能夠得到正確可以使用撥放程式來進行撥放作業，至於渲染輸出的影像檔的合成速度，則是跟你的電腦硬體配備水準有著密切不可分割的關係，這一點希望各位讀者能夠了解並儘量滿足提升你的電腦硬體配備以符合 Maya 的使用。

「渲染輸出白藍外星人各幕(幀)影格或動畫」

　　接下來這個章節我們就來示範使用 Maya2023所提供的各種渲染輸出影像的功能，將我們本書先前一連串辛辛苦苦工作，建模、拆 UV、上色、選材質、綁定骨架並且蒙皮及橋好製作出的各種動畫動作而成的白藍外星人走路動畫，給輸出成各種具體的公共檔案規格支援的影像圖片或動畫電影檔案來使用。

　　首先使用 Maya 主工作畫面上左圖那個「開啟檔案」的圖示功能，呼叫出之前製作出來的最終白藍外星人場景檔案(Scene File)，如下圖所示。

　　讀取載入白藍外星人的場景檔案之後，除非你想另外創建攝影機(Camera)來擷取不同於預設場景畫面的拍攝影格，不然就請你依照下圖所示的那樣調整工作視角，使用透視工作面板畫面的攝影機來渲染擷取輸出影像圖片或電影動畫檔。

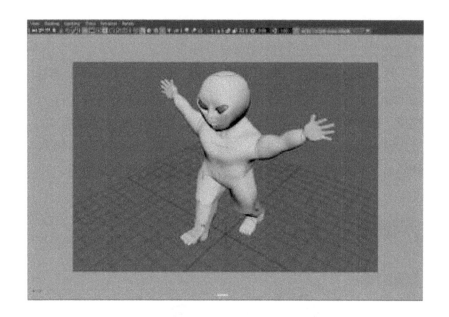

（※：請使用者先將讀取出來的場景檔案動畫時間軸影格畫面拉回定位在影格條的第1影格之上，因為 Maya 的圖像渲染效果輸出檔案的畫面來源是基於各個工作中的攝影機(Camera)物件所設定拍攝而出的畫面之上。

因此即使是同一個場景檔案畫面，也可以輸出許多不同拍攝視角畫面的擷取，然後形成各種不同的拍攝片段畫面檔案資料，最後再利用類似後製剪輯影片的相關應用軟體，將各個片段的影像電影檔案、音樂音效檔案及字幕功能檔案給融合製作成一個整體性的動畫電影，最後才輸出成各種公共規格支援撥放的成品檔案）

再來請使用者點選 Maya 工作畫面上的右圖圖示，呼叫出下圖的渲染輸出的所有相關設定功能畫面，然後選擇設定好你所需要的各種渲染輸出畫面的功能。

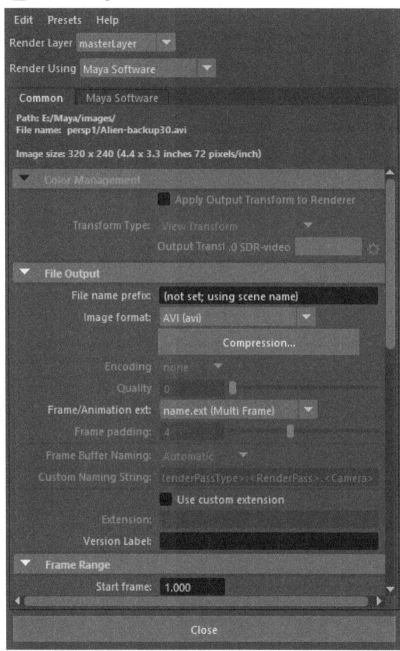

上面這些畫面的各種功能設定我們只需要設定我們需要的
功能就好，其它不了解的功能沒有什麼必要去改變它，等你將

來完全熟悉 Maya 之後，再來一一設定你所需要的渲染輸出的各種功能。

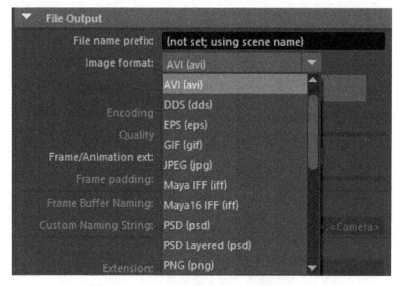

上圖就是渲染輸出的檔案類型（依你的需要而定）。

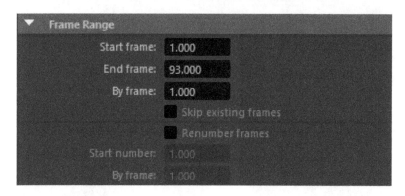

　　上圖就是渲染輸出的影格範圍，我製作出來的白藍外星人的場景圖檔，總共佔用了93個影格，所以我就把這一欄的功能設定成上面截圖所示的那個樣子。

　　再來就是下圖選擇渲染輸出的「影像尺寸」，由於這並不是正式的動畫製作，所以為了渲染速度及檔案大小著想，我就設定輸出小一點的影像尺寸「320×240」。

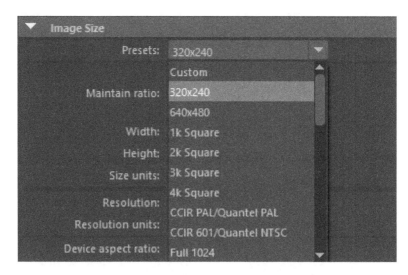

　　上述這幾個有必要調整的輸出選項調整之後，請使用者按下設定畫面最底下的「關閉(Close)」的按鍵完成設定。

　　　　　　　　　　左圖在 Maya 工作主畫面所示的功能圖示分別是「顯示渲染中的圖像」及「渲染輸出目前幕(幀)影格」，使用這二個圖示功能都可以呼

叫出下右圖中的「渲染預視視窗」，這個視窗畫面可以讓使用者觀察調整 Maya 渲染器綜合各種場景功能之後渲染而出的畫面效果，它也提供了檔案輸出功能，讓使用者可以將各別的畫面給輸出成公規的「圖片」檔案。

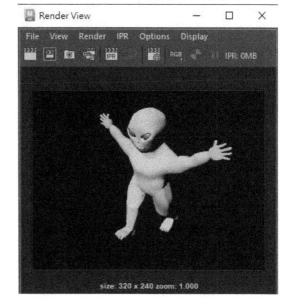

「渲染預視視窗」上的右圖圖示的功能如果點擊，Maya 會將目前場景檔案內的時間軸條上的每一幕（幀）影格都給渲染輸出，並且輸出暫存成一個檔案，在你的 Maya 路徑暫存檔案。

而且在渲染輸出之前，使用者還必需在工作面板上設定如下圖示的輸出對象，才能夠順利輸出你所設定的影像。

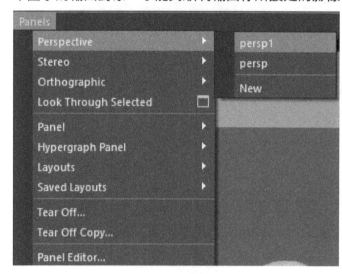

不過「渲染預視視窗」渲染而出的影像好像只有一個圖片並不全面，如下圖所示。

不過不用擔心，或許「渲染預視視窗」的輸出功能並不能完整輸出電影動畫檔案，但是 Maya 主畫面上的時間軸條卻可以用來輸出電影動畫檔案，如下諸圖所示。

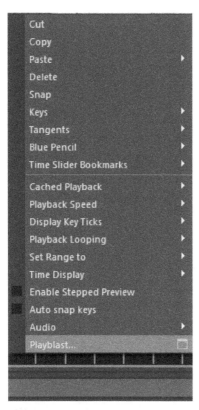

如左圖所示，在 Maya 主工作畫面的時間軸條上按下滑鼠右鍵呼叫出右圖選單，選取「撥放預覽>□(Playblast > □)」，的功能就是呼叫出下圖的設定功能選單，如下圖所示的各項設定功能設定完成之後，按下「申請(Apply)」就可以在場景檔案工作畫面上預覽製作出的電影動畫內容，並且在下頁首圖之中的路徑資料夾之內，生成電影動畫檔案。

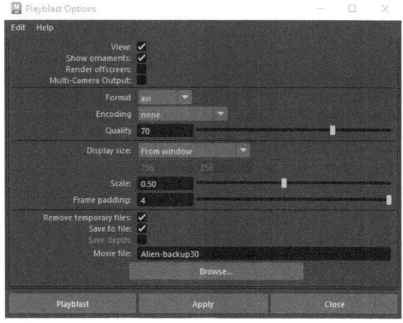

本機 › APPL (E:) › Maya › movies

Alien-backup30

　　上圖就是透過「撥放預覽」輸出的白藍外星人3秒走路動畫半成品檔案，由於本影片只是用來示範說明如何使用 Maya 輸出電影動畫檔案，所以製作細節並不完整，敬請見諒。

　　完整輸出的應用動畫影片是會隱藏掉許多畫面不需要的影像內容及資訊，只呈現出完美的作品影像檔案輸出給各位觀眾欣賞，因此此章節所講述的影片輸出並不完整，但是聰明的使用者們應該可以由這幾頁簡潔的說明渲染、預覽、設定及輸出圖像及電影動畫功能的蛛絲馬跡細節內容，總結出如何輸出你的作品檔案成公共撥放規格的影像檔。

　　目前我個人使用後覺得 Maya 預設的「渲染器視窗」程式只適合輸出一幕(幀)影格的圖形檔畫面，而如果你想要輸出完整的場景檔案內動畫時間軸條上的每一幕(幀)影像成一個電影動畫檔案的話，可能就要按照本章最後教學的這個方法，當然也可能是我個人還沒有完全掌握 Maya 渲染器的所有輸出功能細節設定，所以只能教學這種輸出方式。

「自訂功能選單設定編輯(Customize)」

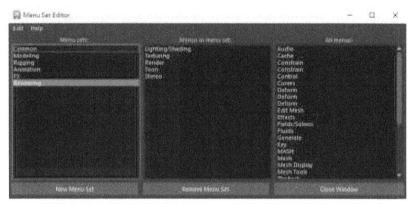

　　當然如果你是夠資深使用 Maya 的動畫影片製作軟體行家，你也可以自訂設計符合自己工作範圍會使用上的選單功能，從而自訂取名一個符合你設計製作使用功能的工作環境，正如前面那些章節的選單集總整理功能一樣，在選單集裡面拉出一個自己專用的工作職銜選單集，以避免使用 Maya 軟體時需要切換來回於各種選單集的選擇，減少自己選用功能的時間。

　　但是共同的7個選單功能一定會包含在內，屬於「通用(Common)」選單，通用選單共有「檔案(File)」、「編輯(Edit)」、「創建(Create)」、「選擇(Select)」、「修訂(Modify)」、「顯示(Display)」、「視窗(Windows)」,「幫助(Help)」選單則是一定會存在，而「快取(Cache)」選單功能則是任何預設選單集都有加選的功能。

　　這些內容都沒有什麼特別需要說明的地方，完全就是使用者自己決定順手的工作範圍選單集的自訂功能，沒有什麼特別的內容需要注意，因為它的設定也是相當容易不複雜，純粹視你的工作範圍需要來「自訂選單集」的選單內容物，這一點使用者如果需要自訂的話再去了解。

「Maya2023軟體程式設計語言相關應用」

　　這個章節並不是要說明什麼東西，而是提醒各位讀者們可能需要自己主動去學習的東西，那就是「程式設計連結使用Maya 輸出檔案」的相關技藝學問，目前孤陋寡聞的我好像只有聽過 Python 這種程式設計語言有支援 Maya 的相關連結應用，至於其他語言有沒有發展支援 Maya 則是要看那個程式設計語言有沒有人專門去關注發展 Maya 的支援軟體而定。

　　從事各種創作、編輯或合成工作的從業者們，通常都需要擁有一個非常龐大並且資料量雄厚的「素材庫」儲備，以方便Maya 動畫製作工作上各種格式檔案的參考連結使用，蒐集各種Maya 程式應用所需要的資料，是一個獨立製作小隊或團體節省工作時間提升各種影音製作效率的良好習慣，就好像有些程式語言設計師會去蒐集專精語言的各種連結支援庫函式一樣。

　　只有堅持做著平常生活時遇到什麼新鮮有趣各種「素材」的耐心蒐集工作，有需要時你才能有龐大的資料庫資訊可以進行「量變」產生「質變」的創造工作效率進化，從而競爭於行業巔峰之處的可能，羅馬不是一天造成的，唯「勤」之態度才是使自己功力進步的原動力，在此與各位讀者共勉。

　　「信仰就是力量、技藝只是工具，資料則是彈藥」，奮戰於人生旅途上的各種技藝工作從事者們，平時多多益善各種資料及技藝能力的斜槓儲備，應該也是各種專業工作精益求精的努力方向之一，養成平時就會儲備各式各樣的撇步底牌，對於人生旅途上所遭遇的各種突發情況，都不至於手足無措被沖擊的手忙腳亂窮於應付，所以看完本書之後使用者或許也可以考慮去學習 Maya 影音相關的影音字幕創作編輯剪輯程式來備用，以備人生旅途上的各種不時之需。

「失落的教學環節」

　　正如老孤在本書開始之前有說過，Maya 3D 繪圖程式，其實就是 MEL 語言的「圖形化程式語言編寫工具程式」，至於何謂 MEL 語言，請恕老孤孤陋寡聞，老孤混電腦界這麼久了依舊沒有聽說過(雖然這個世界上我沒聽說過的語言多不勝數)，也不差 MEL 語言一種了。

　　所以本書並沒有任何教學 MEL 語言的章節，因為熟悉使用一套程式語言所需要下的苦工可不是 Maya 一套應用程式可以比擬的，牽涉到的知識範圍相當的廣泛，或許你該去讀一讀老孤的其它出版書籍，其中「駭客之路(Road To Hacker)◇｜ ＞◎∩＞※」或許你也該讀一讀，才能完全銜接電腦相關的操作技藝思想問題，「駭客之路」的內容就是一本「電腦世界」的導覽手冊，至於你處於要去哪裡專精傾心，則是你個人的選擇。

　　本書也沒有專門介紹各種 Maya 外掛程式(好像有不少外掛支援 Maya 的應用程式)，這些第三方應用程式也是為數不少，但是我也沒有將其列入教學的行列之中，因為我個人比較喜歡追求原汁原味應用軟體的功能學習通透與瞭解，以免了解的不過透徹而被一些拓荒途中會發生的奇奇怪怪事情所打敗，造成拓荒學習前路的斷絕，思想不夠通透到「一以貫之」的地步。不過後來為了製作動畫時介紹了一款叫「Advanced Skeleton」的綁定作業外掛應用程式，也是在製作動畫之時有感而發的去研究使用這套外掛軟體，沒辦法完全原汁源味就是因為通用軟體總會有不夠專精技藝的方便功能追求。

「天道酬勤」

就算我精通的「索引學」可以找出最快的修練技藝登峰造極之路，但是也需要使用者一步接著一步慢慢努力攀爬實作進而步步拾級而上，才可能到達技藝境界的巔峰，這是完全沒有捷徑可走的磨練苦工，你花多少時間用心磨練精深某項技藝之工作，就會回收多少的勞動成果，這是我多年來的一點心得感想，有所得必有所失，想要得到必需付出一些東西來交換。

因此我雖然可以總結了解很多知識技藝學問的精髓及索引總結出最快登峰造極的捷徑，但是我也沒有那麼多的時間去一項項的精通它們達到入微的境界，就算我全部練至登峰造極的境界，同時之間的我也只能做一件事，因此也不要以為我說得每樣東西我都很精通似的，其實我只是單純的知道它們的目地，當然可能也會那麼一點技藝，但是說到成為完全精通各方面技藝的練習，我不覺得我可以比得上那些專業從業人士。

生命與時間是大自然限制與賦予人們最為公平的價值質能，所以千萬不要以為你讀懂讀通了本書之後，就能完全了解Maya2023的各種作業功能及使用方法，而不需要花太多時間磨練技藝致完全專精的地步，其實不實做實踐的話這些學問知識的內容就完全只是紙上談兵而已。

所以不斷的磨練 Maya 軟體相關技藝及你個人實作各種技藝呈現磨練，才是各位讀者今後看完這本書之後，要去實際實踐作業功能的純熟磨練，才能在 Maya 這套應用軟體下混的風生水起，甚至可以跨足斜槓到其他3D 立體動畫影片製作工具領域之中，不過我個人還是比較喜歡 Maya 一點，主要是它是我第一個有興趣研究相關作業的啟蒙軟體，因此也會因為因果關係而成為我最耗時相處的軟體之一。

3D 繪圖製作其實就是一個很需要想像幻想力呈現及花費耐心從生到熟的技藝操練過程，只有不斷的實做再實做之下，你的技藝才會更加純熟及圓滿，這是沒有什麼捷徑可走之路，畢竟「天道酬勤」一分耕耘、一分收穫是千古不變的大道理。

　　一步一腳印，既然老孤已經整理出來最佳修練捷徑之路，那麼讀者們就最好默默的攀登前行，使自己的3D 立體動畫影像技藝不斷的加強加深熟練圓通，看看能不能成為3D 動畫影像繪圖業界的王者，說穿了它只有唯「勤」一字堅持而已。

　　本章就是提醒各位讀者「實做」才是邁向成功的基礎，而不是空談吸收不去做實踐之類的緩慢笨工作的理論縱橫家及不切實際工作的「索引者」，春秋戰國時期的「賣油翁」故事早就告訴我們，不斷從事磨練某一個技藝之後，大家最終都可以攀登到一個令人意想不到的技藝巔峰之境。

　　就像我由「電腦技藝」境界攻頂沒東西可學之下，只好自思自悟自路拓荒出了新的線徑路途來走，並且串連、連鎖、斜槓了幾項技藝之後，莫名其妙的總結出了「混沌悟」這篇「邏輯哲學」的論文，從而引申創造出了「索引學」這個科目知識學問技藝的形成，成為了首個提出這個學術科目的人，用來估名釣譽之用（開個小玩笑），所以老孤在此為各位實做 Maya2023 控制操作而邁進的勇者們加油打氣，祝你們早日完成 Maya 軟體的各項3D 立體繪圖作業工作專精的磨練。

ISBN：9781625034038

　　這是老孤所著的一本哲思索引啟示錄，由於哲學的教學矛盾性質使然，所以並沒有完全詳細的解說各種文字的運用發揮，因為「哲學」是靠想的、悟的而不能靠「教的」。「思考」是自由奔放的自我發揮，「思考」是一種無法教學灌輸的本質技能，凡是教學「思考」行為準則本身的展現，就是一種限制「思想及思考」維度時空的局限視界角度。

　　雖然這聽起來很像繞口令，但是「思考」不是一種能靠「記憶」資料累積來增加的能力，你必需不斷的去「思考」為什麼？及演譯推理不斷的做「思考」這個動作才能有所精進的能力，你必需去實際體驗過那種環境及心靈感覺承受歷程，才有可能將虛擬的想法，給「實質化」發揮的潛能，也比較不切實際，「自由」我認為應該延長解釋名詞為「自有我由」的定義，而「自由」的追求就是「思想與思考」的基備出發點。

ISBN：9781625035073

　　無盡之語(Never End Word Symbols「NEWS」∩＞※＜
∫)，是老孤利用電腦萬國碼(Unicode)裡面規範的一些簡單符
號加上音樂基礎音階知識所創作的一種語言，又稱做「∩※∫
（心紋語）」，原本只是不想網路站台上必須提供所有存在於世的
各種語言版本文件來提供討論研究相關服務。

　　後來發現就算網站提供世界所有語言的功能，也無法達到全
站融合交流的目標，相同語系的使用者必定還會抓對互相討
論，很少會離開同溫層去加入別的慣用語言的討論圈，因此老
孤乾脆就帶頭創造另一種大家都一起學、說並共同創作的新語
言，期望形成一種共通第一學習的溝通外語來增進語言融合的
行程速度，∩※∫「心紋語」因此應運而生，就算它還不足以
形成我們第一學用的外語，但是我們也可將它推廣成電腦駭客
專用的一套溝通語言，不是嗎？其他基礎及讀音介紹或輸入法
的安裝，請上 http://uniorg.net 網站觀看。

ISBN：9781647840716

「駭客之路」這本書主要告訴各位讀者，何謂真正的駭客及駭客需要哪些條件才符合具備成為一個駭客的技藝展現，書中深入淺出的「一根腸子通到底」的全方位解說，電腦是什麼東西及其可以做到什麼程度的相關說明及經驗心得分享，並不是單單只是入侵這種搞破壞的蟊賊水準而已。

本書內容除了完全介紹電腦的組成及工作流程方式和電腦相關應用之外，另外還有教學如何快速成為一個極速中文輸入法高手的文章，甚至該書之後還有一些老孤多年來一直想研究及發展的新設計彩蛋篇發布，想要徹底了解電腦基礎知識的讀者必不能錯過的一本好書。

看完本書如果你能通透吸收了解並想通的話，至少可以打通你的任督二脈，讓你具備基礎並朝向成為一個電腦駭客之路上的求道者。是對會使用電腦但是卻不完全清楚電腦能做什麼及可以發展方向的人而寫作的一本開通電腦細胞的書。

ISBN：9781647841171

　　「FreeBSD 群魔亂舞」是一本教導如何使用全手工來安裝使用 FreeBSD 作業系統的一本書，誠如「駭客之路」一書所言，想要成為一名駭客，你至少必須精通三項能力，分別是「熟悉的英文語言能力」、「操作熟練的電腦作業系統」、「強力的程式設計語言」，你才有可能成為一個獨立自由穿梭電腦界的駭客。

　　而 FreeBSD 基於 BSD License (BSD 宣告) 的一款既強力又自由免費商業使用的 Unix 類 (Unix Like) 的作業系統，雖然它不是 Unix Like 主要流行的作業系統，但是卻是目前市面上最符合 Unix 系統發展理念的作業系統，同時也是各種 BSD 作業系統最大市場的佔有者，主要揚威於伺服器 (Server) 市場，總而言之目前能夠對上 Linux 也毫不遜色的作業系統就是 FreeBSD 了，而且像蘋果電腦的 MacOS 系統，以及一些知名的作業系統其實使用的發展核心就是源自 BSD，因此市面上作業系統核心取經自 BSD 的作業系統其實不少，它的唯一缺點就是發展團隊人力不足而已，不過它的支援及功能可絲毫不遜色於 Linux。

ISBN：9781647841263

　　「索引者」一書為「混蒼生」思想系列的書籍其中之一，主要就是針對老孤自創的邏輯哲學論文「混沌悟」內容的加強寫作，與「混蒼生」一書不同的是，「索引者」是定義「索引學」這種學問的「首發」書籍，讓大家知曉世界上還有一種知識學問科目叫做「索引學」。

　　精通「索引學」的人可以輕鬆達到「第八感生滅」境界，並且能夠輕易融合「科學、哲學、神學」的知識學問，輕易看破各種人世的知識學問關節所在，進而基礎於其上來延展出各種可能性，而精通「索引學」的人也稱為「索引者」，本身就是一個知識「宇宙黑白洞」或「漩渦暴風」之類的「矛盾融合」體的存在，甚至由「哲思者」進化成為一個「思想家」。

　　只需要正確的相關實驗數據資料形成的資訊，就可以自行拓荒研發出解決之道，是一門不太容易練成的知識學問技藝。要一把年紀才可能坐鎮有所成就的職銜者才需要擁有的學問。

「結語後話」

　　終於來到了最後的結語後話了，「復興馬雅(Revival Maya) △4～ ∩∞＜」一書寫到這應該可以告一個段落了，畢竟接下來就是不斷的實做再實做的下功夫去苦練各種技能及功能選用而已，這些動作沒有什麼快速捷徑可以走了，而且我也不想一直浪費紙張去教學那些一個又一個的範例解說，搞出更多依賴別人講解而不自己思考拓荒或實踐控制操作磨練技藝的讀者。

　　如果你是從「混蒼生(Chaos Life)」一書就開始閱讀追蹤老孤所撰寫書籍的人，應該也吸收了不少養分資訊，而如果你是精研讀通「混蒼生」及「索引者」兩書的人，就可以依據各式各樣的正確無誤資料形成的資訊，自己去思考融合創造自主主動的吸收各種技藝的精進功夫，並加以實踐控制操作實習以精深化各自的技藝功夫，達到自我修練的目地。

　　而老孤所寫的其它書籍，無疑就是一桶桶的肥料而已，只能增加你的資料記憶量，並不能操練太多你的思考能力，別人的幫助解惑其實對個人思考能力的幫助幾乎微乎其微，甚至有點妨礙你的自我思考能力的修練遂行，以達到思考開通腦細胞功用，所以也不用多學了一門技藝而感到高興，因為時間是世間最公平的砝碼，沒有人有那個時間去通練磨練少林七十二絕藝，因為一天只有24小時而已，必須妥善利用來過生活。

　　沒有人會多別人一分一秒，人生的長度不是每個人可以自主決定的長短，我曾經想過，如果讓我再重活一遍，我當初可能不會選擇再一次去貪多學習磨練各項技藝的純熟，只想當一個普普通通平凡的人類而已，就跟大唐雙龍傳中的魯妙子一樣的死前人生選擇，因為那都是我們今生的遺憾。

接下來我可能就要著作「靈魂填碼」這本書，或許我會取名叫做「靈碼(Souls Code)」，以符合原始碼叫「Source Code」的諧音取名方式，好取得標題黨創作人的優勢，電腦的程式設計語言相關書籍，希望各位老孤的忠實讀者能夠不吝繼續支持，你們的閱讀才是讓我寫書的動力來源，不然依照我本心本性懶惰到扣八的性格，我是不可能廢話這麼多東西的。

　　我以前做事只會快速攻頂攀峰後，然後撒手飄然而去離開那個領域，不會持久的從事同一項技藝領域的東西很久，因此我才可能學會那麼多奇奇怪怪的知識及東西，有各種感覺承受的經驗心得可分享，可以發表出一篇篇文字內容，來洗腦大眾的身心靈，屠毒大家的思想。

　　「靈碼(Souls Code) 9 ∫ ⊙」的寫作目標不是針對某一種專門使用的程式設計領域語言，而是從整台電腦工作原理的廣義角度，而用來講解程式語言設計的原理及實做內容，有點偏向使用任何程式語言都可以學習實做的目標書籍去寫作。

　　當然也就是所謂不侷限於任何一套程式設計語言都能夠實做的方法，只不過我個人選用教學的是「Golang(GO 語言)」，這個2007年左右才誕生的新生程式語言，來做教學寫作實際舉例，因為目前就創造設計思想來說，我個人看過那麼多的程式設計語言之後，總覺得 Golang 程式語言目前的發展最對我胃口。(而且它所需要背誦的指令也最少，沒有設計一些奇奇怪怪的語言用法來迷惑大眾的邏輯觀念，所以我個人比較喜歡 Go 語言的先進設計)

　　我個人曾經學習過1x 種不同類型的程式語言，所以基本上我沒有一套專精使用的程式設計語言可選用，雖然可以跨領域的從事各種程式語言工作，但是樣樣通就等於樣樣鬆，因此也

就沒有一項程式設計語言我是很專精於它的各種環境引用。

　　不過我主要學習程式語言的目標，是實際去體會思悟「電腦實際運作工作流程原理」及「吸收各種程式碼的設計思想邏輯」的電壓電流控制流通的程序與流程的控制與了解，並不是表面種種程式語言寫作語法的精通，因此，雖然進入一個新語言環境會有一點生疏不熟練，但是只要我搞懂各種語言的語法解析問題，就可以快速進入該程式語言的實做環境，這是我學習這麼多程式語言以來所得到的個人技藝精進好處之一。

　　而且「電腦工作電壓電流流程程序」才是學習程式語言最應該注重的東西，而不是不斷背頌那些可能會作古的語言及計算方法記憶，而沒有去想通語法背後程式語言究竟完成了哪些實際作業動作工作內容，從而可以自由任意的遊走在各個程式語言環境之間漫遊，不被各種語言語法或環境給綁架於某個作業環境之中的自由延展程式設計。

　　這就是我寫作「靈碼(Souls Code) 9 ∫ ⊙」的最終目地，教學養成每一個讀者都不會被某種程式語言給綁架在環境內使用，而逃脫不了那個使用環境之下的種種限制，不斷的學習遺忘各式各樣的程式語言語法及相關規則，而導致好不容易學會的技藝，由於生疏於使用就會忘記的正常人類屬性的趨向性，最後搞得自己白學了一遭，什麼記憶及技藝都沒有在歷史洪流之中留下任何的足跡，我們下本書裡再會。

2022/06/07 Yuan「孤鷹」

附錄 A：「Maya2023功能操作介面說明」

　　目前的 Maya 其實已經比以前的軟體版本更系統化整理過簡潔很多版面顯示內容了，早期的 Maya 版本，畫面圖示比較琳瑯滿目千奇百怪會看得你霧煞煞眼花瞭亂的，不過老孤在這裡先給各位讀者一顆定心丸，以下所介紹的使用者介面內容，並不需要讀者去刻意強力記憶背誦，你只需要看過有個印象好像有這個功能就好，不用花費太多時間與功夫去死背硬記 Maya 提供的所有功能，反正只要用上了某功能之後，你就會自然學會與記住，靠全身體實踐行為來記憶相關的技藝功夫。

　　只要你依循開頭書籍介紹的操作方式與閱讀順序讀下來，並且依照那些下苦功的笨功夫一點一滴的實踐操作，總有一天你會全部都學全及精通 Maya，不過老孤可以很明確的告訴各位讀者，我嚴重懷疑是不是真有人全面精通 Maya 操作的人，因為這就不是一套個人使用的小軟體，使用這套軟體的人至少都能夠組成一個多媒體影音工作小組了，所以就輕鬆看過去有個功能印象就好，沒必要硬刻死記於心靈腦海記憶之中。

- 如果你找不到要查找的功能選單表，可能是未打開正確的功能選單表集。 請參見功能選單表和功能選單表集。 也可以選擇「說明 > 查找功能表（Help > Find Menu）」，然後輸入要查找的功能選單表或命令的名稱。

- 你可以使用主視窗中顯示或隱藏元素（面板）在「視窗 > UI 元素」（Windows > UI Elements）功能表。

- 可以隱藏所有介面元素使查看空間最大化，並改用快速命令功能：快鍵盒(HotBox)、 Maya 熱鍵(HotKey)和標記功能表。

- 在雙向箭頭游標出現時拖曳大多數面板的邊，可以調整這些面板的大小。

- 通過將面板停靠到 Maya 視窗的不同區域，可以重新排列這些面板以滿足個人喜好。 相關詳細資訊，請參見**停靠和取消停靠視窗和面板**。

- 若要放大滑鼠指標下的檢視（例如：「視圖面板（View Panel）」或「曲線圖編輯器（Graph Editor）」），請按 Shift + 空白鍵，這動作將收攏停靠在主視窗中的所有其他視窗。 如果滑鼠指標懸停在介面的浮動視窗或其他部分（例如：「頻道盒（Channel Box）」或「工具設定（Tool Settings）」）上方，則會影響您所點選的最後一個視圖，再次按住 Shift + 空白鍵可還原之前查看的設定。

- 若要全螢幕顯示游標聚焦的視窗，請按 Ctrl + 空白鍵，其工作方式與按住 Shift + 空白鍵以放大視圖相同，但是還會隱藏「狀態行（Status Line）」、「工具架（Shelf）」和「時間滑塊（Time Slider）」等 UI 元素，再次按住 Ctrl + 空白鍵可還原之前查看的設定。

下圖截圖就是進入預設的 Maya2023開始工作畫面，由於圖型太小看不清所以我標示成20個小部份區域(A～T)來分別解說這些視窗介面它們的相關功能，下圖螢幕截圖就是各個操作畫面區域截圖功能說明，請讀者們耐心看下去並默默了解進而慢慢記憶。

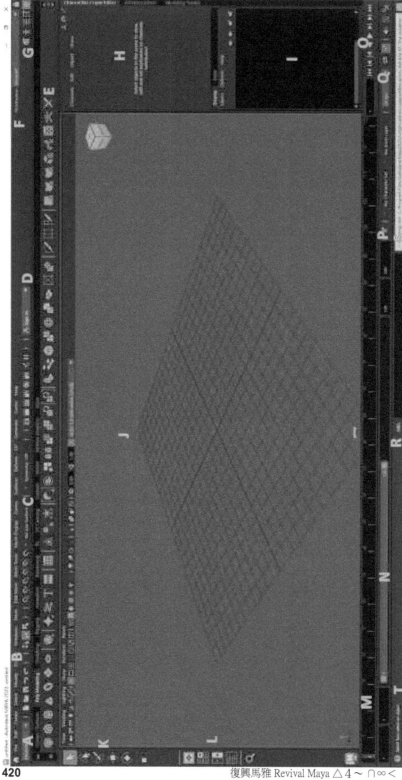

復興馬雅 Revival Maya △ 4 ~ ∩ ∞ <

「A. 功能選單集」

選單集功能如左圖所示，A 區塊上面部份顯示的功能選單，就是Maya2023目前相關作業提供的所有功能選單集，Maya2023目前總共擁有6種專業工作內容範圍的可選擇功能選單集，分別是建構模型(Modeling)F2鍵、綁定作業(Rigging)F3鍵、動畫功能(Animation)F4鍵、特效工具(FX)F5鍵、渲染展現(Rendering)F6鍵及最後的自訂功能選單(Customize)，總共有6大項作業功能選單可供切換軟體畫面最上方的功能選單列(Menu Option)的預設選單功能之外的功能選單。(「Windows」功能選單之後與倒數第二「快取(Cache)」選單之間的其它專業功能選單集，就是靠這6項功能來切換選擇選單功能顯示列清單，以利使用者使用各種專業作業功能的選單功能選用。)

「B. 選單功能」

Maya2023選單功能總共有9個專業共通使用的功能選單，這9個共通的選單功能分別是「檔案(File)」、「編輯(Edit)」、「創建(Create)」、「選擇(Select)」、「修訂(Modify)」、「顯示(Display)」、「視窗(Windows)」、「快取(Cache)」與「幫助(Help)」選單，這9個選單的功能是橫跨所有專業工作「選單集」的全區域功能選單，它們前後夾雜著「專業工作選單集(F2～F6鍵)」的選單內容(位於 Windows 選單之後及 Cache 選單之前的所有功能選單，都是專業功能選單集的特別功能選單)。

「C. 狀態行」

狀態行包含許多常用的常規命令對應的圖示（例如：「檔

案」>「儲存」(File > Save)),以及用於設定物件選擇、捕捉、渲染等的工具功能圖示,還提供了快速選擇欄位,可針對輸入的數值進行設定,按兩下垂直分隔線可展開和收攏圖示組,通過狀態行可以:

- 更改選單集
- 訪問常用功能
- 控制選擇遮罩
- 設定各種選項
- 更改側邊欄的內容

至於狀態行上的種種功能圖示及目前所選用的功能圖示(Icon)和選單,基本上都是從功能選單裡面拉出來整理合成的狀態行介面功能,以利使用者快速方便操作使用 Maya 來作業。

快速點圖的點選圖示裡,如左方兩個標示符號的圖形就是工具表上的捲軸顯示,左邊是工具捲軸收縮起來的代表符號,右邊是捲軸內容打開的代表符號。

「選單集選單」

這個狀態行就是「專業功能選單集」的切換選擇功能欄,也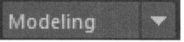就是「A.功能選單集」的功能,前面已經講解過了,這裡就不再贅述,F2~F6鍵可以切換不同的專業功能選單集功能。

「檔案按鈕」

這5個圖示代表功能由左至右分別是「創建新場景檔案」、「開啟舊有場景檔案」、「儲存目前場景檔案」、「回歸上一步驟動作」、「重做最後一步動作」…等5項功能代表圖示。

「選擇遮罩」

「狀態行(Status Line)工具欄」，包含幾個用於不同的更改選擇的控制選單元件，選擇遮罩決定您可以選擇的對象或組件類型。

「選擇模式」選單允許您選擇公用預設選擇遮罩。

 選擇模式按鈕允許您在「按層次和組合選擇(Select by hierarchy and combinations)模式」、「對象(Object)模式」和「組件(Component)模式(F7鍵)」之間切換功能選擇。(F8鍵可在這兩種選擇模式間切換)

「選擇選項」

上圖透過選擇遮罩按鈕，可以使特定的對象/組件類型可選擇或不可選擇。(詳細細節選擇功能內容可參考官方說明文件檔案)

鎖定/解除鎖定目前選擇（Lock /unlock current selection）：單點鎖頭形符號鎖定選擇，以便滑鼠左鍵執行操縱器，而非進行選擇，再次按下鎖頭形符號解除鎖定該選擇。

高亮顯示當前選擇模式（Highlight Selection mode）：在任何元件模式中選擇元件時，選擇對象處於禁用狀態，這樣可以停留在元件選擇模式中，例如：選擇多個元件（頂點「Vertex」、面「Face」等），若要覆蓋此設定，以便單點物件的非元件部分時選中整個物件（使您回到物件模式），請禁用「高亮顯示當前選擇（Highlight Selection）」。

「捕捉吸附按鈕」

捕捉到柵格（Snap to grids）X鍵：捕捉頂點（CV 或多邊形頂點）或樞軸點到柵格角，如果在創建曲線之前選擇「捕捉到柵格（Snap to grids）」，則其頂點捕捉到柵格角。

捕捉到曲線（Snap to curves）C鍵：捕捉頂點（CV 或多邊形頂點）或樞軸點到曲線或曲面上的曲線。

捕捉到點（Snap to points）V鍵：捕捉頂點（CV 或多邊形頂點）或樞軸點到點，其中可以包括面中心。

捕捉到投影中心（Snap to Projected Center）：啟用后，將物件（關節、定位器）捕捉到選定網格或 NURBS 曲面的中心。
※：「捕捉到投影中心（Snap to Projected Center）」將覆蓋所有其他捕捉模式。

捕捉到視圖平面（Snap to view planes）：捕捉頂點（CV 或多邊形頂點）或樞軸點到視圖平面。

啟動選定物件（Make the selected object live）：將選定的曲面轉化為啟動的曲面。活動曲面的名稱將顯示在「啟動」（Make Live）圖示旁邊的欄位中。您可以按下拉清單按鈕以顯示之前的啟動曲面清單，或使用滑鼠中鍵按下該按鈕以再次啟動最近的啟動曲面。

　　以上各種功能操作都是方便使用者控制模型以捕捉吸附貼齊選擇到你的目標，在使用 Maya 作業之中時很容易會使用到，因此使用者要懂得稍加利用，以方便你的 Maya 作業操作。

「對稱」

指定所有工具的全
局對稱設定,詳細相關
說明請參考線上說明網頁。

「構建按鈕」

選定對象的輸入/選定對象的輸
出:將打開一個彈出功能表,通過
該功能表可以選擇、啟用、禁用或
列出選定對象的構建輸入和輸出。

構建歷史切換:針對場景中的所有物件啟用或禁用構建歷史。

「渲染按鈕」

點選這些按鈕可打開「渲染檢視(Render View)」視窗、執行
普通渲染、執行 IPR 渲染,或打開渲染設置視窗。

Hypershade:打開 Hypershade 視窗,在該視窗中通過創建和
連接渲染節點(如紋理、材質和燈光),可以構建著色器網路。

「輸入框」

使用「輸入」框在 Maya 場景中快速選擇、重命名或變換物
件和元件,而無需顯示「頻道盒(Channel Box)」,點選輸入欄
位左側的箭頭以選擇「輸入」模式;「絕對變換(Absolute

transform）」、「相對變換（Relative transform）」、「重新命名
（Rename）」或「按名稱選擇（Select by name）」，預設設定為
「絕對變換」，「輸入」模式和使用者首選項一起保存。

絕對變換（Absolute transform）：在「X」、「Y」、「Z」欄
位中鍵入數字，基於當前選定的變換工具來移動、縮放或旋
轉，物件或元件參照其原始創建位置（場景的原點）進行變
換，也可以在一個字段（例如：「X」）中輸入單個值，而不影
響其他變換值。

相對變換（Relative transform）：在「X」、「Y」、「Z」欄
位中鍵入數位，基於當前選定的變換工具來移動、縮放或旋
轉，物件或元件參照它們的當前位置進行變換，也可以在一個
字段（例如：「X」）中輸入單個值，而不影響其他變換值。

重新命名（Rename）：編輯目前選定的物件的名稱。選定了多
個物件時，Maya 在每個物件的名稱末尾增加一個數。

依名稱選擇（Select by name）：鍵入物件名稱來進行選擇，
可以使用通配符（* 和 ?）選擇多個物件。

「D. 使用者帳號(User Account)選單」

登入到您的 Autodesk（歐特
克）使用者帳號，點選以獲取更
多選項功能，例如：用於管理許可證或購買 Autodesk 產品的選
項功能，試用版還會顯示剩餘使用天數。

「E. 工具架(Shelf)」

工具架(Shelf)內含的相關功能整理功能圖示(Icon)，都是
從功能選單裡面拉出來整理合成的相關使用功能圖示工具架

（Shelf），屬於已整理好的各種軟體分類用途功能工具圖示的點選選單工具架，以利使用者的相關工作作業範圍的選單集合點選功能，使你的Maya功能呼叫作業更加的方便快速，甚至你也可以自訂工具架內容(Shelf)，讓自己業務範圍之內的作業工具都能從各功能選單裡面獨立成立選單圖示架出來方便使用。

　　目前Maya2023在工作區上方的應用工具架(Shelf)，有所謂的預設完成的各種作業使用工具架標籤欄，共有曲線/曲面作業功能(Curves/Surfaces)、多邊形建構模型(Poly Modeling)、雕刻作業功能(Sculpting)、綁定作業(Rigging)、動畫製作功能(Animation)、渲染展現作業功能(Rendering)、各種特效製作功能(FX)、特效快取作業(FX Caching)、使用者自訂義功能(Custom)、(MASH)作業相關功能、(Motion Graphics)作業相關套件功能、(XGen)套件功能，等12個標籤工具架，提供給你作業時的切換選取相關圖示功能，來完成你的3D相關作業功能。

　　當然你也可以從視窗上方功能選單下拉各種Maya專門工作環境介面選項名稱之中，點選你所需要從事的工作專業環境顯示介面的選擇，如果你的Maya軟體作業環境被各種系統自動記憶環境功能搞得紊亂不堪，也可以透過刪除(Delete)，檔案總管下的「本機>文件」裡面的，maya、xgen兩個資料夾，來回復Maya預設的工作環境顯示設定介面回歸到安裝時的設定。

「F. 工作區選擇器」

Workspace: General*

　　Maya2023程式的預設畫面右上角也可以切換顯示工作環境操作介面，各種不同的使用者工作顯示環境畫面，如果你不喜歡或習慣Maya預設的工作操作環境顯示畫面，也可以下拉點選

調整這個選項的功能來切換到你習慣的操作作業環境畫面，而預設的工作介面環境是 General「一般通用」工作環境。

它還有提供 Modeling-Standard「建構模型標準模式」、Modeling-Expert「建構模型專家模式」、Sculpting「雕刻作業模式」、Pose Sculpting「姿勢雕刻模式」、UV Editing「UV 編輯模式」、XGen「毛髮製做模式」、XGen-Interactive Groom「互動式毛髮製做模式」⋯等之類的相關作業，切換預設工作操作環境畫面以符合你所需要的專業工作環境。

甚至應該也可以自訂工作環境，不過這方面要使用者自行研究精深，我只需要習慣使用「一般通用」這個作業環境顯示模式的各種工具就好了，沒必要改那麼多使用習慣。（反正所有功能都儲存在最上方的「功能選單」裡面，自己找來用就好，也不一定需要養成熟悉那麼多的環境功能習慣）

由於我不想抄襲官方教學網頁文件上，關於 Maya2023預設的所有功能選單說明，所以無法詳細解說各功能，因為解說這些功能相當的浪費紙張篇幅而不實用，廢話一些官方網站就有的網頁說明文件，如果使用者不懂老孤的功能解說，可以自己上網去查閱 Autodesk Maya 的網頁詳細功能教學解說，一切以官方的功能說明為主，這裡只是簡單整理直述一下所有使用過的功能解說而已，並不是一種權威不可質疑的說明文件。

畢竟我再會唬爛都可能沒有原始的創作者那麼清晰與了解，自己所設計出來的相關運用功能的解說，因此往後的內容其實對能上網查資料的讀者們來說，並沒有什麼太大的幫助，只是給各位初學者的一些學習操作基礎的解說文件而已。

「G. 側邊欄圖示」

如左圖所示，頻道盒功能欄右上方的5個小圖示， 就是切換位顯示位於圖示下方的資訊欄圖形標示，各標籤圖示啟動/關閉的功能，由左到右分別是「建模工具包(Modeling Toolkit)」、「人物骨架控制選單(HumanIK 視窗)」、「屬性編輯器(Attribute Editor)」、「工具程式設定選單(Tool Settings)」、「頻道顯示資訊盒(Channel Box)/階層編輯器(Layer Editor)」(預設選擇)，你可以依據你的各種需要顯示的功能標籤快速點擊選擇切換顯示，以符合你的作業需求。

「H. 頻道盒」

通過**頻道盒**（Channel Box），可以編輯選定對象物件的屬性和關鍵幕(幀)值，預設情況下，將顯示變換屬性，但您可以更改此處顯示的屬性。

「I. 階層編輯器」

階層編輯器（Layer Editor）中顯示兩種類型的層：

1. **顯示層**用於組織和管理場景中的物件，例如：用於設定可見性和可選性的圖層。

2. **動畫層**用於融合、鎖定或禁用動畫的多個級別。在所有情況下，都有一個預設階層，物件在創建後最初放置在該階層。

「J. 視圖面板視窗」

通過**檢視面板**，可以使用攝影機視圖通過不同的方式查看場景視窗中的物件，可以顯示一個或多個視圖面板，具體取決於正在使用的佈局，也可以在檢視面板中顯示不同的編輯器，通過每個檢視面板視窗上方的**面板工具列**，可以查詢位於**面板**

功能表中的許多常用命令。（下圖就是所謂的「視圖工作面板視窗」）

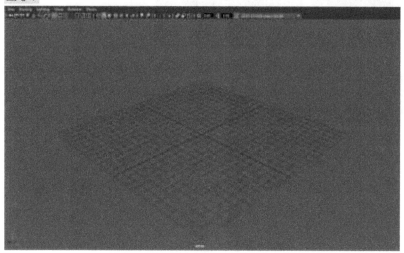

　　視圖工作面板視窗是用於查看場景中物件的工作區域，這裡既可以是單個視圖面板（預設），也可以是多個視圖面板，具體取決於所選的視窗佈局。使用者可以點擊左側的**快速佈局按鈕**，輕鬆在單檢視面板佈局與四視圖面板佈局之間切換。您可以在每個檢視面板中擁有不同的攝影機，並逐面板設定不同的顯示選項。例如：可在一個視圖面板中以著色顯示模式使用透視攝影機查看場景，並在另一個視圖面板中以線框顯示模式使用前正交攝影機查看場景。還可以在檢視面板中顯示「UV 編輯器（UV Editor）」或「內容瀏覽器（Content Browser）」等其他編輯器，方法是從「面板 > 面板（Panels > Panel）」功能表將其選中。通過每個檢視面板頂部的**面板工具列**，可以訪問許多可在工具列之上的**面板功能表**中找到的常用命令，您可以按 Ctrl+Shift+M 來切換面板工具列的顯示。

　　一般的使用情況下我們都是在上方視窗截圖區域裡面點選使用各種 Maya 提供的選單或工具架上的功能圖示來做 Maya 製作工作，而這個工作區域的配置區域範圍大小都是由各種作業

環境內容所支配。如果你使用的是「建構模型-專家模式」工作環境的話，可以說畫面上只有這個工作區域及最上方的「功能選單」，要你去按住空白鍵選擇操作功選單，如下圖所示：

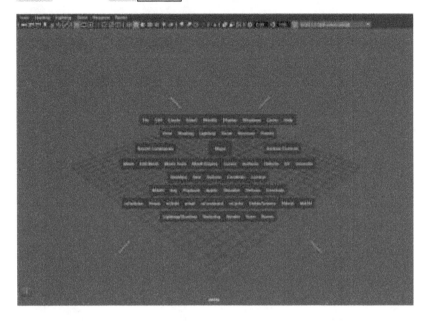

　　如果你在工作區域裡面，按住空白鍵就會出現以上的文字功能的全選單，讓你使用滑鼠左右鍵選擇你要的功能名稱按住左右滑鼠鍵拖曳選擇功能之後，然後放開滑鼠鍵完成功能選擇，以利你使用類似「專家模式」的工作區畫面來操作 Maya 選擇相關功能作業，這個選單功能叫熱盒或叫快鍵盒(Hot Box)，不但 Maya 所有功能都可以在熱盒選單裡面找到並選擇，而且熱盒形成的「✕」切割出來的螢幕上下左右空白區域(沒有文字選單的地方)，也可以使用滑鼠左右鍵來呼叫選擇你所需要的各種作業功能。如下眾圖所示：

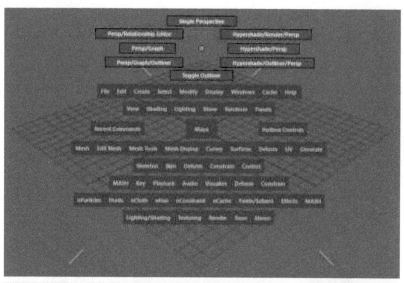

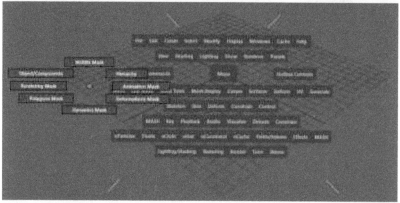

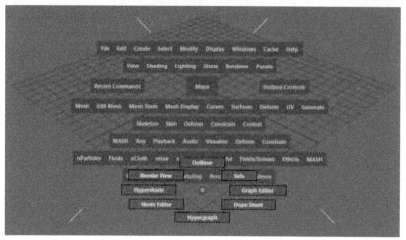

432 復興馬雅 Revival Maya △ 4 ～ ∩ ∞ ＜

以上這些操作使用的方法就是「建構模型-專家模式」的操作使用 Maya 的方法之一，當然還有其它更深入的操作方法，只是目前的我比較菜，因此這種「專家模式」的操作使用 Maya 的方法，我個人還是比較不會使用，或許哪一天大家覺得對 Maya 的各種工作操作控制熟悉到掉渣的地步之後，可以使用「專家模式」的作業環境來進行你的各種 Maya 作業環境操作，以增進你使用 Maya 的各種創作工作環境的作業速度。

「活動檢視面板」

活動檢視面板是您點擊的最後一個檢視面板，其周圍帶有柔和高光，若要確定播放期間更新的視圖面板，請選擇「視窗 > 設定/選項 > 選項（Windows > Settings/Preferences > Preferences）」，選擇「時間滑塊（Time Slider）」，然後將「更新視圖（Update view）」設定為「活動（Active）」（播放期間僅更新活動視圖面板）或「全部（All）」。

視圖面板工作區域視窗部份上面有一排功能選單，分別是：「視圖(View)」、「著色(Shading)」、「燈光(Lighting)」、「展現(Show)」、「渲染器(Renderer)」、「面板(Panels)」（這一排選單功能可以使用 Shift+M 鍵切換顯示）及一條快速切換功能

的按鈕圖示(面板工具欄),就是用來協助你的 Maya 視圖面板工作作業功能:由於紙本書籍的列印可能會不夠精細清楚,所以我就將那一條工作功能圖示給放大列印各種類相關部位的功能圖示,來依序說明它們實際的功能,至於「選單集」部份的說明,請各位讀者使行上官方網站查詢說明書,這裡就不再贅述。以下各種圖示就是工作區域上方的各項選單放大圖示的功能說明:

「工作面板工具欄」

面板工具列在每個檢視面板中的**面板功能表**下方顯示,您從面板「渲染器(Renderer)」功能表選擇的渲染器不同,可用的按鈕也會有細微不同。(透過按 Ctrl + Shift + M 可切換查看工具列。)

視圖按鈕:

上圖的7個小圖示按鈕功能分別是:

選擇攝影機(Select Camera): 在面板中選擇當前焦點攝影機。還可透過從面板功能表中選擇「檢視 > 選擇攝影機(View > Select Camera)」來執行此操作動作。在此按鈕上按下滑鼠右鍵可切換攝影機檢視,或創建新的攝影機檢視。如果你所設計的場景不止預設的攝影機數的話,可以使用這個功能切換各個「攝影機」的擷取場景。

鎖定攝影機(Lock Camera): 鎖定攝影機,避免意外更改攝影機位置並進而更改動畫畫面擷取位置。

攝影機屬性（Camera Attributes）：打開「攝影機屬性編輯器
（Camera Attribute Editor）」，還可通過從面板功能表中選擇
「檢視 > 攝影機屬性編輯器（View > Camera Attribute
Editor）」來打開編輯器。

書籤（Bookmarks）：將當前視圖設定為書籤，在此按鈕上按下
滑鼠右鍵可切換書籤，或使用「書籤編輯器（Bookmark
Editor）」來編輯書籤。

圖像平面（Image Plane）：切換現有圖像平面的顯示，如果場
景不包含圖像平面，則會提示用戶引入圖像，還可透過從面板
功能表中選擇「檢視 > 圖像平面（View > Image plane）」來
接觸圖像平面，點擊滑鼠右鍵可匯入圖像平面、調整目前的影
像平面的顯示模式或刪除影像平面。

二維平移/縮放（2D Pan/Zoom）：開啟和關閉二維平移/縮放。
在此按鈕上按下滑鼠右鍵可顯示場景中的所有二維書籤，選擇
「創建二維書籤（Create 2D Boomark）」可使用當前「平移
（Pan）」/「縮放（Zoom）」設定創建新書籤，選擇「編輯二維
書籤（Edit 2D Bookmark）」可打開「書籤編輯器（Bookmark
Editor）」並管理書籤，透過切換「忽略二維平移/縮放
（Ignore 2D Pan/Zoom）」選項可在平移/縮放視圖和完整攝影
機檢視進行選擇。

油性鉛筆（Grease Pencil）：打開油性鉛筆工具，它允許您使
用虛擬繪製工具在螢幕上繪製。。

攝影機設定按鈕：

柵格（Grid）：在檢視面板上切換顯示柵格，還可透過從面板功能表中選擇「顯示 > 柵格（Show > Grid）」來切換柵格，按下滑鼠右鍵可在所有檢視面板中顯示或隱藏柵格，或打開「柵格選項（Grid Options）」視窗。

底片閘門（Film Gate）：切換底片閘邊界的顯示，還可透過從面板功能表中選擇「視圖 > 攝影機設定 > 底片閘（View > Camera Settings > Film Gate）」來切換「底片閘（Film Gate）」。

解析度閘門（Resolution Gate）：切換解析度閘邊界的顯示，還可透過從面板功能表中選擇「視圖 > 攝影機設置 > 解析度閘（View > Camera Settings > Resolution Gate）」來切換「解析度閘（Resolution Gate）」。

閘門遮罩（Gate Mask）：切換閘門遮罩邊界的顯示，還可透過從面板功能表中選擇「視圖 > 攝影機設置 > 閘遮罩（View > Camera Settings > Gate Mask）」來切換「閘門遮罩(Gate Mask）」。

區域圖（Field Chart）：切換區域圖邊界的顯示，還可透過從面板功能表中選擇「視圖 > 攝影機設置 > 區域圖（View > Camera Settings > Field Chart）」來切換「區域圖（Field Chart）」。

安全動作（Safe Action）：切換安全動作邊界的顯示，還可透過從面板功能表中選擇「視圖 > 攝影機設置 > 安全動作（View > Camera Settings > Safe Action）」來切換「安全動作"（Safe Action）」。

安全標題（Safe Title）：切換安全標題邊界的顯示，還可通過從面板功能表中選擇「視圖 > 攝影機設置 > 安全標題（View > Camera Settings > Safe Title）」來切換「安全標題（Safe Title）」。

著色/照明按鈕：

線框（Wireframe）：切換「線框（Wireframe）」的顯示，「線框（Wireframe）」是預設的著色顯示，還可透過從面板功能表中選擇「著色 > 線框（Shading > Wireframe）」或按熱鍵 4 來切換「線框（Wireframe）」的顯示。

對所有項目進行平滑著色處理（Smooth Shade All）：切換「對所有項目進行平滑著色處理（Smooth Shade All）」的顯示，還可透過從面板功能表中選擇「著色 > 對所有項目進行平滑著色處理（Shading > Smooth Shade All）」或按熱鍵 5 來切換「對所有項目進行平滑著色處理（Smooth Shade All）」的顯示。

使用預設材質（Use Default Material）：切換「使用預設材質（Use Default Material）」的顯示，啟用該選項后，如果處於著色模式，則物件上會顯示預設著色材質，不管指定何種著色材質都是如此。您還可以透過從面板功能表選擇「著色 > 使

用預設材質（Shading > Use default material）」來切換「使用默認材質（Use Default Material）」的顯示。

著色物件上的線框（Wireframe on Shaded）： 切換所有著色物件上的線框顯示，還可透過從面板功能表中選擇「著色 > 著色物件上的線框（Shading > Wireframe on Shaded）」來切換「著色物件上的線框（Wireframe on Shaded）」的顯示。

附帶紋理(Textured)： 切換「硬體紋理」（Hardware Texturing）的顯示，還可從面板功能表中選擇「著色 > 硬體紋理（Shading > Hardware Texturing）」或按熱鍵 6 來切換「硬體紋理（Hardware Texturing）」。

使用所有燈光（Use All Lights）： 透過場景中的所有燈光切換曲面的照明，還可透過從面板功能表中選擇「照明 > 使用所有燈光（Lighting > Use All Lights）」或按熱鍵 7 來切換「使用所有燈光（Use All Lights）」。

陰影（Shadows）： 切換「使用所有燈光（Use All Lights）」處於啟用狀態時的硬體陰影貼圖，還可透過從面板功能表中選擇「照明 > 陰影（Lighting > Shadows）」來切換「陰影（Shadows）」。

螢幕空間環境光遮擋（Screen space ambient occlusion）： 用在開啟和關閉「螢幕空間環境光遮擋（Screen space ambient occlusion）」之間進行切換。

運動模糊（Motion blur）：用在開啟和關閉「運動模糊(Motion blur）」之間進行切換。

多採樣抗鋸齒（Multisample anti-aliasing）：用在開啟和關閉「多採樣抗鋸齒（Multisample anti-aliasing）」之間進行切換

景深（Depth of field）：用在開啟和關閉「景深（Depth of field）」之間進行切換，若要在視口中查看景深，必須首先在攝影機「屬性編輯器（Attribute Editor）」中啟用「景深（Depth of Field）」。

隔離選擇（Isolate Select）：限制檢視面板以僅顯示選定物件。 還可通過從面板功能表中選擇「顯示 > 隔離選擇（Show > Isolate Select）」來隔離選定物件。

X 射線顯示（X-Ray）：切換所有著色物件上的半透明度，還可通過從面板功能表中選擇「著色 > X 射線（Shading > X-Ray）」來切換「X 射線顯示(X-Ray）」。

X 射線顯示活動元件（X-Ray Active Components）：在其他著色對象的頂部切換活動元件的顯示，還可通過從面板功能表中選擇「著色 > X 射線顯示活動元件（Shading > X-Ray Active Components）」來切換「X 射線顯示活動元件（X-Ray Active Components）」。

X 射線顯示關節（X-Ray Joints）：在其他著色對象的頂部切換骨架關節的顯示，還可通過從面板功能表中選擇「著色 > X 射線顯示關節（Shading > X-Ray Joints）」來切換「X 射線顯示關節（X-Ray Joints）」。

曝光（Exposure）： 調整顯示亮度，通過減小曝光，可查看預設在高光下看不見的細節，點擊圖示在預設值和修改值之間切換，這是一個診斷選項，不保存在場景中，也不應用於渲染輸出。

伽瑪對比（Gamma）： 調整要顯示的圖像對比度和中間調亮度，增加 Gamma 值，可查看影像陰影部分的細節，點擊圖示在預設值和修改值之間切換，這是一個診斷選項，不保存在場景中，也不應用於渲染輸出。特別是，該選項在視圖變換（如果有）之上應用，您無需將其設置為 2.2 以類比 sRGB。

視圖變換（View Transform）： 控制從用於顯示的工作顏色空間轉化顏色的視圖變換。此選項非常有用，例如：如果要快速檢查原始顏色值或臨時應用其他檢視變換，可以使用此選項。可以選擇的可用顏色空間取決於您使用 OCIO 設定檔進行顏色管理還是已定義使用者變換，點擊該圖示可暫時將檢視變換切換到禁用狀態，然後再切換到啟用狀態，使用該下拉清單可選擇其他視圖變換，這些是診斷選項，不保存在場景中，也不應用於渲染輸出，除非已啟用顏色管理，否則它們將不可用，請參見顏色管理。

「K. 工具箱」

　　主畫面 K 區域內如同最左方的各種圖示功能，就是各種物件選取及操作功能圖示，由上到下6個圖示的功能依序是「選取物件功能(快速啟動鍵 Q 鍵)」、「拉索圈選物件功能」、「筆畫選取物件功能」、「移動物件功能(快速啟動鍵 W 鍵)」、「旋轉物件功能(快速啟動鍵 E 鍵)」、「縮小放大物件功能(快速啟動鍵 R 鍵)」。

　　如果使用者想靠著鍵盤快速鍵及滑鼠的交互共同操作，以達成快速切換操作作業功能的目地，就要熟悉這幾個工具箱工具操作功能的使用，至於要習慣快速鍵切換，一般來說常用來使用作業之後，才會不再習慣使用滑鼠去點選你需要的相關操作功能的選用，加快你的 Maya 操作的作業速度。

　　如果你處於螢幕夠大、解析度夠高的作業環境狀況下，有時候你會在操作 Maya 作業之時，看到工具箱控制功能列的最下方(擴縮功能代表圖的下方空白處)，會出現上一個使用工具代表圖的歷史動作，以方便你重覆執行上一個動作功能 Y 鍵的代表圖示出現，讓你可以快速重覆上一次的動作展現使用。

　　下方四個小型面板工作區截圖就是你分別按下 Q 、 W 、 E 、 R 鍵盤設定功能工具操作熱鍵時，會產生的各種指定物件的顯示變化，分別使用 R G B Y (Red 紅、Green 綠、Blue 藍、Yellow 黃) 顏色圖示或箭頭標示 X、Y、Z 軸的相關圖示(黃色代表三軸綜合的意思)，標記顯示在選擇物件畫面上，讓使用者可以輕易使用滑鼠左鍵拖曳相關座標圖示來完成各種「指定物件」、「移動物件」、「旋轉物件」、「縮放物件」的操控動作。

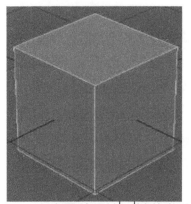

左邊圖示的方塊就是按 Q 鍵之後，使用滑鼠左鍵選擇指定要對其工作的物件，該物件就會呈現的高度綠色邊框，用來代表目前的工作「物件焦點」，也就是選擇接下來各種工具功能作用的對象目標物件。

右方圖就是按 W 鍵移動功能鍵之後該工作焦點物件會出現的螢幕操作控制顯示，RGBY(Red、Green、Blue、Yellow)紅綠藍黃四色延伸出來的箭號及圖示標明，可使用滑鼠左鍵於其上點擊按住拖曳，進行3D 立體物件的各種移動方向操作，來對選取的工作焦點物件進行空間上的「移動功能」操作。

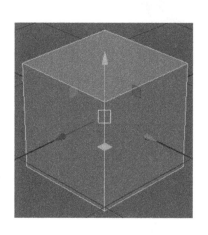

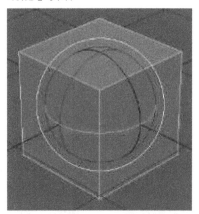

左方圖就是按 E 鍵旋轉功能鍵之後該工作焦點物件會出現的螢幕操作控制顯示，RGBY(Red、Green、Blue、Yellow)紅綠藍黃四色延伸出來的線條標明，可使用滑鼠左鍵於其上點擊按住拖曳，進行3D 立體物件的各種方向旋轉方向操作，來對選取焦點物件進行工作空間上的「旋轉功能」操作，達成自己的使用功能，完成操控工作上的想法。

右方圖就是按⃞R鍵縮放功
能功能鍵之後，該工作焦點物件會
出現的螢幕操作控制顯示，
RGBY(Red、Green、Blue、
Yellow)紅綠藍黃四色延伸出來
的線條及方塊標明縮放方向，
可使用滑鼠左鍵於其上點擊按
住拖曳，進行3D 立體物件的各
種方向縮小及放大的操作，來

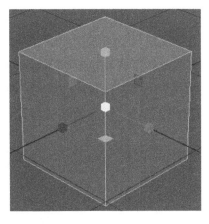

對選取焦點物件進行工作空間上的「縮放功能」操作，達成自
己的使用功能，完成工作想法。

　　以上就是最基礎的3D 繪圖功能操作方式，當然這些只是最
基本的操作控制功能，也是使用者需要漸漸習慣使用的3D 繪圖
操作控制習慣，再加上使用各種選單工具架上的圖示功能，來
一步步完成自己的各種「幻想想像力」具現化的各種工作，完
成各種3D 工作，來熟悉 Maya 的各項操作進而完成作品。

「L. 快速佈局/大綱視圖按鈕」

　　Maya2023 L 區域畫面的下方還有4個工作區域檢
視畫面功能可以切換顯示，由上到下分別是「透視視
角面板佈局圖」、「四視圖(透視視圖、頂視圖、側視
圖、前視圖)」、「雙視圖(前視圖、透視視圖)」、「大
綱場景物件樹枝狀組成結構列表(Outliner)」共4個
圖形標示功能，使用者可以在工作時依自己的需要而
自由切換工作。(其實每一個視角視圖都是設定擺放
了一台固定的「攝影機」，一直從那個工作角度對著
你工作螢幕區域的畫面，這就是它的工作原理)

Maya 使用者有一項操作需要注意的是，不管你在哪一種「視圖視窗」下的工作環境時，按下鍵盤 空白鍵 即刻放開之後，就一定會切換到以下截圖中的「四視圖」總視窗，再根據你的滑鼠游標位置再快速按一下 空白鍵 ，就會根據滑鼠游標快速切換到該「工作視圖」作業環境之中，繼續你的各種工作。

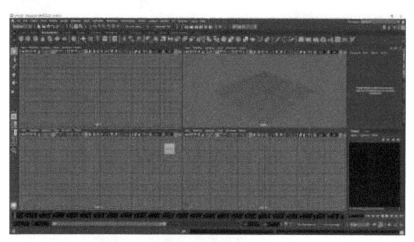

左圖就是「大綱場景物件樹枝狀組成結構列表(Outliner)」，這個工作視窗就是目前工作場景(Scene)內涵所有 Maya 物件的列表圖，大家可以看到裡面含有 persp「透視視圖」、top「頂視圖」、front「前視圖」及 side「側視圖」四台攝影機的設定，拍著目前的工作區域，另外兩個物件就是「defaultLightSet(預設燈光設定)」及「DefaultObjecct Set(預設物件設定)」，這六個物件應該就是每一個場景檔案 (Scene)最基礎擁有的六個物件，大家要有這樣的組織概念，使用 Maya 很常會使用到「大綱列表(OutLiner)」視窗來做相關的組織性工作。

「M. 時間滑塊」

時間滑塊為您顯示可用的時間範圍,「時間滑塊（Time Slider）」還可顯示目前時間、選定物件或角色上的關鍵幕(幀)、「快取播放（Cached Playback）」狀態行和「時間滑塊書籤（Time Slider bookmarks）」,您可以拖動其中的紅色播放游標以在整個動畫中進行「拖動」,或者使用右端的播放控制物件。

※時間滑塊與下列數個畫面功能區域都是 Maya 製作「電腦動畫」所需要了解的環境功能介面,「動畫」形成的原理就是利用人類眼睛的視覺殘留功能,每秒至少要在同樣地方快速撥放10~12幕(幀或 Frame)「10~12FPS(Frame Per Second)」以上螢幕畫面,達到快速撥放不同畫面的覆蓋顯示方式,讓我們的眼睛產生視覺殘留而演化成的「動畫」效果,這就是動畫的基本工作原理,快速撥放顯示「不同畫面」而產生的連續變化動作,讓我們感覺「畫面會改變」的動畫錯覺。

「N. 範圍滑塊」

範圍滑塊用於設定場景動畫的開始時間和結束時間,如果要重點關注整個動畫的更小部分,還可以設定播放範圍。

「O. 播放控制物件」

通過播放控制物件,可以依據時間移動,以及預覽時間滑塊範圍定義的動畫。(詳細的操作方式,請參考官方網站的動態說明網頁文件)

「P. 動畫/角色選單」

通過「動畫（Animation）」或「角色（Character）」功能表可以切換動畫層和當前的角色集。

「Q. 播放選項」

使用播放選項（Playback options）可控制場景播放動畫的方式，其中包括設置幕(幀或 Frame)速率、迴圈控制物件、音頻控制物件、自動設定關鍵幕(幀)和快取播放（Cached Playback），而且還支援快速查詢「時間滑塊（Time Slider）」選項。

「R. 指令命令列」

命令行的左側區域用於輸入單個 MEL 命令，右側區域用於提供反饋訊息，如果您熟悉 Maya 的 MEL 腳本語言，則使用這些區域來下指令執行 MEL 指令。

「S. 訊息回饋欄」

Maya 程式執行之後的系統回饋訊息欄位，這裡可以看見你所執行的指令動作命令執行之後的回報情況，以利於糾正或除錯，一般來說沒有顯示任何訊息就是順利執行，沒消息就是好消息。

「T. 系統幫助訊息欄」

當在 UI 中的工具和功能表項上捲動時，系統幫助訊息欄會顯示這些工具和功能表項的簡短描述，此欄還會提示您使用工具或完成工作流所需的步驟。

以上就是所有 Maya 軟體程式的操作環境介面的功能簡單介紹，由於書籍篇幅與功能限制的關係，所以老孤不可能全部軟體物件都詳細說明，有些說明不是靠靜態書本可以詳細解說，而且就算我全部解說清楚了，使用者也不一定全部功能都會用上，所以我也不再做多此一舉的雞婆行為。

個人建議讀者們大略知道有這些功能就好，剩下來就是將來有用上之時再來詳細了解，不然如果沒用上這些功能，就算是你全部「死背硬記」起來也沒有什麼用。因為如果長久時間不使用這些功能，所有人應該都會很輕易的忘記，所以如果你這時候太花時間去硬記這些沒用上的作業功能，這樣會很沒有學習使用的投資報酬率。

因此老孤在此不建議使用者全方位了解 Maya 的所有功能，除非你是打算自己一個人組成一個「電腦電影動畫後製工作團隊」，也就是精通全方位的電腦電影動畫的「後製」工作，否則一個人精通整套 Maya 的使用會很不划算，而且很難完全精通所有後製工作，一個人很難製作出一整部優秀的影視作品，而且會很浪費時間沒有效率。

當然你怎麼選擇是你個人的自由，我也沒有什麼權利與義務告訴你該如何去做，以上只是個人的經驗建議，至於使用者如何選擇，那也是我無法干涉的範圍，因此不管你做出什麼選擇，老孤我只能在此說一聲：「祝你好運」。

附錄 B:「Maya 鍵盤滑鼠各種操作控制快速鍵」

可以使用這些關鍵幕(幀)更改在檢視中顯示的內容。※:除非另有指定,否則請使用 Mac OS X 上的以下 特殊鍵 ,而不是其 Windows 等效鍵。

Alt 鍵=選項、Ctrl 鍵=控制、視窗鍵=指令。

按住+拖曳	功能
Alt+滑鼠左鍵	旋轉畫面
Alt+滑鼠中鍵(或滾輪)	平移畫面
Alt+滑鼠右鍵	縮放畫面
Alt+滑鼠左鍵與中鍵	
Ctrl+Alt+滑鼠右左鍵圈選範圍(向右圈選)	放大圈選範圍畫面顯示
Ctrl+Alt+滑鼠右左鍵圈選範圍(向左圈選)	縮小圈選範圍畫面顯示
Shift	增加或交錯選擇物件
Ctrl	減少選擇物件
Ctrl+Shift	疊加選擇物件
B+拖曳滑鼠中鍵或滾輪	左右拖曳以放大或縮小筆刷範圍

按鍵	功能
F1	在瀏覽器開啟 Maya 線上使用說明手冊
F2	將主選單列的選單顯示功能切換至「建構模型(Modeling)」功能專用的功能選單
F3	將主選單列的選單顯示功能切換至「綁定作業(Rigging)」功能專用的功能選單
F4	將主選單列的選單顯示功能切換至「製作動畫(Animation)」功能專用的功能選單
F5	將主選單列的選單顯示功能切換至「特效製作(FX)」功能專用的功能選單
F6	將主選單列的選單顯示功能切換至「渲染輸出(Rendering)」功能專用的功能選單
F8	切換「純物件」與「零件」間的選擇

按	功能
F9	切換到「頂點(Vertex)」選擇模式
F10	切換到「邊線(Edge)」選擇模式
F11	切換到「表面(Face)」選擇模式
F12	UV 貼圖配置

按	功能
滾輪上滾	拉近顯示
滾輪下滾	推遠顯示
按住滑鼠右鍵	呼叫編輯功露選單
A	顯示全部
F	顯示選取的選項
1	粗糙顯示
2	中等顯示
3	平滑顯示
4	線框顯示
5	著色顯示
6	著色且帶紋理的顯示
7	帶燈光顯示
Q	點選工具
W	移動工具
E	旋轉工具
R	縮放工具
B	柔性修改
X	吸附網格線
C	吸附曲線或是模型邊緣
V	吸附點
S	設定關鍵影格(Key Frame)
＋	放大顯示工具操控動作參考圖示
－	縮小顯示工具操控動作參考圖示
Ctrl＋T	多功能調整工具
Alt＋上下左右	在移動功能使用中，可以微調移動
Alt＋B	變更透視和正交面板的背景色：標準(深灰色)、淺灰色、藍黑階層色或黑色
Ctrl＋滑鼠右鍵	在輸入欄位內左右滑動：調整「整數」值
Ctrl＋滑鼠中鍵	在輸入欄位內左右滑動：調整「小數第1位」值

復興馬雅 Revival Maya △ 4 ～ ∩ ∞ ＜

按	功能
Ctrl+滑鼠左鍵	在輸入欄位內左右滑動：調整「小數第2位」值
Ctrl+F9	將目前選取轉為點
Ctrl+F10	將目前選取轉為線
Ctrl+F11	將目前選取轉為面
Ctrl+F12	將目前選取轉為 UV
Shift+>	選取範圍擴大
Shift+<	選取範圍縮小

按	功能
Shift+空白鍵	放大顯示滑鼠指標下的檢視，例如，「檢視面板」(View Panel)」或「曲線圖編輯器 (Graph Editor)」。 這將會收攏停靠在主視窗中的所有其他視窗。如果滑鼠指標懸停在介面的浮動視窗或其他部分（例如：「頻道盒 (Channel Box)」或「工具設置 (Tool Settings)」上方，則會影響您所按兩下的最後一個檢視。 再次按住「Shift＋空白鍵」可還原之前查看的設定。
Ctrl+空白鍵	全螢幕顯示滑鼠指標下的檢視，其工作方式與按住「Shift＋空白鍵」以放大視圖相同，但是還會隱藏「狀態行 (Status Line)」、「工具架 (Shelf)」和「時間滑塊 (Time Slider)」等 UI 元素，再次按住「Ctrl＋空白鍵」可還原之前查看的設定。

按	功能
Ctrl+M	開/關主選單
Shift+M	開/關視窗功能選單
Ctrl+Shift+M	開/關視窗功能快捷鍵

　　一般來說使用 Maya 軟體的方式雙手用上會比較實際，一手鍵盤手按設定的熱鍵，配合另一手使用滑鼠滾輪和按鍵來工作，而所需要功能都製作成工具選單來加快速度，或者真正的專家模式來作業，整個畫面只有「工作區」視窗，使用「熱盒 (Hotbox)」選單來點選自己所需要的 Maya 功能。

復興馬雅

Revival Maya

作　　者／孤鷹（Wen-Yuan Wu）

出版者／美商EHGBooks微出版公司

發行者／美商漢世紀數位文化公司

臺灣學人出版網：http：//www.TaiwanFellowship.org

地　　址／106臺北市大安區敦化南路2段1號4樓

電　　話／02-2701-6088轉616-617

印　　刷／漢世紀古騰堡®數位出版POD雲端科技

出版日期／2022年8月

總經銷／Amazon.com

臺灣銷售網／三民網路書店：http：//www.sanmin.com.tw

　　　　　三民書局復北店

　　　　　地址／104臺北市復興北路386號

　　　　　電話／02-2500-6600

　　　　　三民書局重南店

　　　　　地址／100臺北市重慶南路一段61號

　　　　　電話／02-2361-7511

全省金石網路書店1350元（美金45元／人民幣300元）

www.ingramcontent.com/pod-product-compliance
Lightning Source LLC
Chambersburg PA
CBHW051043050326
40690CB00006B/584